P.A.U.L. D.

Arbeitsheft

Herausgegeben von:
Johannes Diekhans
Michael Fuchs

Erarbeitet von:
Thomas Bartoldus, Johannes Diekhans, Michael Fuchs, Sandra Greiff-Lüchow, Dietrich Herrmann, Martin Pohl, Luzia Schünemann, Timotheus Schwake, Achim Sigge, Martin Zurwehme

10

Schöningh

Die Lösungen zu den Übungen befinden sich in der separaten Beilage.

Druck A[8] / Jahr 2023
Alle Drucke der Serie A sind im Unterricht parallel verwendbar.

Die Seiten dieses Produkts bestehen zu 100 % aus Altpapier.

Damit tragen wir dazu bei, dass Wald geschützt wird, Ressourcen geschont werden und der Einsatz von Chemikalien reduziert wird. Die Produktion eines Klassensatzes unserer Arbeitshefte aus reinem Altpapier spart durchschnittlich 12 Kilogramm Holz und 178 Liter Wasser, sie vermeidet 7 Kilogramm Abfall und reduziert den Ausstoß von Kohlendioxid im Vergleich zu einem Klassensatz aus Frischfaserpapier. Unser Recyclingpapier ist nach den Richtlinien des Blauen Engels zertifiziert.

Illustrationen: Matthias Berghahn, Bielefeld
Umschlaggestaltung: Ivonne Junge-Illies
Druck und Bindung: Westermann Druck GmbH, Georg-Westermann-Allee 66, 38104 Braunschweig

ISBN 978-3-14-**028012**-9

Inhaltsverzeichnis

Kleines Lesetraining

Lesen und Verstehen sind nicht immer dasselbe. Vielleicht kennt ihr das: Ihr lest mehrere Seiten eines Buches und fragt euch anschließend: Was habe ich eigentlich gelesen? Oder ihr habt einen schwierigen Text vor euch liegen und wisst nicht, wie ihr dahin gelangen könnt, ihn zu verstehen, seine Informationen aufzunehmen und zu verarbeiten. Auf den folgenden Seiten findet ihr einige Übungen, die euch zum genauen Lesen veranlassen sollen.

1. Lies das folgende Gedicht des Liedermachers Gerhard Schöne genau durch und erschließe aus dem Zusammenhang, welche Wörter in die Lücken gesetzt werden müssen. Tipp: Es hilft, das Reimschema genauer unter die Lupe zu nehmen und sich an ihm zu orientieren. Unter dem Gedicht findest du in vertauschter Reihenfolge die fehlenden Wörter. Schau dort aber erst nach, wenn du nicht weiterweißt.

Gerhard Schöne (geb. 1952)
Das Glück

Es sitzt sich weich auf unserm Sofa. Gemütlichkeit im ganzen ______________.
Geschmackvoll wählten wir die Bilder zur Farbe der Gardinen aus.
Wir schließen nachts die Jalousien, hab'n neue Schlösser in der Tür.
Das Glück soll sich doch sicher fühlen als Dauermieter, dachten ______________.
Da hat's das Bündel schon geschnürt.
Ich glaub', es wohnt nicht gern möbliert
und scheint die Sicherheit zu meiden.
Versprechen, die vergisst es prompt,
und dass es nie pünktlich ______________,
kann ich nicht ______________.

Ich hab' es tief als Kind geatmet im Kirschenbaum zur Blütenzeit.
Da warf's mir seine Glückhaut über grad wie ein ______________.
Ich traf es unter jungen Leuten, wir feierten bei Kerzenschein.
Es war spontan, verrückt, bescheiden und machte aus dem Wasser ______________.
Dann ging es fort und kam nicht ______________.
Ich hechelte ihm ______________.
Doch ich war nie sehr gut im Rennen.
Einmal kam's ungeheuer groß,
es trug ein Baby auf'm Schoß.
Da schossen uns vor Glück die ______________.

Ich fand es mal beim Muschelsuchen. Da gab's mir sein Geheimnis preis:
„Du rennst mir nach, willst mich erzwingen. Halt inne, schau und sei ganz ____________.
Dann wirst du staunend mich entdecken. Dann hörst du meinen Glücksgesang.
Und ich kann dir aus vielen Blicken entgegenschau'n ein Leben ____________.
Ich bin im Brotgeruch ____________,
und wenn dich deine Liebste neckt
im Dunkeln, dann hörst du mich lachen.
Ich warte auf dich jetzt und hier,
und wenn du singst, bin ich bei ____________,
dich froh zu ____________!"

Wortspeicher: Tränen, machen, wir, kommt, leis, Wein, leiden, Sterntalerkleid, Haus, mehr, hinterher, lang, versteckt, dir

2. Kreuze deiner Meinung nach zutreffende Aussagen an.

- ☐ In dem Gedicht geht es darum, dass man sich das Glück erarbeiten kann, wenn man nur genug dafür tut und sich anstrengt.
- ☐ Das Gedicht sagt aus: „Jeder ist seines Glückes Schmied!"
- ☐ In dem Gedicht soll deutlich gemacht werden, dass man Glück nicht erzwingen kann.
- ☐ Das Glück steckt in den Kleinigkeiten des Lebens und kommt und geht, wann immer es will.

3. Du verstehst sicher die Gesamtaussage des Gedichts von Gerhard Schöne. Einzelne sprachlich-rhetorische Bilder bleiben dir aber vielleicht verschlossen. Mit der folgenden Tabelle kannst du dir die Bedeutung dieser Details erarbeiten. Nutze den Wortspeicher als Hilfe.

Formulierung	Sprachliches Mittel	Bedeutung
Glück „als Dauermieter" (V. 4)		Wunsch, das Glück zu halten
„wie ein Sterntalerkleid" (V. 12)		
„Glückshaut" (V. 12)		
„aus dem Wasser Wein" (V. 14)		
„im Brotgeruch versteckt" (V. 25)		

Wortspeicher: Metapher, Personifikation (2x), Alliteration, Vergleich

Kurt Marti (1921–2017)

Happy end

Sie umarmen sich und alles ist wieder gut. Das Wort ENDE flimmert über ihrem Kuss. Das Kino ist aus. Zornig schiebt er sich zum Ausgang, sein Weib bleibt im Gedränge hilflos stecken, weit hinter ihm. Er tritt auf die Straße, bleibt aber nicht stehen, er geht, ohne zu warten, er geht voll Zorn und die Nacht ist dunkel. Atemlos, mit kleinen, verzweifelten Schritten holt sie ihn ein, holt ihn schließlich ein und keucht zum Erbarmen. Eine Schande, sagt er im Gehen, eine Affenschande, wie du geheult hast. Sie keucht. Mich nimmt nur wunder warum. Ich hasse diese Heulerei, sagt er, ich hasse das. Sie keucht noch immer. Schweigend geht er und voll Wut, so eine Gans, denkt er, so eine blöde Gans und wie sie keucht in ihrem Fett. Ich kann doch nichts dafür, sagt sie endlich, ich kann doch wirklich nichts dafür, es war so schön und wenn es schön ist, muss ich einfach heulen. Schön, sagt er, dieser Mist, dieses Liebesgewinsel, das nennst du also schön, dir ist ja wirklich nicht zu helfen. Sie schweigt und geht und keucht und denkt, was für ein Klotz von Mann, was für ein Klotz.

4. Kläre die Situation in einigen wenigen Sätzen:

- Wer ist an dem Konflikt beteiligt? ______________________

____

- Wo spielt die dargestellte Szene? ______________________

____

- Was ist das Thema des Streitgesprächs? ______________________

____

5. Markieren I: Unterstreiche mit einem grünen Stift die Sätze, die der Mann spricht. Markiere mit rotem Stift die Sätze, die von der Frau gesprochen werden. Was stellst du fest?

____

____

6. Markieren II: Unterstreiche wellenartig mit einem grünen Stift diejenigen Sätze, die die Gedanken des Mannes wiedergeben. Markiere auf die gleiche Art und Weise mit rotem Stift die Gedanken der Frau. Was fällt dir auf? Welche Rückschlüsse kannst du aus Aufgabe 5 und 6 in Bezug auf das Verhältnis von Mann und Frau ziehen?

____

____

____

7. Kreuze zutreffende Aussagen an und begründe deine Wahl.

☐ **A** Die Kurzgeschichte zeigt, wie schnell die Stimmung zwischen zwei sich im Kino noch küssenden Menschen kippen kann, weil der eine nicht auf den anderen Menschen hört.

☐ **B** Das Thema der Kurzgeschichte ist die Kommunikationslosigkeit zwischen dem Mann und der Frau, die nur noch schlecht übereinander denken, aber kaum noch miteinander reden.

☐ **C** In „Happy end" wird deutlich, dass es traurige Beziehungen gibt, in denen der eine Partner noch an die positive Zukunft glaubt, während der andere die Beziehung innerlich bereits aufgegeben hat.

A/B/C trifft zu, weil ______________________________

____

____

8. Finde Beispiele für die Erzählperspektiven in der Kurzgeschichte „Happy end".

Innensicht	Außensicht
Kann der Erzähler in die Figuren hineinsehen und kennt er auch ihre Gedanken und Gefühle, so erzählt er aus der sogenannten Innensicht. **Beispiel:** ____________ ____________ ____________ ____________ ____________ (Zeile ____)	Der Erzähler erzählt nur das, was er von außen aus einer Beobachterposition heraus betrachtend wahrnehmen kann. Man spricht von der Außensicht. **Beispiel:** ____________ ____________ ____________ ____________ ____________ (Zeile ____)

9. Bei der folgenden Übung kannst du herausfinden, ob du in der Lage bist, einen Text vorausschauend zu lesen.
In den Klammern des Textes findest du jeweils zwei Formulierungen, von denen aufgrund des Textzusammenhangs nur eine sinnvoll ist. Lies den Text nach Möglichkeit laut vor. Manchmal hilft es, auch den Folgesatz zu lesen. Streiche beim Lesen die falschen Wörter in den Klammern durch.

Bindung, Lust und Selbstwert lernen

Neues Schulfach „Glück"

An der Heidelberger Willi-Hellpach-Schule wird seit einem Jahr „Glück" unterrichtet – von vielen belächelt. Nun bestätigen Wissenschaftler: Das Fach stärkt die Persönlichkeit von Jugendlichen.

Von Jochen Schönmann

Janina schließt ihre Augen. Sie sitzt entspannt im Klassenzimmer: die Wände klassisch in Vanillegelb, die Schüler auf Holzstühlen im Kreis, die kargen Zweiertische an den Rand geschoben. Auf einem Stuhl steht „Schule ist scheiße". Die Arme locker im Schoß, versucht Janina, 17, die Stimmung im Raum aufzunehmen. Ein Mitschüler beginnt mit Durchzählen. Die anderen folgen wahllos, aber einer nach dem anderen. Es geht darum, (intuitiv/systematisch) die atmosphärische Lücke zu füllen, jedem Raum zu (nehmen/lassen), sich aber selbst Raum zu nehmen. Es klappt nicht gleich. Manche feuern sofort los. Andere sagen erst gar nichts. Beim fünften Anlauf zählt die Gruppe durch, ohne dass irgendjemand den anderen gestört hätte. Völlig (zwanghaft/zwanglos). Applaus.

Janina und die anderen im Klassenzimmer haben Glück – als Unterrichtsfach. Das ist (ein/kein) Scherz. Der Initiator heißt Ernst Fritz-Schubert und sitzt im Chefsessel der Willi-Hellpach-Schule, 1. OG, Zimmer 112. Der Oberstudiendirektor hat es satt, dass Schule bei den Schülern gleich (vor/nach) dem Zahnarztbesuch rangiert. Gemeinsam mit anderen Pädagogen und Bernhard Peters, dem Ex-Hockey-Bundestrainer und Sportdirektor des Fußball-Erstligisten TSG 1899 Hoffenheim, hat er deshalb vor einem Jahr ein Unterrichtsfach entworfen, das „wieder Bildung im ursprünglichen Sinn" vermitteln soll. „Und dazu gehört unbedingt die Fähigkeit, Glück zu empfinden", sagt Fritz-Schubert. Sogar das baden-württembergische Kultusministerium (kritisiert/unterstützt) ihn, spricht aber lieber von „Lebenskompetenz" als von „Glück".

ERNST FRITZ-SCHUBERT
Schulfach Glück
Wie ein neues Fach die Schule verändert
HERDER

Der Unterricht baut vornehmlich auf (Eigenerfahrung/Fremderfahrung). Dazu binden Schauspieler die Schüler in praktische Theaterarbeit ein. Mit Motivationstrainern üben die Schüler positive Emotionen, Familientherapeuten entwickeln mit ihnen die Vorstellung vom Ich in der Gemeinschaft. Handwerker, Bildhauer und Sportler sind dabei. Es (geht/geht nicht) um Geist und Körper. „Wir möchten auch Bewusstsein dafür schaffen, wie sich gesunde Ernährung auf die Stimmung

auswirkt“, sagt der Direktor. „Es geht um die Bildung der Persönlichkeit in allen Bereichen.“ Das Einkaufen und Zubereiten von Lebensmitteln gehört zum Stundenplan. Das Team besteht aus (Materialisten/Idealisten). Nur die Aufwendungen werden bezahlt.

Nun, am Ende des Schuljahres, warten alle auf Ergebnisse. Sind die Schüler (unglücklicher/glücklicher)? Fritz-Schubert hat seine Erfahrungen aufgeschrieben: Das Buch „Schulfach Glück“ erscheint im August. Am Freitag stellten zwei Wissenschaftler auf einem Symposium in Heidelberg ihre Arbeiten vor, in denen sie je eine „Glücks“- und eine Kontrollgruppe, also eine Klasse ohne Glück als Fach, untersucht haben. Der taz erklärte der Wiener OECD-Beauftragte für Sozialforschung, Ernst Gehmacher, das Fach habe (keine/eine enorme) Wirkung auf die Persönlichkeit: „Es ist beeindruckend, wie stark das Engagement in der Gemeinschaft und die Lust an der Leistung bei den Schülern (zugenommen/abgenommen) haben.“ Doch warnt Gehmacher davor, Glück nun eiligst überall einzuführen: „Wenn, dann muss man es richtig machen. Dazu benötigt man aber auch das entsprechende Personal.“ Würden die Inhalte nicht wirklich akribisch geprüft, könnte das für die Schüler sogar (gut/kontraproduktiv) sein. „Glück light“, sagt er, „wäre die totale (Enttäuschung/Überraschung).“ Das meint auch Wolfgang Knörzer, Professor für Sportpädagogik [...] in Heidelberg. Er geht von der „Konsistenztheorie“ aus, wonach der Mensch vier Grundbegriffe (enttäuschen/befriedigen) muss, um glücklich zu sein: starke Bindungen, Orientierung und Kontrolle, Lustgewinn, Selbstwerterhöhung. Knörzer wurde fündig: „Wir haben gegenüber der Kontrollklasse einen signifikanten (Zuwachs/Verlust) an Vermeidungszielen entdeckt. Das war sehr spannend.“ Die Schüler im Glücksunterricht sind demnach im Laufe des Jahres sehr viel sensibler für ihre eigenen Bedürfnisse geworden. „Ihnen ist nun offenbar viel klarer, was sie nicht wollen. Sie (haben/haben nicht) gelernt, sich selbst zu hinterfragen.“ [...]

Er sieht deshalb den Glücksunterricht auf einem (schlechten/guten) Weg. Im zweiten Jahr müsse das neue Wissen um die (eigenen/fremden) Bedürfnisse nun in (abstrakte/konkrete) Ziele umgesetzt werden, empfiehlt er. Das wäre der (erste/nächste) Schritt auf dem Weg zum Glück.

(www.taz.de; Stand: 09.11.2008)

10. Was denkst du über das Schulfach „Glück“? Würdest du das Fach wählen? Begründe.

11. Um einen Text genauer zu verstehen, ist es häufig sinnvoll, ihn in Sinnabschnitte zu gliedern. Ordne daher die folgenden Begriffe dem entsprechenden Absatz zu, indem du ihn in die entsprechende Spalte der Tabelle schreibst:
Konsequenzen, Erläuterung, inhaltliche Ziele, Ergebnisse, Situationsbeschreibung.

Absatz (1–5)	Teilüberschrift des Sinnabschnitts
1	
2	
3	
4	
5	

12. Welche Parallelen siehst du zwischen diesem Text und dem Gedicht von Gerhard Schöne?

13. In dem folgenden Interview fehlen die Fragen. Du findest sie in vertauschter Reihenfolge unter dem Interviewtext. Ordne sie den entsprechenden Aussagen des Interviewten zu.

„Die Deutschen werden dann um mindestens 5 Punkte glücklicher sein!"

Aus einem Interview mit David Halpern

David Halpern ist „Glücksberater". Er lehrt Sozial- und Politikwissenschaften in Cambridge, Oxford und Harvard. Er ist auch politischer Berater des britischen Premierministers. Halpern wertet Studien über Glücksforschung aus, um zu ermitteln, was die Politik und die Menschen tun können, um glücklicher zu werden.

Frage 1: ____________**?**

Sagen wir, ich bin zufrieden. Es wäre hilfreich, in Mexico oder Puerto Rico zu leben. Dort leben die glücklichsten Menschen.

Frage 2: ____________**?**

So schlecht geht es ihnen gar nicht. Immerhin 80 Prozent der Deutschen sagen, sie seien mit ihrem Leben einigermaßen zufrieden. Allerdings ist nur jeder Fünfte bei ihnen wirklich glücklich. Lateinamerika zeigt, dass wir unser Glück nicht allein im Wirtschaftswachstum suchen sollten.

Frage 3: ____________**?**

Sicher, im internationalen Vergleich sind wohlhabende Nationen grundsätzlich besser dran als arme. Aber von einem bestimmten Lebensstandard an steigt die Zufriedenheit nicht mehr automatisch mit dem Einkommen.

Frage 4: ____________**?**

Arbeit. Die muss nicht wahnsinnig gut bezahlt sein, Hauptsache, jeder hat welche. Der negative Effekt von Arbeitslosigkeit ist um ein Vielfaches stärker als der positive eines steigenden Einkommens. Das erleben wir in der momentanen Wirtschaftskrise. Selbst die, die noch einen Arbeitsplatz haben, werden unzufrieden, weil sie darum fürchten müssen.

Frage 5: ____________?

Nein, entscheidend für unsere Lebenszufriedenheit sind Freunde, Familie und vor allem Vertrauen. Und die Bedeutung eines guten Miteinanders wird unterschätzt. Wenn Ihnen jemand auf der Straße unfreundlich begegnet, hat das einen gewaltigen Einfluss auf Ihre Laune, es kann Ihren ganzen Tag versauen. Faktoren wie Respekt, Liebenswürdigkeit oder Anteilnahme müssen höher bewertet werden. Oder nehmen wir den Sport. Die meisten gehen allein ins Fitnessstudio. Gesünder wäre es, in einem Team mit Freunden Fußball oder Hockey zu spielen.

Frage 6: ____________?

Und er sollte alle ein, zwei Wochen in die Kirche gehen. Gläubige Menschen sind zufriedener.

Frage 7: ____________?

Eine ganze Menge. Ich denke, in einigen Jahren werden Regierungen die Lebenszufriedenheit der Bevölkerung als Maßstab für ihre Entscheidungen nutzen. Die Abendnachrichten werden uns Statistiken präsentieren, wonach der Glücksfaktor in Großbritannien gerade um zwei Punkte gestiegen ist, während er in Deutschland fällt.

Frage 8: ____________?

Kleiner Scherz. Nein, ich bin sicher, die Deutschen werden dann um mindestens fünf Punkte glücklicher sein.

(David Halpern: Was für ein Glück (Interview, Auszüge); in: Die Zeit, Nr. 52/17.12.2003, S. 53 f.)

Fragen des Interviewers:

a) Was wird aus denen von uns, die nicht auswandern können?
b) Würde es uns helfen, nur noch zu tun, was uns Spaß macht?
c) Demnach sähe der Bürger mit den besten Glücksaussichten so aus: Er hat einen netten Job, der ihm ein ausreichendes Einkommen beschert, er ist verheiratet, hat zwei Kinder, spielt einmal die Woche mit Freunden Fußball und ist Mitglied der Freiwilligen Feuerwehr?
d) Hallo, Mr. Halpern, sind Sie glücklich?
e) Aber es schadet doch nicht?
f) Kennen Sie irgendeinen Politiker, der von diesen Theorien überzeugt ist?
g) Glauben Sie wirklich?
h) Was ist wichtiger als Einkommen?

14. Du kannst gelesene Texte länger behalten, wenn du zentrale Inhalte schriftlich festhältst. Um das Wissen nachhaltig zu speichern, hilft oft auch eine Visualisierung, z. B. eine **Mindmap**. Entwerfe daher in deinem Heft eine Mindmap zum Thema „Glück“. Auf der einen Seite kannst du die Ideen Gerhard Schönes stichwortartig festhalten, auf der anderen diejenigen der Glücksforschung.

Ein Gedicht beschreiben und deuten

Bei der **Analyse (Untersuchung) eines Gedichts** geht es darum, herauszufinden, wie Inhalt, Aussage und Wirkung eines Gedichts durch seine sprachliche Gestaltung verdeutlicht werden.

Die Ergebnisse dieser Analyse können in einer **schriftlichen Beschreibung und Deutung** zusammengefasst werden.

So kannst du die Beschreibung und Deutung eines Gedichts aufbauen:

- In der **Einleitung** nennst du die wichtigsten **Textdaten** (Textart, Titel, Autor, Erscheinungsjahr) sowie Informationen zum historischen Hintergrund (soweit bekannt) und bestimmst kurz das **Thema** des Gedichts (worum es geht oder was dargestellt wird). Wenn möglich sollte die Einleitung bereits eine Hypothese darüber enthalten, welche **Intention** (Aussageabsicht) das Gedicht besitzt. Diese Hypothese wird dann mithilfe der Analyse im Hauptteil überprüft, ggf. muss sie am Schluss modifiziert oder verworfen werden.

- Im **Hauptteil** beschreibst du zunächst die **äußere Form** des Gedichts (Strophenzahl, Verseinteilung, Reimschema, Metrum) und erklärst deren Bedeutung. Danach gehst du auf den **Inhalt** ein (z. B. Situation des lyrischen Ichs, Atmosphäre, Darstellung des Themas in den einzelnen Strophen, inhaltliche Entwicklung). Dabei kannst du strophenweise vorgehen, manchmal lassen sich auch mehrere Strophen zusammenfassen. In diesem Zusammenhang solltest du unbedingt die **sprachlichen Gestaltungsmittel** (z. B. sprachliche Bilder, Wortwahl, Satzbau) nicht nur benennen, sondern auch ihre Wirkung und ihre Bedeutung für Inhalt und Aussage des Gedichts erläutern.

- Zum **Schluss** kannst du zunächst eine kurze **Zusammenfassung** der wichtigsten Ergebnisse deiner Untersuchung formulieren. Dann versuchst du, auf dieser Grundlage eine mögliche **Intention** des Gedichts zu bestimmen. Abschließend kannst du auch eine **persönliche Bewertung** des Textes vornehmen, die du dann auch begründen solltest.

Das erste Textverständnis ermitteln

1. Welche Gedanken und Erwartungen weckt der Gedichttitel „Das Hungerlied" bei dir? Ordne deine Assoziationen in Form eines Clusters.

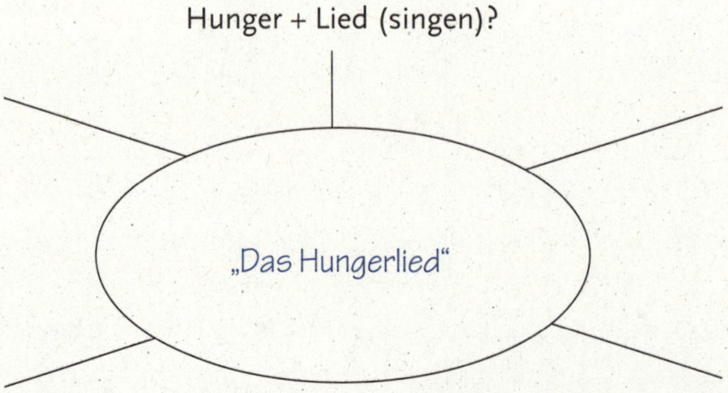

2. Lies das Gedicht „Das Hungerlied" von Georg Weerth zweimal: einmal leise und einmal laut. Notiere dann dein erstes Textverständnis. Überlege dazu, wer das Lied mit welcher Absicht singen könnte.

Georg Weerth (1822–1856)

Das Hungerlied

Verehrter Herr und König,
Weißt du die schlimme Geschicht?
Am Montag aßen wir wenig,
Und am Dienstag aßen wir nicht.

Und am Mittwoch mussten wir darben[1],
Und am Donnerstag litten wir Not;
Und ach, am Freitag starben
Wir fast den Hungertod!

Drum lass am Samstag backen
Das Brot, fein säuberlich –
Sonst werden wir sonntags packen
Und fressen, o König, dich!

(um 1846)

Georg Weerth, Kaufmann und politischer Autor des Vormärz, verfasste Reiseberichte, Gedichte und Satiren. Viele seiner sozialkritischen Texte wurden in Zeitungen veröffentlicht. Er stand dem Kommunismus nahe und war mit Karl Marx und Friedrich Engels befreundet.

[1] darben: Hunger leiden

3. Welche der folgenden Aussagen trifft zu? Begründe auch, warum du die anderen Möglichkeiten nicht gewählt hast.

- **A** In dem Gedicht „Das Hungerlied" von Georg Weerth (um 1846) geht es um ein Volk, das in seiner Not um Hilfe bittet.
- **B** „Das Hungerlied" von Georg Weerth ist ein Kinderlied, das eine „schlimme Geschichte" erzählt.
- **C** In dem „Hungerlied" (um 1846) des Vormärz-Dichters Georg Weerth (1822–1856) wird die Not der hungerleidenden Bevölkerung in eindringlichen Worten geschildert.
- **D** In seinem Gedicht „Das Hungerlied" (um 1846) besingt der Dichter Georg Weerth das Elend seiner Familie.

Begründung:

4. Formuliere in deinem Heft eine vollständige Einleitung zu einer Analyse des Gedichts „Das Hungerlied“ von Georg Weerth.

Gedichtaufbau und Reimordnung beschreiben

Ein Gedicht besteht zumeist aus Versen und Strophen.
Als **Vers** bezeichnet man die Gedichtzeile, deren Länge im Unterschied zum Prosatext für gewöhnlich nicht bis zum Seitenrand reicht.
Eine **Strophe** fasst mehrere Verse zu einem Abschnitt des Gedichts zusammen, der in der Regel auch im Druck deutlich von den übrigen Teilen des Gedichts abgehoben ist.
Häufig werden in Gedichten einzelne Verse durch **Endreim** klanglich miteinander verbunden. Zwei oder mehrere Wörter reimen sich, **wenn sie vom letzten betonten Vokal an gleich klingen** (z. B. „darben“: „starben“). Die häufigsten **Reimordnungen**, die man in einem Schema mit Kleinbuchstaben für die sich jeweils reimenden Verse darstellen kann, sind **Paarreim** (aabb), **Kreuzreim** (abab), **umarmender Reim** (abba), **Haufenreim** (aaaa) und **Schweifreim** (aabccb).

1. Bestimme die äußere Form des Gedichts.

Strophen und Verse: ____________________

Reimordnung: ____________________

2. Gliedere den Inhalt des Gedichts und versieh die Abschnitte mit einer Überschrift. Die Sinnabschnitte müssen nicht den Strophen entsprechen.

Abschnitt 1: ____________________

Abschnitt 2: ____________________

Abschnitt 3: ____________________

3. Beschreibe mit deinen Worten den Aufbau des Gedichts.

____

____

____

____

____

____

____

Das Versmaß (Metrum)

Die Verse vieler Gedichte weisen ein bestimmtes **Betonungsmuster** auf, d. h., dass innerhalb der einzelnen Verse **Hebungen** (betonte Silben) und **Senkungen** (unbetonte Silben) in einer festen Abfolge angeordnet sind. Diese feste Abfolge nennt man **Versmaß** oder **Metrum**. Beim regelmäßigen Wechsel von betonten und unbetonten Silben spricht man von einem **alternierenden Metrum**. In **Volks-** und anderen **Liedern** kann das Metrum jedoch auch flexibel gehandhabt sein.
Eine Einheit von zwei oder drei Silben, von denen eine betont ist, nennt man Takt oder **Versfuß**.

Die häufigsten Versfüße sind:

Jambus (x x́): z. B. Gedícht — **Trochäus** (x́x): z. B. Díchter
Daktylus (x́xx): z. B. Dáktylus — **Anapäst** (xx x́): z. B. Anapä́st

Wenn ein Vers auf einer betonten Silbe endet, bezeichnet man dies als **männliche** (stumpfe) **Kadenz**, eine unbetonte Silbe am Schluss wird **weibliche** (klingende) **Kadenz** genannt.
Häufig steht das Versmaß in Verbindung mit dem Gedichtinhalt und ist besonders dann für die Analyse aufschlussreich, wenn es unregelmäßig wird oder plötzlich wechselt.
Vom Metrum zu unterscheiden ist der **Versrhythmus**, der die sprachliche Umsetzung der metrischen Gliederung eines Gedichts bezeichnet. In Sonderfällen können Metrum und natürlicher Rhythmus der Verssprache voneinander abweichen.

1. Versieh die folgenden Verse mit Betonungszeichen. Tipp: Gehe zunächst von den Wörtern aus, die auch beim „normalen Sprechen" eine deutliche Betonung aufweisen.

Vers mit Betonungen
Veréhrter Hérr und Kö́nig, x x́ x x́ x x́ x
Am Montag aßen wir wenig, x x x x x x x x
Und am Donnerstag litten wir Not; x x x x x x x x x
Und fressen, o König, dich! x x x x x x x

2. Streiche die falsche Aussage durch:

- Die Verse besitzen jeweils drei/vier Hebungen.
- Auf eine betonte Silbe folgen jeweils gleich viele/unterschiedlich viele unbetonte Silben.
- Das Metrum ist somit regelmäßig/unregelmäßig.

3. Im neunten Vers des „Hungerlieds“ weichen natürlicher Rhythmus und Metrum voneinander ab. Beim Vortrag kann man diesem Umstand durch Betonungsvarianten Rechnung tragen. Trage beide Varianten (dem Versmaß entsprechend/dem natürlichen Wortrhythmus folgend) ein:

Metrische Betonung	Betonung beim Vortrag
Drum lass am Samstag backen x x x x x x x	Drum lass am Samstag backen x x x x x x x

4. Übe nun den Vortrag des Gedichts unter Berücksichtigung von Metrum und Rhythmus ein. Notiere, welche Wirkung die metrische Gestaltung des Gedichts hat.

Die sprachliche Gestaltung untersuchen

1. Untersuche Wortwahl, Satzbau und die sonstige sprachliche Gestaltung des Gedichts genauer. Versieh den Text dazu mit (farbigen) Markierungen und Randbemerkungen.

Verehrter Herr und König — ironische Anrede des Königs
Weißt du die schlimme Geschicht?
Am Montag aßen wir wenig,
Und am Dienstag aßen wir nicht.

Und am Mittwoch mussten wir darben,
Und am Donnerstag litten wir Not;
Und ach, am Freitag starben
Wir fast den Hungertod!

Drum lass am Samstag backen
Das Brot, fein säuberlich –
Sonst werden wir sonntags packen

Und fressen, o König, dich! — ! überraschend drastische Wortwahl, Anrede (Rahmen)

2. „Das Hungerlied“ weist eine Anzahl sprachlicher Mittel auf. Finde zu den einzelnen angegebenen Mitteln die jeweiligen Belegstellen (Versangaben) und erläutere deren Wirkung bzw. Bedeutung. Übernimm dazu die folgende Tabelle in dein Heft.

Sprachliches Mittel	Belegstellen	Wirkung/Bedeutung
Apostrophe (Anrede)	V. 1, ...	
Parallelismus		
Anapher, Aufzählung		
Klimax		

3. Erläutere in wenigen Sätzen die Funktion der im Gedicht genannten Wochentage.

4. Untersuche die Satzarten genauer. Arbeite dazu in deinem Heft.

- Die ersten beiden Sätze bilden eine Frage. Was glaubst du, wie die Antwort lautet? Begründe deine Meinung.
- Am Ende der Verse 8 und 12 findet sich jeweils ein Ausrufezeichen. Erläutere seine Bedeutung.

5. An wen richtet sich deiner Meinung nach das Gedicht: an den König, an die Bevölkerung oder an beide? Begründe deine Meinung.

Die Analyse des Gedichts verschriftlichen

1. Politische Gedichte sind oftmals besser zu verstehen, wenn man um ihren historisch-politischen Hintergrund weiß. „Das Hungerlied" entstand nach dem schlesischen Weberaufstand von 1844, bei dem sich die Arbeiter gegen die Ausbeutung durch einzelne Unternehmer auflehnten. Der Aufstand wurde auf Anweisung des preußischen Königs Wilhelm IV. blutig niedergeschlagen. Formuliere auf dieser Grundlage in deinem Heft eine abschließende Deutung des Gedichts, in der du auch deine bisherigen Arbeitsergebnisse berücksichtigst.

Käthe Kollwitz: Sturm (1897)

Eine Parabel beschreiben und deuten

Eine Parabel ist – ähnlich wie eine Fabel – eine lehrhafte Erzählung, die den Leser zum Denken und Handeln auffordert. Durch eine Beispielgeschichte (Bildhälfte) wird ein allgemein menschlicher Sachverhalt, eine allgemeine Erkenntnis zum Ausdruck gebracht (Sachhälfte). Die Aufgabe des Lesers besteht darin, dass er die Übertragung von der Bildhälfte auf die gemeinte Sachebene selbstständig vollzieht.

Für die Deutung einer Parabel ist deshalb ein zweischrittiges Verfahren wichtig: Zuerst analysierst du die Bildhälfte, also die inhaltliche Aussage und die sprachliche Gestaltung des Textes. In einem zweiten Schritt überträgst du die Aussagen der Bildhälfte auf einen allgemein menschlichen Sachverhalt.

Franz Kafka (1883–1924)
Die Brücke

Ich war steif und kalt, ich war eine Brücke, über einem Abgrund lag ich. Diesseits waren die Fußspitzen, jenseits die Hände eingebohrt, in bröckelndem Lehm habe ich mich festgebissen. Die Schöße meines Rockes wehten zu meinen Seiten. In der Tiefe lärmte der eisige Forellenbach. Kein Tourist verirrte sich zu dieser unwegsamen Höhe, die Brücke war in den Karten noch nicht eingezeichnet. – So lag ich und wartete; ich musste warten. Ohne einzustürzen, kann keine einmal errichtete Brücke aufhören, Brücke zu sein.

Einmal gegen Abend war es – war es der erste, war es der tausendste, ich weiß nicht, – meine Gedanken gingen immer in einem Wirrwarr und immer in der Runde. Gegen Abend im Sommer, dunkler rauschte der Bach, da hörte ich einen Mannesschritt! Zu mir, zu mir. – Strecke dich, Brücke, setze dich in Stand, geländerloser Balken, halte den dir Anvertrauten. Die Unsicherheit seines Schrittes gleiche unmerklich aus, schwankt er aber, dann gib dich zu erkennen und wie ein Berggott schleudere ihn ins Land.

Er kam, mit der Eisenspitze seines Stockes beklopfte er mich, dann hob er mit ihr meine Rockschöße und ordnete sie auf mir. In mein buschiges Haar fuhr er mit der Spitze und ließ sie, wahrscheinlich wild umherblickend, lange drin liegen. Dann aber – gerade träumte ich ihm nach über Berg und Tal – sprang er mit beiden Füßen mir mitten auf den Leib. Ich erschauerte in wildem Schmerz, gänzlich unwissend. Wer war es? Ein Kind? Ein Traum? Ein Wegelagerer? Ein Selbstmörder? Ein Versucher? Ein Vernichter? Und ich drehte mich um, ihn zu sehen. – Brücke dreht sich um! Ich war noch nicht umgedreht, da stürzte ich schon, ich stürzte, und schon war ich zerrissen und aufgespießt von den zugespitzten Kieseln, die mich so friedlich immer angestarrt hatten aus dem rasenden Wasser. (1917)

1. Verschaffe dir einen Überblick über den Aufbau des Textes, indem du für jeden Absatz den Inhalt schriftlich festhältst.

Abschnitt 1: Z. ________ –Z. ________ ; Inhalt: ____

____

Abschnitt 2: Z. ________ –Z. ________ ; Inhalt: ____________________

Abschnitt 3: Z. ________ –Z. ________ ; Inhalt: ____________________

2. Kreuze an, welche Formulierung deiner Auffassung nach am besten das Thema der Parabel wiedergibt, nachdem du den Text zum ersten Mal gelesen hast. Du kannst auch mehrere Formulierungen ankreuzen.

- **a)** In dem Text wird die Ausweglosigkeit des Menschen, seiner Vernichtung zu entkommen, thematisiert.
- **b)** Im Mittelpunkt der Parabel steht der Wunsch eines Ich-Erzählers nach einer Aufgabe, die seine Existenz legitimieren kann.
- **c)** Die Parabel zeigt den Mord eines Wanderers an einem Menschen, der sich als Brücke getarnt hat.
- **d)** Die Parabel thematisiert die Unmöglichkeit der Verständigung zwischen Menschen aufgrund ihrer unterschiedlichen Machtposition.
- **e)** In der Parabel wird gezeigt, dass die Unsicherheit des Menschen zu seiner Vernichtung führt.
- **f)** Zentral zeigt die Parabel die Unmöglichkeit des Menschen, einer einmal zugeschriebenen Funktion entkommen zu können.
- **g)** Die Parabel thematisiert den Sturz eines Wanderers von einer Brücke.
- **h)** Der Mensch ist seiner Situation ausgeliefert und zu Passivität verurteilt – dies ist die Kernaussage des Textes.

3. Wenn du eine Parabel beschreibst und deutest, brauchst du zunächst eine Einleitung. Notiere dir deshalb stichwortartig die wichtigsten Angaben zu dem Text von Franz Kafka.

Autor: ______________________________

Titel: ______________________________

Erscheinungsjahr: ______________________________

Textsorte: ______________________________

Inhalt/Handlungsüberblick: ______________________________

____

____

____

____

____

Vorläufiges Verständnis der Parabel (vgl. Aufgabe 2): ______________________________

____

____

4. Trage in die nachfolgende Zeichnung die Textsignale ein, die die Situation des Ich-Erzählers und das Verhalten des Wanderers kennzeichnen.

5. Trage in der Tabelle zusammen, wodurch das erzählende Ich und der Wanderer, („Er"), gekennzeichnet/charakterisiert werden. Du kannst auch Wörter des Textes eintragen; notiere dann in Klammern die Zeile, in der das Wort steht.

Ich	Er
– Starre, Ausweglosigkeit	– Bewegung, Dominanz, Härte
„steif" (Z. 1)	„Eisenspitze" (Z. 11)
„festgebissen" (Z. 2)	„sprang" (Z. 13)

6. Untersuche die sprachliche Gestaltung der Parabel, indem du

- den Satzbau der Parabel kennzeichnest und durch Zeilenangaben Beispiele nennst.

- die Wortwahl des Textes untersuchst. (Wie kennzeichnet der Ich-Erzähler seine Situation? Wie wird der Wunsch des Ich-Erzählers sprachlich gestaltet? Wie wird der Wanderer gekennzeichnet? Wie ist der Absturz der Brücke sprachlich gestaltet?)

7. Erläutere kurz die Wirkung von Wortwahl und Satzbau auf den Leser.

8. Die Parabel trägt die Überschrift „Die Brücke“. Setze den folgenden Anfang einer Begriffserklärung fort:

Eine Brücke ist ein Bauwerk, das über

9. In Kafkas Parabel bildet ein Mensch eine Brücke. Was könnte deiner Ansicht nach damit gemeint sein?

10. Stelle stichwortartig zusammen, welchen Eindruck du von dem Ich-Erzähler am Anfang der Erzählung hast.

11. Wer könnte mit dem Wanderer gemeint sein? Bedenke, worin die Aufgabe einer Brücke besteht.

12. Wie deutest du das Verhalten des Ich-Erzählers, als er den Wanderer bemerkt?

13. Wie deutest du das Verhalten des Wanderers?

14. Wie deutest du das Verhalten des Ich-Erzählers, sich umzudrehen, um den Wanderer sehen zu können?

15. Fasse zusammen, welchen Eindruck du am Ende der Parabel von dem Ich-Erzähler hast.

16. Ein Schüler hat den Hauptteil seiner Analyse zur Parabel „Die Brücke“ folgendermaßen begonnen:

Gleich zu Beginn der Parabel wird eine finstere, trostlose Atmosphäre erzeugt. Durch Aneinanderreihung kurzer Hauptsätze und durch die Wortwahl im ersten Teil wird diese Atmosphäre gestaltet: Der Ich-Erzähler erlebt seine Situation als die der Kälte und Starre (vgl. Z. 1), als eine von der Vernichtung bedrohte Situation, denn die Brücke ist über einem „Abgrund“ (Z. 1) errichtet. Auch die Beschreibung des Ich-Erzählers, er habe sich in „bröckelndem Lehm“ (Z. 2), also in einer instabilen Grundlage, nicht nur festgehalten, sondern „festgebissen“ (Z. 2), unterstreicht die Ausgangssituation, denn die Angespanntheit und das Bedrohtsein des Ich-Erzählers werden im Partizip „festgebissen“ bildlich vorstellbar. ...

Führe die Analyse der Parabel in deinem Heft fort.

17. Im Schlussteil der Textanalyse fasst du deine Ergebnisse knapp zusammen. Auch kannst du angeben, inwieweit ein Text für einen Autor typisch zu sein scheint oder inwieweit die Thematik des Textes für heutige Leser aktuell ist. Dazu ist es sinnvoll, auf das Parabolische des Textes hinzuweisen, also zu verdeutlichen, dass im gewählten Beispiel nicht ein Brückeneinsturz thematisiert ist, sondern die existenzielle Erfahrung eines Menschen zum Ausdruck gebracht wird.

Kreuze an, welche der Schlussformulierungen dir am sinnvollsten erscheint. Begründe anschließend deine Einschätzung.

☐ **a)** In der Parabel wird eindrücklich die Vernichtung der Brücke durch den gewaltsamen Wanderer gezeigt. Solche Geschichten passen zu Kafka, denn er hat immer wieder aus der Perspektive eines Ich-Erzählers dessen Vernichtung thematisiert.

☐ **b)** Die Parabel „Die Brücke“ zeigt also die Ausweglosigkeit eines Menschen, seine Situation verändern zu können.

☐ **c)** Diese Parabel scheint für den Verfasser Franz Kafka typisch zu sein, denn in dem Text „Die Bücke“ geht es um die Erfahrung der Isolation und Kommunikationslosigkeit, die sich auch in der Parabel „Heimkehr“ oder „Gibs auf“ findet. Dass ein Mensch seiner einmal zugeschriebenen Funktion nicht entkommen kann, scheint mir aber zu pessimistisch betrachtet, denn wenn wir uns aus einmal beschrittenen Wegen nicht mehr befreien könnten, müssten wir enorme Angst haben, überhaupt etwas zu entscheiden. Schließlich macht jeder Mensch in seinem Leben Fehler.

☐ **d)** Mir gefällt der Text nicht, weil ich mit solchen Vernichtungsbildern, wie Kafka sie zeigt, nichts anfangen kann.

☐ **e)** Ich finde den Text von Kafka interessant, weil die Brücke von ihrem eigenen Absturz erzählt, was eigentlich nicht möglich ist, es sei denn, die Brücke hätte den Absturz „überlebt“.

Begründung: ______________________________

____

____

____

____

____

____

Die Kommunikation in einem Dialog untersuchen

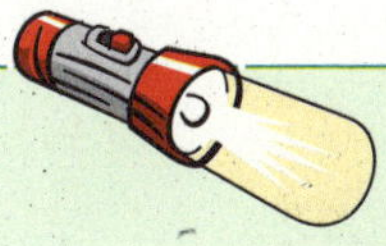

Die Analyse eines Dialogs soll im Wesentlichen die kommunikative Beziehung zwischen den Gesprächspartnern erläutern. Dabei spielen nicht nur das Gesagte eine Rolle, sondern auch Gestik, Mimik und andere Handlungsweisen, soweit sie im Text vermerkt sind.

Auch für einen literarischen Dialog gilt das, was der Psychologe Friedemann Schulz von Thun über Kommunikation herausgefunden hat. Danach enthält jede Äußerung einer Person vier Botschaften gleichzeitig:

- eine **Sachinformation** (Worüber informiert die Person?)
- eine **Selbstoffenbarung** (Was sagt die Person über sich selbst aus?)
- einen **Beziehungshinweis** (Was hält die Person von der anderen Person bzw. von den anderen Personen?)
- einen **Appell** (Was möchte die Person bei der anderen Person/den anderen Personen bewirken?)

Die angesprochene Person kann auf die unterschiedlichen Botschaften so reagieren:

- Auf der **Sachebene** kann sie nachhaken und z. B. nach dem Wahrheitsgehalt der Information fragen.
- Auf der **Ebene der Selbstoffenbarung** kann sie sich fragen, was der andere über sich selbst sagt, z. B. in welcher Stimmung er sich befindet.
- Auf der **Beziehungsebene** kann der andere sich fragen, wie der Sprecher zu ihm steht und was er von ihm hält.
- Auf der **Appellebene** kann der Angesprochene sich fragen, was er jetzt machen, denken oder fühlen soll.

Ob die Kommunikation nun gelingt oder nicht, hängt im Wesentlichen davon ab, wie die Botschaften aufgenommen und gedeutet werden.

Beim Verlassen des Hauses sagt die Mutter zu ihrer Tochter: „Wenn ich wiederkomme, ist die Küche aufgeräumt!“

1. Entscheide bei den folgenden Botschaften, ob sie eine Sachinformation (S), eine Selbstoffenbarung (SO), einen Beziehungshinweis (B) oder einen Appell (A) darstellen: Trage den entsprechenden Buchstaben in die Klammer ein.

- Räum die Küche auf. (   )
- Die Küche ist unordentlich und muss aufgeräumt werden. (   )
- Ich ärgere mich sehr, wenn die Küche so unaufgeräumt ist. (   )
- Eigentlich bist du alt genug, um selbst zu sehen, dass aufgeräumt werden muss. (   )

2. Folgende Antworten der Tochter sind denkbar. Entscheide, auf welche Botschaft sie mit ihrer Äußerung jeweils reagiert:

- Ja, Mama, mach ich gleich. (   )
- Hast du schlechte Laune? (   )
- Immer muss ich die Küche aufräumen. Das kann auch mal Mike tun. (   )
- So unordentlich ist die Küche doch gar nicht. (   )

Max Frisch (1911–1991)
Andorra (Auszug)

Erstes Bild

Vor einem andorranischen Haus. Barblin[1] weißelt die schmale und hohe Mauer mit einem Pinsel an langem Stecken. Ein andorranischer Soldat, olivgrau, lehnt an der Mauer.

BARBLIN: Wenn du nicht die ganze Zeit auf meine Waden gaffst, dann kannst du ja sehn, was ich mache. Ich weißle. Weil morgen Sanktgeorgstag ist, falls du das vergessen hast. Ich weißle das Haus meines Vaters. Und was macht ihr Soldaten? Ihr lungert in Gassen herum, eure Daumen im Gurt, und schielt uns in die Bluse, wenn eine sich bückt.
Der Soldat lacht.
Ich bin verlobt.

SOLDAT: Verlobt!

BARBLIN: Lach nicht wie ein Michelin-Männchen[2].

SOLDAT: Hat er eine Hühnerbrust[3]?

BARBLIN: Wieso?

SOLDAT: Daß du ihn nicht zeigen kannst.

BARBLIN: Laß mich in Ruh!

SOLDAT: Oder Plattfüße?

BARBLIN: Wieso soll er Plattfüße haben?

SOLDAT: Jedenfalls tanzt er nicht mit dir.
Barblin weißelt.
Vielleicht ein Engel!
Der Soldat lacht.
Daß ich ihn noch nie gesehen hab.

BARBLIN: Ich bin verlobt!

SOLDAT: Von Ringlein seh ich aber nichts.

BARBLIN: Ich bin verlobt,
Barblin taucht den Pinsel in den Eimer.
und überhaupt – dich mag ich nicht. [...]

(Aus lizenzrechtlichen Gründen folgt dieser Text nicht der reformierten Rechtschreibung.)

---

1 weiblicher Schweizer Vorname
2 komische Werbefigur
3 Verformung des Brustkorbs, bei der das Brustbein weit hervorsteht

3. Kreuze an, welche der folgenden Aussagen zutreffend sind.

- ☐ Der Soldat möchte gerne mit Barblin tanzen gehen.
- ☐ Barblin fühlt sich geschmeichelt, weil der Soldat sich um sie bemüht.
- ☐ Der Soldat behauptet, dass der Verlobte von Barblin Plattfüße hat.
- ☐ Barblin möchte, dass der Soldat sie in Ruhe lässt.
- ☐ Barblin weicht der Frage aus, wer ihr Verlobter ist.
- ☐ Der Soldat glaubt Barblin nicht, dass sie verlobt ist.
- ☐ Barblin gibt dem Soldaten zu verstehen, dass sie nicht mit ihm ausgehen möchte.

4. Fasse nun mit eigenen Worten kurz den Inhalt des Dialogs zusammen.

____

____

____

____

____

Um die Personen besser zu verstehen, lohnt es sich, einzelne Äußerungen daraufhin genau zu untersuchen, welche Botschaften sie enthalten.

Barblin: „Wenn du nicht die ganze Zeit auf meine Waden gaffst, dann kannst du ja sehn, was ich mache.“ (Z. 4 f.)

5. Trage wie in Aufgabe 1 auf S. 25 die Art der Botschaft ein:

- Hör auf, mich so anzustarren. ( )
- Ich ärgere mich, wenn du mich so anstarrst. ( )
- Wenn du richtig hinguckst, siehst du, was ich mache. ( )
- Du bist mir lästig; ich will nichts mit dir zu tun haben. ( )

Barblin: „Ich bin verlobt.“ (Z. 10)

6. Formuliere selbst vier Botschaften dieser Aussage.

Sachinformation: ______________________________

____

Selbstoffenbarung: ______________________________

____

Beziehungsaspekt: ______________________________

____

Appell: ______________________________

____

7. Laut Regieanweisung „lacht" der Soldat nach der Äußerung von Barblin: „Ihr lungert in allen Gassen herum, eure Daumen im Gurt, und schielt uns in die Bluse, wenn eine sich bückt." (Z. 9)
Auch Lachen ist eine Form der Kommunikation, die unterschiedliche Botschaften enthalten kann. Kreuze an, welche Botschaften deiner Meinung nach zutreffend formuliert sind.

- ☐ Das macht uns Soldaten Spaß.
- ☐ Der Witz ist lustig.
- ☐ Ja und, hast du etwas dagegen?
- ☐ Das ist nicht wahr.
- ☐ Reg dich bloß nicht auf.

(Andorra, Fernsehfassung. Deutschland 1964, Regie: Kurt Hirschfeld, Gert Westphal)

8. Erkläre mit eigenen Worten, warum Barblin auf das Lachen des Soldaten mit der Aussage „Ich bin verlobt!" reagiert.

____

____

____

____

____

____

____

9. Barblin wiederholt ihre Aussage „Ich bin verlobt" noch zwei Mal. Erkläre mit eigenen Worten, was sie damit dem Soldaten gegenüber zum Ausdruck bringen will. Untersuche dazu zunächst die Aussagen des Soldaten in den Zeilen 9–23.

10. Verfasse nun eine Analyse des Dialogs. Gehe dabei auf folgende Aspekte ein:

- Wo, wann und aus welchem Anlass heraus findet das Gespräch statt?
- Wer ist daran beteiligt?
- Worüber wird gesprochen?
- Welche Bedeutung haben die Regieanweisungen?
- Was beabsichtigen die Sprecher mit ihren Aussagen? Wie versteht der Angesprochene die Aussagen?
- Welche Beziehung der Personen geht aus der Gesprächsgestaltung hervor?
- Verändert sich die Beziehung im Verlauf des Gesprächs?

Aus unterschiedlichen Textarten Informationen entnehmen und diese präsentieren

Das Sammeln, Ordnen, Vergleichen und Bewerten von Informationen aus unterschiedlichen Textarten dient dazu, sich zu einem bestimmten Thema ein gewisses Sachwissen anzueignen und zu einer begründeten Meinung zu gelangen. Die Ergebnisse dieser Analyse können in Form einer mündlichen Präsentation zusammengefasst werden.

Text 1:

Götz Hamann
Wir sind Schurken

Computerspiele sind heute das größte Massenmedium. Die erfolgreichsten Neuerscheinungen kommen aus der kalifornischen Stadt Irvine. Dort entwickelt die Firma Blizzard ihre Kunstwelten: Droht ihren Spielern eine reale Gefahr?

Computerspiele sind das jüngste und am schnellsten wachsende Massenmedium, und als solches steht es in mal engerer, mal weiterer Verwandtschaft zu anderen Massenmedien unserer Zeit: näher an Kino, Fernsehen, Internet, entfernter von Büchern, Zeitungen, Zeitschriften und Radio. Eine moderne Gesellschaft wäre ohne Massenmedien gar nicht vorstellbar. Denn sie wird dadurch angeregt, mit sich selbst ins Gespräch zu kommen. Massenmedien stellen Gemeinschaft her und liefern den Stoff, über den die Menschen miteinander reden, weil sie das Gleiche gesehen, gehört oder gelesen haben. [...] Mit dem technischen Fortschritt haben sich im Verlauf des vergangenen Jahrhunderts weitere Massenmedien entwickelt mit ihrer jeweiligen Mischung aus Information und Unterhaltung. Als Letztes die Computerspiele mit einigen Hundert Millionen Anhängern bis weit ins Erwachsenenalter hinein. [...]

Wie sehr Spieler es schätzen, wenn die Entwickler mit technischen Raffinessen oder neuen Effekten aufwarten, ist immer wieder zu sehen. Als Blizzard auf dem Fantreffen eine neue Version des Spiels *Diablo* vorstellte, saßen 4000 Spieler wie bei einem Konzert vor einer 50 Meter breiten Bühne. Plötzlich ging ein brüllendes „Yeah!“ durch den Saal. Tausende Fäuste wurden gereckt. Pfiffe gellten, als hätte ein Popstar gerade seinen größten Hit angekündigt. Was war passiert? Auf einer Kinoleinwand war eine kurze, offensichtlich gelungene Spielszene eingeblendet worden. *Diablo* ist ein Fantasyspiel, bei dem sich die Figur, zum Beispiel ein Barbar, durch Tempel, Landschaften und Höhlen kämpfen muss. Wenn dieser Barbar stampft, bebt die Erde, die Schockwellen schießen in Kreisen durch den Raum und töten die einfachen Gegner sofort. Die Starken nehmen zumindest Schaden. Danach kann sie der Koloss leichter mit Elektroaxt und Frost-Morgenstern erledigen. Mit etwas Geschick kann der Spieler seinen Protagonisten sogar in einen tödlichen Kreisel verwandeln. Die Zuschauer klatschten und lachten, weil sie die Übertreibung von Kraft, Können und Muskelmasse offenbar als guten Witz verstanden.

Tatsächlich hat es etwas absurd Komisches, wenn sich ein Monster, schwer getroffen, ein letztes Mal verbeugt, nach hinten kippt, dann sein weißer, michelinmännchenartiger Körper birst und ein Dutzend kleiner molchartiger Monster hervorkreucht, die selbstredend wieder von dem Barbaren niedergemetzelt werden. Andererseits setzt genau dort, bei der Gewaltdarstellung, auch die kulturkritische und gesellschaftspolitische Debatte um Computerspiele an. Denn oft wird Gewalt viel realistischer dargestellt als in *Diablo* oder *World of Warcraft*. Anderswo spritzt das Blut, bersten Knochen und Körper realitätsnah, können Unbeteiligte überfahren werden, liegt die Kunst des Herstellers darin, die Wirkungen eines Dumdum-Geschosses noch intensiver darzustellen. Spiele, in denen man kämpfen, schießen, meucheln und zerstören muss, um voranzukommen, sind die Königsdisziplin unter Entwicklern und Herstellern, hier werden besonders viele, aufwendige Spiele entwickelt, unter Einsatz der neuesten Programmiertechniken.

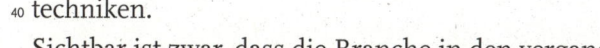

Sichtbar ist zwar, dass die Branche in den vergangenen Jahren viele neue Ideen ausprobiert und beworben hat. Im Kern gilt aber weiterhin: Die Familie mag gemeinsam am Bildschirm Fußball spielen, nebenan wird die Kanone ausgepackt.

Als Massenmedium funktionieren Computerspiele wie Fernsehen, Kino und Literatur. Niemand glaubt, dass sie die Wirklichkeit widerspiegeln. Aber jeder weiß, dass sie Rollenmuster und -vorbilder anbieten und so eben auch Werte für den Alltag vermitteln können. [...] Regt die Gewalt im Spiel mögliche Gewalt im realen Leben an? Einige Forscher glauben, eine kurzfristig erhöhte aggressive Grundstimmung nach dem Eintauchen in gewalthaltige Computerspiele für eine Minderheit der Spieler nachweisen zu können. Langfristige Folgen sind hingegen weitgehend unerforscht. Immerhin sei relativ sicher, sagt Stefan Aufenanger, Professor für Medienpädagogik an der Universität Mainz, dass „übermäßiger Konsum von gewalthaltigen Computerspielen zu einer Abstumpfung gegenüber alltäglicher Gewalt sowie zu einer Verminderung von Empathie[1] für die Opferperspektive führt“. Bei einer kleinen Zahl von Spielern, die ohnehin zu Aggression neigten, „können solche Spiele zu einer Bestätigung ihres Verhaltens führen und zu aggressiveren Verhaltensweisen, da sie die Modelle der Spiele übernehmen“, sagt Aufenanger. Ließe sich das in Langzeitstudien nachweisen, wäre das Bindeglied gefunden, das erklärte, wieso Computerspiele mehr als einmal im Zusammenhang mit Morden und Amokläufen eine Rolle spielten, von Emsdetten bis Erfurt.

Verbieten muss man sie deshalb nicht. Aber auch aus anderen Erkenntnissen der Lernforschung ergibt sich eine Empfehlung: Die Zeit, die Heranwachsende mit audiovisuellen Medien verbringen, sollte auf weit unter drei Stunden täglich begrenzt sein. Ansonsten können nicht nur die schulischen Leistungen leiden, auch die Entwicklung der persönlichen geistigen Fähigkeiten kann beeinträchtigt werden. [...]

Andererseits kann einer nützliche Erfahrungen mitnehmen. Wer im Computerspiel erfolgreich sein will, muss leistungsbereit sein, zielstrebig, lernbereit. Dann erlangt seine Spielfigur zusätzliche Fähigkeiten und löst Probleme, die am Anfang unüberwindlich schienen. Hinzu kommt: Je mehr Spiele in Gruppen absolviert werden, die sich untereinander absprechen müssen, umso mehr üben die Spieler, Aufgaben zu teilen, sich zu organisieren, eine Hierarchie festzulegen – und sich unterzuordnen. Wer im Spiel führt, muss lernen, seine Mitstreiter zu motivieren und sie gegebenenfalls [...] zu manipulieren, wenn es dem Interesse der Gruppe dient.

Man kann also zu dem Schluss kommen, dass Computerspiele hervorragend auf ein Leben in der Marktwirtschaft vorbereiten und dass der amerikanische Autor Steven Johnson durchaus recht hat. Die deutsche Übersetzung seines Buches trägt den Titel *Die neue Intelligenz. Warum wir durch Computerspiele und TV klüger werden.* Der englische Titel trifft es allerdings noch besser. Demnach machen uns Medien smarter – also nicht klüger, sondern geschickter und tüchtiger.

Unter diesem Blickwinkel kann man schon mal ohne Gewissensbisse in den Welten von *World of Warcraft* umherstreifen und ein paar Disteleber und Schattenweberspinnen jagen. Auch schwächliche Fabelwesen fallen schon durch die Hiebe eines Neulings in den Staub. Das ist bei diesem Spiel nicht einmal blutig.

(Die Zeit, 25.09.2008, Nr. 40)

[1] Fähigkeit, sich in die Einstellung anderer Menschen einzufühlen

1. Lies den Sachtext von Götz Hamann „Wir sind Schurken" ein erstes Mal, unterstreiche unklare Begriffe und versuche, sie aus dem Zusammenhang oder mithilfe eines Wörterbuchs zu erklären.
Welche der folgenden Aussagen fasst deiner Meinung nach das Thema des Textes am treffendsten zusammen?

In dem Sachtext „Wir sind Schurken" von Götz Hamann geht es ...

- ☐ um das Medienverhalten Jugendlicher.
- ☐ um die langfristige Steigerung der Aggressionsbereitschaft durch gewalthaltige Computerspiele.
- ☐ um das Verhältnis traditioneller Massenmedien und neuer Computerspiele.
- ☐ um die Marketingstrategie der Computerspielfirma Blizzard.
- ☐ um die Wirkung von Computerspielen auf ihre Nutzer.
- ☐ um das Verhalten der Fangemeinde von Computerspielen wie „Diablo" oder „World of Warcraft".
- ☐ um die Abgrenzung der Wirklichkeit von der fiktiven Spielwelt.

2. Lies den Sachtext ein zweites Mal und versieh jeden Textabschnitt mit einer Überschrift, die den Inhalt des Abschnittes zusammenfasst, z. B.: Abschnitt 1 (Z. 1–3): Computerspiele als erfolgreichstes Massenmedium – Gefahr für die Spieler?

3. Im Folgenden findest du Fragen zur Texterschließung in ungeordneter Reihenfolge. Suche zunächst die Textstelle, die eine Antwort auf die Frage gibt, und notiere die Zeilen. Beantworte dann die Frage mit eigenen Worten. Schreibe Zeilenangaben und Antwort in dein Heft.

- Welche Gefahren können nach Ansicht des Verfassers mit gewalthaltigen Computerspielen verbunden sein und wie begründet er seine Ansicht?
- Wie fasst der Autor seine Einschätzung von Computerspielen zusammen?
- Wie beurteilt der Verfasser die Entwicklung der Massenmedien?
- Welche möglichen positiven Effekte sieht der Verfasser bei der Beschäftigung mit Computerspielen?
- Wodurch unterscheiden sich dem Verfasser zufolge Computerspiele wie „Diablo" oder „World of Warcraft" von anderen Computerspielen?
- Welche Empfehlung gibt der Verfasser beim Umgang von Jugendlichen mit Computerspielen?

Text 2:

„Eltern geben zu schnell auf"

Welche Auswirkungen haben audiovisuelle Medien auf unsere Entwicklung? Ein Gespräch

DIE ZEIT: Was war zuletzt die wichtigste Erkenntnis über die Wirkung von Computerspielen?
PETER VORDERER[1]: Die in vielen empirischen Studien bestätigte und gesicherte Erkenntnis, dass gewalthal-

[1] Peter Vorderer ist Professor für Sozialwissenschaften an der Freien Universität Amsterdam.

tige Computer- und Videospiele unerwünschte Wirkungen zeigen, insbesondere im Hinblick auf das Denken und Fühlen.

ZEIT: Steigen durch diese Spiele das Aggressionspotenzial und die reale Gewalt?

VORDERER: Die Folgen sind vielfältig und manifestieren[2] sich bei verschiedenen Spielern unterschiedlich. Kurzfristig kann man sehr gut nachweisen, bei wem das Aggressionspotenzial steigt. Wesentlich schwieriger ist es indes, längerfristige Auswirkungen nachzuweisen. Dazu gehört vor allem die sozialisatorische[3] Wirkung, die Spiele unter Umständen auf Heranwachsende haben. Wir wissen noch sehr wenig darüber. Denn solche Langzeitstudien sind teuer und insofern selten.

ZEIT: Was ist die größte positive Wirkung von audiovisuellen Medien auf Heranwachsende?

VORDERER: Lehrstoff, der über audiovisuelle Medien vermittelt wird, erscheint zunächst einmal dynamischer und attraktiver und wird deshalb von Heranwachsenden eher „angenommen". Wenn die Aufgaben dann auch noch interaktiv gelöst werden können, wird er für die meisten noch interessanter. Darin liegt eine große Chance. Hinzu kommt, dass dieser Lehrstoff individuell angepasst werden kann. So kann er optimal anspruchsvoll oder redundant[4], innovativ oder repetitiv[5] sein. Das ist ganz sicher ein Vorteil gegenüber traditionellem Lernen.

ZEIT: Worauf wartet Ihre Forschergemeinde am sehnsüchtigsten?

VORDERER: Auf eine Antwort auf die Frage, ob man mit Computerspielen tatsächlich besser, schneller, intensiver, tiefer und nachhaltiger lernen kann als mit traditionellen Lernmethoden und -materialien. Forschungen zeigen eine Überlegenheit in bestimmten Fällen. Wir wissen aber noch nicht genau, woran es im Einzelnen liegt.

ZEIT: Was raten Sie Eltern zum audiovisuellen Medienkonsum ihrer Kinder?

VORDERER: Oft geben Eltern den Versuch, die Medienrealität der Kinder wahrzunehmen und zu verfolgen, zu schnell auf. Das halte ich für einen Fehler. Auch wenn's schwierig ist: Lassen Sie sich von Ihren Kindern durch diese Medienwelten führen, versuchen Sie, teilzuhaben. Sie wissen sonst nicht, in welcher Welt Ihr Kind einen Gutteil der Zeit lebt.

(Die Zeit, 25.09.2008, Nr. 40)

---

[2] zeigen sich
[3] Prozesse der Einordnung des Einzelnen in die Gesellschaft
[4] enthält Überfluss auch an überflüssigen Informationen
[5] sich wiederholend

4. Vergleiche die Aussagen von Peter Vorderer in dem Interview mit denen von Götz Hamann. Übernimm dazu die Tabelle in dein Heft und vervollständige sie.

Vergleichspunkte	Interview mit Peter Vorderer	Sachtext von Götz Hamann
Negative Folgen des Konsums gewalthaltiger Computerspiele	...	...
...	...	...

5. Stellt euch in Gruppen gegenseitig die Ergebnisse in Form einer mündlichen Präsentation vor. Hierzu solltet ihr die wichtigsten Informationen stichwortartig auf Karteikarten zusammenfassen, die euren Vortrag unterstützenden Medien vorbereiten (z.B. Folie, Plakat, Tafelanschrieb, PowerPoint-Präsentation, Thesenpapier ...) und euren Vortrag üben.

Einen argumentativen Sachtext analysieren

In einer Sachtextanalyse geht es darum, den Leser über den Inhalt des Textes zu informieren und die Art und Weise zu untersuchen, wie der Verfasser seinen Standpunkt argumentativ und sprachlich zu stützen versucht.

Dabei kannst du dich an folgenden Hinweisen orientieren:

- In der **Einleitung** nennt man **Verfasser/Verfasserin**, den **Titel**, die **Textsorte**, das **Thema** sowie ggf. **Erscheinungsort und -jahr** des Textes.
- Der **Hauptteil** bildet den Kern einer Sachtextanalyse. Hier werden zuerst die Informationen der einzelnen Textabschnitte knapp mit eigenen Worten zusammengefasst. In einem zweiten Schritt geht es in einer Detailanalyse darum, den **Aufbau** des Textes, also auch den Bezug der einzelnen Abschnitte zueinander zu untersuchen. Dabei können z. B. die **Reihenfolge** der vom Autor gewählten Argumente, der gewählte **Argumentationstyp**, die **Argumentationsstruktur**, der **Wortschatz**, **Satzbau** oder **Stil** des Textes eine wichtige Rolle spielen. Man untersucht auch die **Funktion** der Argumente hinsichtlich der Intention des Autors. Deine Deutung solltest du durch **Textverweise** und **Zitate** belegen und absichern.
- Im **Schlussteil** wird die Gesamtaussage des Textes zusammenfassend dargestellt. Der untersuchte Sachtext kann mit Bezug auf die Analyse im Hauptteil hinsichtlich seiner Wirkung und der Intention des Autors **bewertet** werden. Neben der Einschätzung der Vorgehensweise des Autors kann im Schlussteil auch noch eine persönliche, begründete **Meinung** formuliert werden. Dieses Fazit kann zustimmend, ablehnend oder ausgewogen ausfallen.

Susanne Prebitzer
Jugendsprache für Noobs

Nur Noobs würden eine Plantschkuh heute noch als „Wuchtbrumme“ bezeichnen. Das funzt einfach nicht. Versteht nämlich kaum mehr jemand. Und wenn doch, kann es passieren, dass der eine ein dickes Mädchen vor Augen hat und ein anderer eine Superfrau. Wuchtbrummen-Kenner sind mit hoher Wahrscheinlichkeit mindestens um die dreißig oder älter. Für all jene, die hier heimlich die Jung-Seite lesen: Noob kommt vom englischen Wort newbie und bedeutet ursprünglich Anfänger. So steht es im Wörterbuch der Jugendsprache von Pons. Lisa ist 14 und blättert durch das Büchlein. Im Grunde, erklärt sie, hänge man den Titel vielen an, die nicht ganz auf der Höhe der Zeit sind. „Wir sagen dazu auch MOF“, meint sie und blättert etwas gelangweilt weiter. „MOF m (Mensch ohne Freunde)“ steht da. Lisa hätte auch ohne das „m“ für maskulin, also männlich, gewusst, dass es der MOF heißt und nicht das MOF. Doch für sie ist das Büchlein auch nicht unbedingt gemacht.
Seit ein paar Jahren erklären extra Wörterbücher Ahnungslosen den Jugendsprech. Sie listen von A wie abschimmeln bis Z wie Zweitwohnung Begriffe auf und übersetzen, dass wer abschimmelt, sich zu Tode langweilt, und eine Zweitwohnung herumgetragen werden kann, als Handtasche nämlich. Auch Lukas und Furkan, mit 14 Jahren Experten für Jugendsprache, haben eines dieser Werke dem Praxistest unterzogen.

Sie finden: „Das meiste ist Schwachsinn.“ Viele Sprachfachleute sind der gleichen Meinung. Die Bücher seien „ganz nett“, meint etwa Peter Schlobinski an der Uni Hannover. Aber sie zeichneten ein falsches Bild. Jugendsprache als solche gebe es nämlich gar nicht: Es sei ein ziemlicher Unterschied, ob Zwölfjährige auf dem Schulhof über Lehrer lästern oder Fünfzehnjährige beim Skaten in der Halfpipe fachsimpeln. In den Büchern aber schnurrt alles auf ein paar Vokabeln zusammen und passt dann in jede Tasche.
Die Frage ist nur: In wessen Tasche? Häufig auch in die Erwachsener, heißt es einstimmig bei den Wörterbuch-Machern Pons und Langenscheidt. Oft würden Titel im Vorbeigehen mitgenommen, sagt eine Pons-Sprecherin. Das Geschäft läuft. In diesem Jahr lässt Langenscheidt zum ersten Mal auch ein „Jugendwort des Jahres“ wählen. Der Werbegag kommt an. 25 000 Leute haben in den ersten zwei Monaten online abgestimmt. So etwas ärgert Eva Neuland. „Jugendsprache wird zum Konsumgut“, sagt die Sprachforscherin von der Uni Wuppertal. Dabei sei Jugendsprache viel mehr als eine Ansammlung von Äußerungen wie ey, Tussi oder geil. „Sie bedeutet auch frotzeln, lästern, herumalbern, ironisieren und karikieren, sich über jemanden lustig machen“, sagt sie.
Die Wörterbücher aber trügen dazu bei, dass ein falsches Bild davon entstehe, wie Jugendliche sprechen. Da lesen Erwachsene dann burnen, Chillus und flamen und finden: Die englischen Begriffe versauen die deutsche Sprache. [...] Wer lollen statt lachen sagt, dem, so wird vermutet, ist offenbar das SMS-Tippen ins Hirn gestiegen. Und so weiter und so fort. Diese Jugend heutzutage kann nicht mal mehr richtig Deutsch – wie oft hat man das schon gehört?
Stimmt alles nicht, betont Forscherin Eva Neuland. Sie hat in einer Studie 1200 Jugendliche beim Sprechen aufgenommen und befragt und sagt: Wenn von shoppen gesprochen werde, dann nicht, weil junge Leute das Wort einkaufen nicht mehr kennen. „Vielmehr wollen sie zum Teil besondere Ausdruckseffekte erzielen, zum Beispiel ist ‚der burnt bis zum Siedepunkt‘ ausdrucksstärker und witziger als ‚der ärgert sich‘.“ Was kann man eigentlich dagegen haben, dass Lukas und Julian im Gespräch mit Levent und Furkan çü (türkisch für „boah, harte Sache“) sagen? Oder wenn ein Satz bei ihnen dann mit lan (türkisch für „Alter, Junge!“) endet? Dass junge Leute die deutsche Sprache verunstalteten, mussten sich auch Studenten vor 300 Jahren schon anhören. Daran hat sich wenig geändert. [...]

(FAZ, 02.11.2008, Nr. 44, S. 58)

Den Aufbau und die Argumentationsstruktur eines Sachtextes untersuchen

Bei einer Sachtextanalyse geht es zunächst darum, die Informationen der einzelnen Textabschnitte knapp mit eigenen Worten zusammenzufassen sowie den Aufbau des Textes, d. h. den Bezug der einzelnen Abschnitte zueinander sowie deren Funktion, zu untersuchen.

1. Lies den Sachtext gründlich durch. Unterstreiche dabei dir unbekannte Begriffe und versuche, sie entweder aus dem Zusammenhang oder mittels eines Wörterbuchs zu erschließen.

2. Erschließe den inhaltlichen Aufbau des Sachtextes, indem du den Text in Sinnabschnitte gliederst, den Inhalt der Abschnitte mit eigenen Worten stichwortartig wiedergibst und die Aufgabe des jeweiligen Abschnittes für den argumentativen Gesamtaufbau des Textes ermittelst.
Übernimm dazu folgende Tabelle in dein Heft und vervollständige sie:

Gliederung	Inhalt	Aufgabe
Abschnitt 1 (Zeile 1–10)	Erläuterungen einzelner Begriffe der Jugendsprache wie z. B. Noobs, MOF, …	Einleitung, Wecken von Interesse
Abschnitt 2 (Zeile 11–20)	Wörterbücher zur Jugendsprache geben das Sprachphänomen falsch bzw. vereinfacht wieder, weil die Situations- und Adressatabhängigkeit der Jugendsprache nicht beachtet wird.	These Begründung
…		

Die Einleitung einer Sachtextanalyse verfassen

In der Einleitung nennt man Verfasser/Verfasserin, den Titel, die Textsorte, das Thema sowie ggf. Erscheinungsort und -jahr des Sachtextes.

1. Notiere für deine Einleitung stichwortartig die wichtigsten Angaben.

Verfasserin: ______________________________

Titel: ______________________________

Textsorte: ______________________________

Erscheinungsort und -jahr: ______________________________

2. Kreuze an, welche Formulierung deiner Meinung nach am besten das Thema des Sachtextes wiedergibt. Du kannst auch mehrere Formulierungen ankreuzen.

- ☐ Der Sachtext übt Kritik an der Vermarktung von Wörterbüchern für Jugendsprache.
- ☐ Die Autorin kritisiert die Verwahrlosung der Sprache Jugendlicher.
- ☐ Der Sachtext beschreibt die negativen Folgen von Jugendsprache.
- ☐ Susanne Prebitzer wendet sich gegen gängige Vorurteile Erwachsener gegenüber der Jugendsprache.
- ☐ Der Sachtext spricht sich für ein Verbot fremdsprachiger Begriffe in der deutschen Sprache aus.
- ☐ Die Autorin beschreibt die unterschiedlichen Funktionen der Jugendsprache für die Heranwachsenden.

3. Verfasse nun einen Einleitungsteil für eine Analyse des Sachtextes. Schreibe ihn in dein Heft.

Die sprachliche Gestaltung beschreiben und untersuchen

In einem nächsten Schritt geht es darum, die formale bzw. sprachliche Gestaltung des Sachtextes zu untersuchen. Dabei können z. B. die Reihenfolge der vom Autor gewählten Argumente, der verwendete Argumentationstyp (Autoritäts- oder Faktenargument, normatives Argument), der Wortschatz, Satzbau oder Stil des Textes eine wichtige Rolle spielen. Wichtig ist, dass du die einzelnen Gestaltungsmittel nicht nur beschreibst, sondern auch ihre jeweilige Bedeutung und Wirkung im Zusammenhang mit dem Sachtext klärst.

1. Weise an einzelnen Beispielen nach, dass die Autorin Susanne Prebitzer in ihrem Text häufig mit Autoritätsargumenten arbeitet.

Z. 13 ff.: „Auch Lukas und Furkan, mit 14 Jahren Experten für Jugendsprache, …“

Z. ______________________________

Z. ______________________________

Z. ______________________________

2. Welche Autoritäten führt die Autorin an und welche Wirkung erzielt sie damit?

____

____

____

____

____

____

3. In dem Sachtext finden sich neben einer Reihe von Beispielen für die Jugendsprache weitere umgangssprachliche Elemente. Suche einige Formulierungen heraus, die das besonders verdeutlichen.

Z. 15: „Das meiste ist Schwachsinn"

Z. 19: „... schnurrt alles auf ein paar Vokabeln zusammen"

Z. ____

Z. ____

Z. ____

Z. ____

4. Kreuze an, welche Aussage oder welche Aussagen auf den vorliegenden Sachtext zutreffen.

Bei dem vorliegenden Text handelt es sich um ...

- ☐ einen wissenschaftlichen Beitrag, der objektiv und sachlich über Jugendsprache berichtet.
- ☐ einen Beitrag, der auf unterhaltsame und anschauliche Weise die Vermarktung der Jugendsprache kritisiert.
- ☐ einen Text, der jugendsprachliche Elemente enthält, obwohl er diese kritisiert.
- ☐ einen Beitrag, der Leser abraten möchte, Lexika zur Jugendsprache zu kaufen.

Eine Sachtextanalyse verfassen

1. Verfasse auf der Grundlage deiner bisherigen Arbeit am Text eine vollständige Analyse des Sachtextes „Jugendsprache für Noobs" von Susanne Prebitzer. Arbeite dazu in deinem Heft und beachte die Hinweise in dem Merkkasten oben.

Kleines Lesetraining

Seite 4, Übung 1 Gerhard Schöne (geb. 1952)
Das Glück

Es sitzt sich weich auf unserm Sofa. Gemütlichkeit im ganzen **Haus**.
Geschmackvoll wählten wir die Bilder zur Farbe der Gardinen aus.
Wir schließen nachts die Jalousien, hab'n neue Schlösser in der Tür.
Das Glück soll sich doch sicher fühlen als Dauermieter, dachten **wir**.
Da hat's das Bündel schon geschnürt.
Ich glaub', es wohnt nicht gern möbliert
und scheint die Sicherheit zu meiden.
Versprechen, die vergisst es prompt,
und dass es nie pünktlich **kommt**.
kann ich nicht **leiden**.

Ich hab' es tief als Kind geatmet im Kirschenbaum zur Blütenzeit.
Da warf's mir seine Glückhaut über grad wie ein **Sterntalerkleid**.
Ich traf es unter jungen Leuten, wir feierten bei Kerzenschein.
Es war spontan, verrückt, bescheiden und machte aus dem Wasser **Wein**.
Dann ging es fort und kam nicht **mehr**.
Ich hechelte ihm **hinterher**.
Doch ich war nie sehr gut im Rennen.
Einmal kam's ungeheuer groß,
es trug ein Baby auf'm Schoß.
Das schossen uns vor Glück die **Tränen**.

Ich fand es mal beim Muschelsuchen. Da gab's mir sein Geheimnis preis:
„Du rennst mir nach, willst mich erzwingen. Halt inne, schau und sei ganz **leis**.
Dann wirst du staunend mich entdecken. Dann hörst du meinen Glücksgesang.
Und ich kann dir aus vielen Blicken entgegenschau'n ein Leben **lang**.
Ich bin im Brotgeruch **versteckt**,
und wenn dich deine Liebste neckt
im Dunkeln, dann hörst du mich lachen.
Ich warte auf dich jetzt und hier,
und wenn du singst, bin ich bei **dir**,
dich froh zu **machen**!"

Seite 5, Übung 2 Richtig sind die dritte und vierte Antwortmöglichkeit.

Seite 5, Übung 3

Formulierung	Sprachliches Mittel	Bedeutung
Glück „als Dauermieter" (V. 4)	Personifikation	Wunsch, das Glück zu halten
„wie ein Sterntalerkleid" (V. 12)	Vergleich	erinnert an Grimm'sches Märchen
„Glückshaut" (V. 12)	Metapher	verdeutlicht Dynamik des Glücks
„aus dem Wasser Wein" (V. 14)	Alliteration	erinnert an Wunder Jesu
„im Brotgeruch versteckt" (V. 25)	Personifikation	betont Bedeutung alltäglicher Dinge

Seite 6, Übung 4

- Beteiligt an dem Streitgespräch sind ein namenlos bleibendes Ehepaar.
- Die Szene spielt auf dem Nachhauseweg nach einem Kinobesuch.
- Thema ist das Verhalten der Frau während und nach der Vorstellung (ergriffenes Schluchzen).

Seite 6, Übung 5

Sätze, die der Mann spricht: Eine Schande, eine Affenschande, wie du geheult hast. Mich nimmt nur wunder warum. Ich hasse diese Heulerei, ich hasse das. Schön, dieser Mist, dieses Liebesgewinsel, das nennst du also schön, dir ist ja wirklich nicht zu helfen.

Sätze, die die Frau spricht: Ich kann doch nichts dafür, ich kann doch wirklich nichts dafür, es war so schön, und wenn es so schön ist, muss ich einfach heulen.

→ **Asymmetrische Kommunikationssituation**: Der Mann redet viel, dominiert das Gespräch mit Vorwürfen und Ich-Botschaften; die Frau redet kaum, hetzt dem Mann hinterher, ist die Getriebene.

Seite 7, Übung 6

Gedanken des Mannes: voll Zorn, voll Wut, so eine Gans, so eine blöde, blöde Gans, und wie sie keucht in ihrem Fett

Gedanken der Frau: sie denkt, was für ein Klotz von Mann, was für ein Klotz

→ Beide denken negativ voneinander, dennoch sind die Gedanken des Mannes weitaus beleidigender und abwertender als die der von der Gefühlskälte ihres Mannes enttäuschten Frau; Erzählperspektive (Innensicht und Außensicht) zeigt den desolaten Zustand dieser Ehe.

Seite 7, Übung 7

Antwortmöglichkeit B trifft zu, weil sowohl durch die Sprache als auch durch die geheimen, nur für den Leser ersichtlichen Gedanken der beiden Ehepartner deren emotionale Verwahrlosung deutlich wird.

Seite 7, Übung 8

Erzählperspektiven

Innensicht	**Außensicht**
Kann der Erzähler in die Figuren hineinsehen und kennt er auch ihre Gedanken und Gefühle, so erzählt er aus der sogenannten Innensicht. ⇓ Beispiel: *„Schweigend geht er und voll Wut, so eine Gans, denkt er, so eine blöde, blöde Gans, und wie sie keucht in ihrem Fett.“ (Z. 12f.)*	Der Erzähler erzählt nur das, was er von außen aus einer Beobachterposition heraus betrachtend wahrnehmen kann. Man spricht von der Außensicht. ⇓ Beispiel: *„Eine Schande, sagt er im Gehen, eine Affenschande, wie du geheult hast. [...] Ich hasse diese Heulerei, ich hasse das.“ (Z. 10f.)*

Seite 8, Übung 9

Richtig sind: systematisch, lassen, zwanglos, kein, nach, unterstützt, Eigenerfahrung, geht, Idealisten, glücklicher, eine enorme, zugenommen, kontraproduktiv, Enttäuschung, befriedigen, Zuwachs, haben, guten, eigenen, konkrete, nächste

Seite 9, Übung 11

Absatz (1–5)	Teilüberschrift des Sinnabschnitts
1	Situationsbeschreibung
2	Erläuterung
3	Inhaltliche Ziele
4	Ergebnisse
5	Konsequenzen

Seite 10, Übung 12

Mögliche Parallelen: Gerhard Schöne spricht vom „Brotgeruch", in welchem sich das Glück versteckt habe. Die Heidelberger Schüler lernen in ihrem Unterricht die Zubereitung von Lebensmitteln. Bei beiden geht es also um die Bewusstmachung einer körperlich-sinnlichen Erfahrung, um die Verlangsamung eines Vorgangs, der normalerweise kaum Aufmerksamkeit erfährt, weil dafür in der Hektik des modernen Alltags kaum noch Zeit zur Verfügung steht. Sowohl bei Schöne („unter jungen Leuten", „bei Kerzenschein") als auch in dem Zeitungsartikel („Engagement in der Gemeinschaft") wird betont, das sich das Glück wohl leichter in Gesellschaft als allein einstellt.

Seite 10, Übung 13

Die Fragen lauten in der richtigen Reihenfolge:
Hallo, Mr. Halpern, sind Sie glücklich? Was wird aus denen von uns, die nicht auswandern können? Aber es schadet doch nicht? Was ist wichtiger als Einkommen? Würde es uns helfen, nur noch zu tun, was uns Spaß macht? Demnach sähe der Bürger mit den besten Glücksaussichten so aus: Er hat einen netten Job, der ihm ein ausreichendes Einkommen beschert, er ist verheiratet, hat zwei Kinder, spielt einmal die Woche mit Freunden Fußball und ist Mitglied der Freiwilligen Feuerwehr? Kennen Sie irgendeinen Politiker, der von diesen Theorien überzeugt ist? Glauben Sie wirklich?

Ein Gedicht beschreiben und deuten

Das erste Textverständnis ermitteln

Seite 12, Übung 1 freie Aufgabe

Seite 13, Übung 2 freie Aufgabe

Seite 13, Übung 3

☐ **A** In dem Gedicht „Das Hungerlied" von Georg Weerth (um 1846) geht es um ein Volk, das in seiner Not um Hilfe bittet.

☐ **B** „Das Hungerlied" von Georg Weerth ist ein Kinderlied, das eine „schlimme Geschichte" erzählt.

☒ **C** In dem „Hungerlied" (um 1846) des Vormärz-Dichters Georg Weerth (1822–1856) wird die Not der hungerleidenden Bevölkerung in eindringlichen Worten geschildert.

☐ **D** In seinem Gedicht „Das Hungerlied" (um 1846) besingt der Dichter Georg Weerth das Elend seiner Familie.

Begründung: Satz C enthält die wesentlichen Textdaten, fasst den Inhalt des Gedichts zutreffend zusammen und gibt Informationen zu seinem historischen Hintergrund. Die übrigen Möglichkeiten sind entweder sachlich falsch (Sätze B und D), missverständlich (Satz A) oder viel zu ungenau (Satz B).

Seite 14, Übung 4 „Das Hungerlied“ (um 1846) wurde von dem politischen Schriftsteller Georg Weerth (1822–1856) verfasst. Es schildert die Not der Hungerleidenden in eindringlichen Worten und verknüpft die Schilderung mit einer Drohung an den König als Obrigkeit, wenn die Armut nicht beseitigt wird.

Gedichtaufbau und Reimordnung beschreiben

Seite 14, Übung 1 Strophen und Verse: Drei Strophen mit jeweils vier Versen
Reimordnung: abab cdcd efef (regelmäßiger Kreuzreim)

Seite 14, Übung 2
1. Anrede an den König (V. 1–2)
2. Darstellung der Not (V. 3–8)
3. Appell an den König und Drohung (V. 9–12)

Seite 14, Übung 3 Mögliche Lösung: Das Gedicht beginnt mit der Frage an den König, ob er die „schlimme Geschicht“ (V. 2) kenne; gemeint ist damit die Not der Bevölkerung. Im nächsten Abschnitt wird die Not der Bevölkerung eindringlich beschrieben. Im letzten Abschnitt wird der König aufgefordert, für Brot zu sorgen, oder aber ihm drohe ein gewaltsamer Aufstand der Bevölkerung.

Das Versmaß (Metrum)

Seite 15, Übung 1

Vers mit Betonungen
Vereh́rter Hérr und Kö́nig, x x́ x x́ x x́ x
Am Móntag áßen wir wénig, x x́ x x́ x x x́ x
Und am Dónnerstag lítten wir Nót; x x x́ x x x́ x x x́
Und freśsen, o Kö́nig, dích! x x́ x x x́ x x́

Seite 15, Übung 2
- Die Verse besitzen jeweils drei/~~vier~~ Hebungen.
- Auf eine betonte Silbe folgen jeweils ~~gleich viele~~/unterschiedlich viele unbetonte Silben.
- Das Metrum ist somit ~~regelmäßig~~/unregelmäßig.

Seite 16, Übung 3

Metrische Betonung	Betonung beim Vortrag
Drum láss am Sámstag bácken x x́ | x x́ | x x́ | x	Drùm láss am Sámstag bácken x̀ x́ | x x́ | x x́ | x

Seite 16, Übung 4 Die metrische Gestaltung des Gedichts wirkt lebendig und eindringlich. Mit all ihren Freiheiten trägt sie zur Eingängigkeit des Textes als Lied bei, da sie sich dem Rhythmus des alltäglichen Sprechens annähert und doch auch inhaltliche Funktion besitzt, indem sie z. B. der Aufzählung der Wochentage in den Strophen und der Schlussfolgerung in der letzten Strophe mit dem betonten „Drum" (V. 9) Nachdruck verleiht.

Die sprachliche Gestaltung untersuchen

Seite 16, Übung 1 Eine mögliche Lösung:

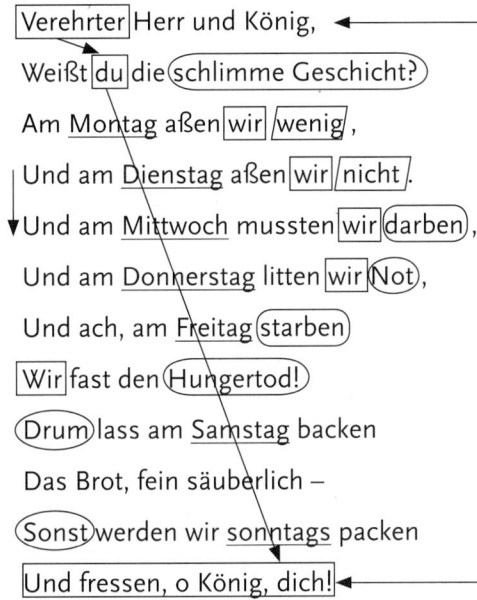

Verehrter Herr und König,
Weißt du die schlimme Geschicht?
Am Montag aßen wir wenig,
Und am Dienstag aßen wir nicht,
Und am Mittwoch mussten wir darben,
Und am Donnerstag litten wir Not,
Und ach, am Freitag starben
Wir fast den Hungertod!
Drum lass am Samstag backen
Das Brot, fein säuberlich –
Sonst werden wir sonntags packen
Und fressen, o König, dich!

ironische Anrede des Königs
König wird geduzt! Frage (rhetorisch?)
Beginn der Aufzählung, „wir" ↔ „du"
Wortfeld des Essens, Klimax, Anapher
Fortführung von Str. 1: Hungertage
Steigerung

Höhepunkt der Elendsbeschreibung!
Schlussfolgerung: Befehl an den König
„Brot" als Symbol
Wortwahl: Androhung von Gewalt
! überraschend drastische Wortwahl,
Inversion, Anrede → Rahmen: Aufforderung zum Aufruhr

Seite 16, Übung 2

Sprachliches Mittel	Belegstellen	Wirkung/Bedeutung
Apostrophe (Anrede)	*V. 1, 12*	*Direkter Einbezug des Adressaten, ironische Rahmung des Gedichts als appellativer Text*
Parallelismus	*V. 1–8*	*Betonung der Tagesabfolge in der Woche mit Zuspitzung der sozialen Lage*
Anapher, Aufzählung	*V. 3–8, 12*	*Verknüpfung des wiederholten Hinweises auf die wachsende Not mit der abschließenden Drohung*
Klimax	*V. 3f., 5–8*	*Eindringliches Unterstreichen der Ausweglosigkeit*

Seite 17, Übung 3 Die Wochentage strukturieren das Gedicht ähnlich wie einen Abzählreim. Ihre Nennung wirkt wie ein Countdown, der auf den Höhepunkt der Woche, den Sonntag, zuläuft. Als solcher unterstreicht ihre Nennung das Ultimatum an den König, die Not zu beseitigen (vgl. V. 11f.).

Seite 17, Übung 4 Bedeutung des Fragesatzes:
Möglichkeit 1: Der König kennt die Not seiner Bevölkerung; das macht die Situation für die Bevölkerung noch schlimmer und ihre Wut würde steigen.

Möglichkeit 2: Er kennt die Not nicht: Dann muss er dringend informiert werden; das Lied muss so bekannt werden, dass auch er es vernimmt.
Bedeutung des Ausrufezeichens am Ende von Vers 8:
Das Ausrufezeichen, verbunden mit der Interjektion „ach“ am Anfang des Verses, verstärkt noch einmal die Dringlichkeit der Klage.
Bedeutung des Ausrufezeichens am Ende von Vers 12:
Hier verstärkt das Ausrufezeichen den eindringlichen Appell und die Drohung an den König.

Seite 17, Übung 5 Das Gedicht könnte sich sowohl an den König als auch an die Bevölkerung richten. An den König: Ihm wird ein Ultimatum gestellt, die Not der Bevölkerung zu beseitigen. An die arme Bevölkerung: Sie soll sich ihrer Situation und der Untätigkeit des Königs bewusst werden und eventuell auch mit Gewalt auf die Situation reagieren.

Die Analyse des Gedichts verschriftlichen

Seite 17, Übung 1 Wenn du alle Aufgaben zu diesem Gedicht bearbeitet hast, dann hast du bereits die wesentlichen Elemente einer schriftlichen Analyse zusammen.
Zur Sicherheit sind hier noch einmal einige Verweise:
- Formulierung der Einleitung: Seite 14, Übung 4
- Gedichtaufbau, Reimordnung und Versmaß: Seite 14, Übungen 1–3, S. 15f., Übungen 1–4
- Sprachliche Gestaltung: Seite 16f., Übungen 1–5

Eine Parabel beschreiben und deuten

Seite 18, Übung 1

Z. 1–5: Darlegung der verzweifelten, ausweglosen Ausgangssituation

Z. 6–10: Handlung scheint sich in Gang zu setzen, Hoffnung der Brücke auf ein sinnerfülltes, funktionsgerechtes Dasein, damit verbunden die Hoffnung auf eine positive Wendung der Situation des Ich-Erzählers

Z. 11–18: aggressives Verhalten des Wanderers sowie Aktionsversuch des Ich-Erzählers (Umdrehen der Brücke) führen zur Vernichtung des Ich-Erzählers

Seite 19, Übung 2 Die Formulierungen b), d), f) und h) geben das Thema der Parabel am besten wieder.

Seite 20, Übung 3 Autor: Franz Kafka
Titel: Die Brücke
Erscheinungsjahr: 1917
Textsorte: Parabel
Inhalt/Handlungsüberblick: Ein Ich-Erzähler wartet darauf, seiner Aufgabe als Brücke gerecht zu werden. Schließlich nähert sich ein Wanderer der Brücke und betritt diese. Aus der Perspektive der Brücke wird der Kontakt als schmerzlich und gewaltsam empfunden. Um den Wanderer sehen zu können, versucht die Brücke, sich umzudrehen. Dabei kommt es zum Einsturz der Brücke.
Vorläufiges Verständnis der Parabel (Beispiel): In der Parabel wird gezeigt, dass die Unsicherheit des Menschen zu seiner Vernichtung führt.

Seite 20, Übung 4

Seite 21, Übung 5

Ich	Er
Starre, Ausweglosigkeit („steif" (Z. 1), „eingebohrt" (Z. 2), „festgebissen" (Z. 2), „kalt" (Z. 1)) isoliert, einsam („noch nicht eingezeichnet", Z. 4) passiv, ausgeliefert („warten", Z. 5) ohne Zeitgefühl (vgl. Z. 6) unbewusst („Wirrwarr", Z. 7) eingeschränktes Sichtfeld („wahrscheinlich wild umherblickend", Z. 12f.) Wunsch nach Kontakt („Zu mir, zu mir", Z. 8) gequält („in mein buschiges Haar fuhr er mit der Spitze", Z. 12, „Ich erschauerte in wildem Schmerz", Z. 14) verletzt („sprang er mit beiden Füßen mir mitten auf den Leib", Z. 13f.) Versuch, aktiv zu werden, scheitert (Z. 16–18)	kräftig („Mannesschritt", Z. 8) Bewegung, Dominanz, Härte („Eisenspitze" (Z. 11), „sprang" (Z. 13)) misstrauisch, vorsichtig (vgl. Z. 14f.)

Seite 21, Übung 6

Satzbau:

Z. 1–5: kurze, unverknüpfte Parataxe
Z. 6–10: assoziative Satzgestaltung, z.T. unvollständige Sätze, Einschübe, Imperative
Z. 9–12: Parataxe mit Einschüben
Z. 14–15: Reihung unvollständiger Fragen
Z. 15–18: Hypotaxe

Wortwahl:

Situation des Ich-Erzählers: „steif und kalt", „eingebohrt", „bröckelndem Lehm", „festgebissen", „wartete"
Wunsch des Ich-Erzählers: „zu mir, zu mir", „halte den dir Anvertrauten", „Unsicherheiten ... gleiche unmerklich aus", „wie ein Berggott"
Kennzeichnung des Wanderers: „Mannesschritt", „Eisenspitze", „beklopfte", „sprang ... mir mitten auf den Leib"
Absturz der Brücke: „erschauerte in wildem Schmerz", „gänzlich unwissend", „ich stürzte", „zerrissen", „aufgespießt", „angestarrt"

Seite 22, Übung 7

Durch den Satzbau wird eine nüchterne Atmosphäre erzeugt, eine Faktenlistung, die nicht kausal verknüpft werden kann – Härte und Ausweglosigkeit der Situation des Ich-Erzählers werden sprachlich nachempfunden.
Die Wortwahl – gehäuft auftretende Adjektive und Partizipien – zeigen, auch im Klang der Wörter, die harte, herzlose Situation, in der sich der Ich-Erzähler befindet.

Seite 22, Übung 8

Beispiel: Eine Brücke ist ein Bauwerk, das über natürliche Hindernisse (Flüsse, Meerengen, Schluchten, Täler) oder künstliche Hindernisse (Autobahnen, Eisenbahnstrecken ...) hinwegführt.

Seite 22, Übung 9

Der Mensch stellt sich zur Verfügung, um anderen Menschen über schwierige Situationen hinwegzuhelfen. Er will ihnen damit ersparen, mühselige Lebenswege zu gehen.

Seite 22, Übung 10 hilfsbereit; aber auch einsam, unbeweglich, kalt, unsicher; hat Angst, zu versagen

Seite 23, Übung 11 Der Wanderer könnte einen Menschen meinen, der Hilfe sucht, weil er vor einer schwierigen Situation steht.

Seite 23, Übung 12 Der Ich-Erzähler freut sich, nun seinen Lebenssinn gefunden zu haben; er bereitet sich auf seine Aufgabe des Helfens vor. Er ist aber auch überheblich, da er sich mit einem „Berggott" (Z. 10) vergleicht.

Seite 23, Übung 13 Der Wanderer bemerkt die Unsicherheit und prüft gewissermaßen, ob die Brücke standhält, zunächst vorsichtig, dann aber sehr heftig. Er prüft also, ob der Mensch überhaupt in der Lage ist, Hilfe zu geben.

Seite 23, Übung 14 In seiner alten Position kann der Ich-Erzähler nicht wahrnehmen, wer ihn als Hilfe nutzen will. Indem er sich umdreht, um die Person erkennen zu können, zeigt er Neugier, aber auch ein gewisses Misstrauen, wie seine Vermutungen über den Wanderer zeigen. Indem er aber Misstrauen zeigt, kann er keine Hilfe mehr leisten. Die Kommunikationsbasis ist zerstört, er verliert seine Funktion als Hilfespender.

Seite 23, Übung 15 Der Ich-Erzähler erscheint als ein Mensch, der seine Aufgabe darin sieht, anderen Menschen zu helfen. Vielleicht ist ihm diese Aufgabe aber auch zugewiesen worden. Er ist zwar hilfsbereit, aber auch einsam, unsicher, ängstlich. Als endlich ein Hilfesuchender kommt, freut er sich, seine Aufgabe erfüllen zu können, scheitert aber an seinem Misstrauen und auch an dem Misstrauen des Hilfesuchenden.

Seite 24, Übung 16 Eine mögliche Lösung:

Die Parabel „Die Brücke" von Franz Kafka stammt aus dem Jahr 1916. Zentral geht es in diesem Text um die Aussichtslosigkeit menschlicher Existenz, einer einmal zugeschriebenen Funktion entkommen zu können.
Ein erzählendes Ich präsentiert sich dem Leser als eine Brücke, die starr über dem Abgrund liegt und darauf wartet, begangen zu werden. Schließlich nähert sich ein Wanderer der Brücke und betritt diese. Aus der Perspektive des Ich-Erzählers wird dieser Kontakt jedoch als schmerzlich und gewaltsam empfunden. Um den Wanderer sehen zu können, versucht der Ich-Erzähler, sich umzudrehen, wobei es zum Einsturz der Brücke kommt.
Der Text lässt sich in drei Abschnitte gliedern: In den Zeilen 1–7 erfährt der Leser die ausweglose, verzweifelte Ausgangssituation, in den Zeilen 7–13 scheint sich die Handlung in Gang zu setzen und eine positive Wendung der Situation des Ich-Erzählers vorzubereiten, die, wie im letzten Abschnitt (Z. 13–18) zu lesen ist, jedoch in die Vernichtung der Brücke mündet.

Gleich zu Beginn der Parabel wird eine finstere, trostlose Atmosphäre erzeugt, indem durchgehend asyndetische Parataxe[1] verwendet werden, deren Zusammenhalt jedoch durch die übergreifende Erzählweise der Beschreibung gegeben bleibt. Der Ich-Erzähler erlebt die Situation als eine der Kälte und Starre (vgl. Z. 1), als eine von der Vernichtung bedrohte Situation, denn die Brücke ist über einem „Abgrund" (Z. 1) errichtet. Auch die Beschreibung des Ich-Erzählers, er habe sich in „bröckelndem Lehm" (Z. 2), also in einer instabilen Grundlage, nicht nur festgehalten, sondern „festgebissen" (Z. 2), unterstreicht die Ausgangssituation der Anspannung und des Bedrohtseins. Der unter der Brücke fließende Bach wird als unangenehm lärmend empfunden, zugleich ist er mit dem Adjektiv „eisig" (Z. 3) gekennzeichnet. Die Wiederholung ähnlicher stimmungserzeugender Beschreibungen betont die Last und Trostlosigkeit der Brücke. Neben der Starre wird die Sinnlosigkeit der hier sprechenden Brücke im

[1] kurze, unverbundene Hauptsätze

Weiteren augenfällig, da sie in menschenleerer Region steht und auf geografischen Karten nicht vermerkt ist (vgl. Z. 3f.). Niemand weiß also um die Existenz dieser Brücke, und es ist kaum zu erwarten, dass jemals die Brücke ihrer eigentlichen Funktion nachkommen kann, also bei der Überwindung von Hindernissen hilfreich sein kann. Im Text heißt es: „Kein Tourist verirrte sich zu dieser unwegsamen Höhe" (Z. 3f.), woraus sich schließen lässt, dass sich die Brücke fernab der Zivilisation befindet und es nahezu unmöglich ist, die Brücke zu erreichen, da der Standort „unwegsam" ist. Diese Sinn- und auch Perspektivlosigkeit wird vom Erzähler verdeutlicht, wenn er anmerkt: „So lag ich und wartete; ich musste warten. Ohne abzustürzen, kann keine einmal errichtete Brücke aufhören, Brücke zu sein" (Z. 4f.). Die Formulierung „ich musste warten" zeigt die gezwungene Passivität, die das Schicksal nicht nur der hier erwähnten, sondern einer jeden Brücke ist. Aus der Sicht des Ich-Erzählers kann eine Brücke nur in die Vernichtung stürzen oder aber eine Brücke bleiben. Hier wechselt zur Verdeutlichung der Allgemeinaussage das im ersten Abschnitt durchgängige Imperfekt ins Präsens.

Auch zu Beginn des zweiten Abschnitts (Z. 6–10) beherrscht die Beschreibung der immer wiederkehrenden, gleichen Wartesituation das Geschehen. Verdeutlicht ist die zeitliche Desorientierung durch die Parenthese „war es der erste, war es der tausendste, ich weiß nicht" (Z. 6), hinzugefügt ist auch die gedankliche Desorientierung: „meine Gedanken gingen immer in einem Wirrwarr und immer in der Runde" (Z. 6f.). Der verschachtelte Satzbau an dieser Stelle unterstützt auf sprachlicher Ebene die inhaltlich gezeigte Richtungs- und Orientierungslosigkeit (vgl. Z. 4–7). Eine Durchbrechung dieser Situation zeigt der Erzähler durch die Ankündigung eines einmaligen Geschehens „einmal gegen Abend" (Z. 6) der Parabel, und in Zeile 7 wird die Ankündigung noch einmal aufgegriffen in der Formulierung „gegen Abend im Sommer". Erst am Ende dieser verzögernden Wendungen wird dem Leser deutlich, worin das Besondere für die Brücke an diesem Sommerabend liegt: Ein „Mannesschritt" (Z. 8) ist zu hören. Im Folgenden wird die sehnliche Haltung des Ich-Erzählers deutlich, wenn er in einer Folge von Selbstappellen sich auf die erhoffte Begegnung vorbereitet. In Imperativform formuliert die Brücke an sich selbst die vermeintlich gestellten Anforderungen: „Strecke dich, Brücke, setze dich in Stand (...), halte den dir Anvertrauten" (Z. 8f.). Besonders der Ausdruck des „Anvertrauten" zeigt die Aufgaben, die die Brücke sich zuschreibt, endlich scheint sie ihrer eigentlichen Bestimmung, hilfreich sein zu können, gerecht werden zu dürfen. Die sich anschließende Aufforderung der Brücke an sich selbst, sie solle bei Unsicherheiten und Gefährdung für den Wanderer wie ein „Berggott" agieren (vgl. Z. 9f.), verdeutlicht die immense Bedeutung der Begegnung für den Ich-Erzähler, sodass er zur euphorischen Selbstüberhöhung neigt. Im Anschluss an die Kette der vorgestellten Verhaltensweisen, die durch den Tempuswechsel ins Präsens die Besonderheit im Dasein des Ich-Erzählers verdeutlicht, wird das Erscheinen des Mannes erzählt. Der Wanderer wird als unpersönliches „Er" (Z. 11) eingeführt und markiert zugleich den Beginn des letzten Abschnitts. Die anonyme Gestalt des Wanderers ist gekennzeichnet von Härte, Skepsis und Gewalt: Mit einem Stab tastet sich der Wanderer vorsichtig an die Brücke heran, aber dem Ich-Erzähler wird besonders die „Eisenspitze" (Z. 11) erfahrbar, mit der der Wanderer agiert. Der Leser wird nun in eine irritierende Situation gebracht, da die Brücke mit Kennzeichen eines Menschen beschrieben ist („Rockschöße", Z. 11, „buschiges Haar", Z. 12). Das Handeln des Wanderers zeigt mit den vermenschlichten Attributen der Brücke deren Schmerz, was besonders augenfällig wird in der Formulierung: „(er) sprang (...) mit beiden Füßen mir mitten auf den Leib" (Z. 13f.). Es entsteht der Eindruck, der Wanderer attackiere die Brücke mit deutlicher Gewalt. Dass das Empfinden des Ich-Erzählers diesem Eindruck entspricht, zeigt sich an dem anschließend erwähnten „wilde(n) Schmerz" (Z. 14), der ihn unvorbereitet trifft. Die Irritation und das drängende Wissenwollen des Ich-Erzählers werden sprachlich im Folgenden an der Fragekette und an den unvollständigen Parataxen deutlich: Die Brücke möchte wissen, wer sie mit der erwähnten Brutalität attackiert (vgl. Z. 14f.). Die Konjunktion „und" (Z. 15) verknüpft diesen

Drang unspektakulär und wie eine logische Abfolge mit dem folgenden Handeln des Ich-Erzählers: „Und ich drehte mich um, ihn zu sehen“ (Z. 15 f.). Dass dieses Verhalten aber eben nicht ein normal erwartbares ist, zeigt sich in dem sich anschließenden Ausruf „Brücke dreht sich um!“ (Z. 16), dem direkt, ohne jede Konjunktion, der Sturz der Brücke folgt. Der Sturz als unmittelbare Folge des Sich-Bewegens der Brücke wird sprachlich gespiegelt durch die Wiederholung des Verbs „stürzen“ (vgl. Z. 16/17) und die knappe Parataxe dieser Passage. Eindrücklich wird die Verbindung zwischen der Bewegung, dem Sturz und der Vernichtung hier gezeigt. Dass diese Vernichtung der Brücke eine brutale und gewaltsame ist, zeigen die Partizipien „zerrissen“ und „aufgespießt“ (Z. 17). Und selbst im Prozess der Vernichtung nimmt der Ich-Erzähler noch die Kälte und Grausamkeit seiner Umgebung wahr, denn die Kiesel sind „zugespitzt[.]“ und starrend (vgl. Z. 17 f.) und das Wasser wird gekennzeichnet als ein grausam verschlingendes, „rasende[s]“ (Z. 18).
So hat der Wunsch nach der Begegnung des Ich-Erzählers mit dem ihm „Anvertrauten“ diesen zwangsläufig, wie vorher schon prophezeit, in die Vernichtung geführt.

Dass es sich bei der Parabel Kafkas nicht um eine Erzählung über eine Brücke handelt, sondern um eine menschliche Existenzerfahrung, wird an vielen Stellen der Parabel deutlich. Allein der Gedanke, die Situation einer Brücke zu erleben, bringt den Leser in eine Irritation. Dass dann die Brücke mit menschlichen Attributen wie der Fähigkeit, Schmerz zu empfinden und sich nach einer Begegnung zu sehnen, ausgestattet ist, zeigt spätestens die Notwendigkeit der Übertragung der Bild- auf die Sachebene. In jedem Teil der Parabel wird der Wunsch des Ich-Erzählers nach einer echten Aufgabe und einer hilfreichen Kommunikation deutlich. Genauso deutlich wird an dieser Parabel aber auch, dass es dem Erzähler nicht vergönnt ist, sich aus einer einmal festgeschriebenen Funktion zu befreien. Der Wunsch nach einem wechselseitigen Sich-in-die-Augen-Sehen scheitert, er bringt die Vernichtung des Menschen mit sich, da er nur ausgeliefert in seiner einmal zugeschriebenen Rolle verbleiben darf. Diese Parabel ist typisch für Kafka, da sich in ihr wieder einmal die Einsamkeit und Isolation des Einzelnen zeigen, jeder Wunsch nach Gemeinsamkeit oder Menschlichkeit scheitert und führt in die Vernichtung.

Seite 24, Übung 17

Lösungen	Schlussformulierungen
	a) In der Parabel wird eindrücklich die Vernichtung der Brücke durch den gewaltsamen Wanderer gezeigt. Solche Geschichten passen zu Kafka, denn er hat immer wieder aus der Perspektive eines Ich-Erzählers dessen Vernichtung thematisiert.
	b) Die Parabel „Die Brücke“ zeigt also die Ausweglosigkeit eines Menschen, seine Situation verändern zu können.
X	c) Diese Parabel scheint für den Verfasser Franz Kafka typisch zu sein, denn in dem Text „Die Brücke“ geht es um die Erfahrung der Isolation und Kommunikationslosigkeit, die sich auch in der Parabel „Heimkehr“ oder „Gibs auf“ findet. Dass ein Mensch seiner einmal zugeschriebenen Funktion nicht entkommen kann, scheint mir aber zu pessimistisch betrachtet, denn wenn wir uns aus einmal beschrittenen Wegen nicht mehr befreien könnten, müssten wir enorme Angst haben, überhaupt etwas zu entscheiden. Schließlich macht jeder Mensch in seinem Leben Fehler.
	d) Mir gefällt der Text nicht, weil ich mit solchen Vernichtungsbildern, wie Kafka sie zeigt, nichts anfangen kann.
	e) Ich finde den Text von Kafka interessant, weil die Brücke von ihrem eigenen Absturz erzählt, was eigentlich nicht möglich ist, es sei denn, die Brücke hätte den Absturz „überlebt“.

Begündung:

a) bleibt zu stark auf der Bildebene
b) wiederholt lediglich das Thema der Parabel
c) geht auf Typisches für Kafka ein, wiederholt die Thematik, nimmt Bezug auf die heutige Lebenssituation
d) bleibt zu knapp, lediglich eigene Stellungnahme, keine Zusammenfassung der Analyseergebnisse
e) nur ein Teilaspekt des Textes wird aufgenommen, keine Gesamtwürdigung, ferner keine Zusammenfassung der Analyseergebnisse

Die Kommunikation in einem Dialog untersuchen

Seite 25, Übung 1

- Räum die Küche auf. (A)
- Die Küche ist unordentlich und muss aufgeräumt werden. (S)
- Ich ärgere mich sehr, wenn die Küche so unaufgeräumt ist. (SO)
- Eigentlich bist du alt genug, um selbst zu sehen, dass aufgeräumt werden muss. (B)

Seite 26, Übung 2

- Ja, Mama, mach ich gleich. (A)
- Hast du schlechte Laune? (SO)
- Immer muss ich die Küche aufräumen. Das kann auch mal Mike tun. (B)
- So unordentlich ist die Küche doch gar nicht. (S)

Seite 27, Übung 3

- [X] Der Soldat möchte gerne mit Barblin tanzen gehen.
- [ ] Barblin fühlt sich geschmeichelt, weil der Soldat sich um sie bemüht.
- [ ] Der Soldat behauptet, dass der Verlobte von Barblin Plattfüße hat.
- [X] Barblin möchte, dass der Soldat sie in Ruhe lässt.
- [X] Barblin weicht der Frage aus, wer ihr Verlobter ist.
- [X] Der Soldat glaubt Barblin nicht, dass sie verlobt ist.
- [X] Barblin gibt dem Soldaten zu verstehen, dass sie nicht mit ihm ausgehen möchte.

Seite 27, Übung 4

In dem Dialog versucht Barblin, eine junge Frau, sich gegen die Annäherung eines Soldaten zu wehren, indem sie darauf hinweist, dass sie verlobt ist. Der Soldat aber glaubt ihr nicht, weil er sie noch nicht mit ihrem Verlobten gesehen hat. Barblin geht darauf nicht näher ein, sondern beharrt darauf, verlobt zu sein. Fast patzig besteht sie auch darauf, als der Soldat sie auf den fehlenden Verlobungsring hinweist.

Seite 27, Übung 5

- Hör auf, mich so anzustarren. (A)
- Ich ärgere mich, wenn du mich so anstarrst. (SO)
- Wenn du richtig hinguckst, siehst du, was ich mache. (S)
- Du bist mir lästig; ich will nichts mit dir zu tun haben. (B)

Seite 27, Übung 6

Sachinformation: Ich bin für dich nicht frei, weil ich verlobt bin.
Selbstoffenbarung: Ich möchte nichts mit einem anderen Mann zu tun haben.
Beziehungsaspekt: Du bemühst dich vergebens. Es hat keinen Zweck, mich weiter zu belästigen.
Appell: Lass mich in Ruhe!

Seite 28, Übung 7

- [X] Das macht uns Soldaten Spaß.
- [ ] Der Witz ist lustig.
- [X] Ja und, hast du etwas dagegen?
- [ ] Das ist nicht wahr!
- [X] Reg dich bloß nicht auf!

Seite 28, Übung 8

Barblin hat offensichtlich das Gefühl, dass der Soldat sie nicht ernst nimmt und ihr gegenüber sich nicht korrekt benimmt, da er ihr in die Bluse geschielt hat. Sie weist ihn darauf hin, dass sich das nicht gehört, zumal sie eine feste Beziehung hat.

Seite 29, Übung 9

Der Soldat glaubt Barblin nicht, dass sie verlobt ist, weil er sie noch nicht mit ihrem Verlobten gesehen hat und sie auch keinen Verlobungsring trägt. Sie geht aber nicht konkret auf die Aussagen des Soldaten ein, nennt also z.B. nicht den Namen ihres Verlobten. Offensichtlich ist es ihr peinlich, ihn bekannt zu machen. Deshalb besteht sie fast patzig und trotzig darauf, verlobt zu sein.

Seite 29, Übung 10

Am Anfang des ersten Bildes des Schauspiels „Andorra“ von Max Frisch findet ein Gespräch zwischen Barblin und einem Soldaten statt. Es ist der Tag vor dem Sanktgeorgstag und Barblin streicht traditionell das Haus ihres Vaters weiß, als sie von einem Soldaten angesprochen wird, der ihr dabei offensichtlich in die Bluse geschielt hat.
Barblin beschwert sich darüber, dass der Soldat „herumlungert“ (Z. 7f.) und sie belästigt. Der Soldat jedoch nimmt sie nicht ernst und lacht. Barblin versichert ihm darauf, verlobt zu sein. Sie scheint zu hoffen, dass der Soldat sie dann in Ruhe lässt.
Der Soldat jedoch scheint Barblin nicht zu glauben, dass sie verlobt ist, denn er hat sie noch nicht mit ihrem Verlobten gesehen. Er provoziert Barblin, indem er unterstellt, ihr Verlobter habe wohl eine „Hühnerbrust“ (Z. 13) bzw. „Plattfüße“ (Z. 17), weil er sie noch nicht mit ihm beim Tanz gesehen hat.
Barblin geht auf die Provokation des Soldaten nicht näher ein, sondern beharrt nur darauf, verlobt zu sein. Auch als der Soldat sie auf den fehlenden Verlobungsring hinweist, sagt sie nichts weiter, als dass sie verlobt sei. Offensichtlich will sie nichts Näheres über die Identität ihres Verlobten verraten. Sie versucht, das Gespräch zu beenden, indem sie dem Soldaten deutlich zu verstehen gibt, dass sie ihn nicht mag und nichts weiter mit ihm zu tun haben will.

Aus unterschiedlichen Textarten Informationen entnehmen und diese präsentieren

Seite 32, Übung 1

In dem Sachtext „Wir sind Schurken“ von Götz Hamann geht es ...

- [ ] um das Medienverhalten Jugendlicher.
- [ ] um die langfristige Steigerung der Aggressionsbereitschaft durch gewalthaltige Computerspiele.
- [ ] um das Verhältnis traditioneller Massenmedien und neuer Computerspiele.
- [ ] um die Marketingstrategie der Computerspielfirma Blizzard.
- [X] um die Wirkung von Computerspielen auf ihre Nutzer.
- [ ] um das Verhalten der Fangemeinde von Computerspielen wie „Diablo“ oder „World of Warcraft“.
- [ ] um die Abgrenzung der Wirklichkeit von der fiktiven Spielwelt.

Seite 32, Übung 2

Gliederung	Überschrift
Abschnitt 1 (Zeile 1–3)	Computerspiele als erfolgreichstes Massenmedium – Gefahr für die Spieler?
Abschnitt 2 (Zeile 4–12)	Aufgaben bzw. Bedeutung der Massenmedien in der modernen Gesellschaft
Abschnitt 3 (Zeile 13–24)	Reaktionen der Fangemeinde auf das neue Computerspiel „Diabolo"
Abschnitt 4 (Zeile 25–43)	Realistische Darstellung von Gewalt in Computerspielen als übergeordnetes Ziel vieler Entwickler
Abschnitt 5 (Zeile 44–56)	Negative Folgen des Konsums gewalthaltiger Computerspiele
Abschnitt 6 (Zeile 57–60)	Empfehlung für den Umgang mit Computerspielen
Abschnitt 7 (Zeile 61–72)	Positive Folgen des Konsums von Computerspielen
Abschnitt 8 (Zeile 73–75)	Keine prinzipielle Verteufelung bestimmter Computerspiele

Seite 32, Übung 3

- Welche Gefahren können nach Ansicht des Verfassers mit gewalttätigen Computerspielen verbunden sein und wie begründet er seine Ansicht?
  Z. 47–52: möglicherweise kurzfristig erhöhte aggressive Grundstimmung; Abstumpfung gegen Gewalt; Verminderung der Empathie mit Opfern
  Er beruft sich auf die Meinung von Forschern.
- Wie fasst der Autor seine Einschätzung von Computerspielen zusammen?
  Z. 68–72: Computerspiele können hervorragend auf das Leben in der Marktwirtschaft vorbereiten.
- Wie beurteilt der Verfasser die Entwicklung der Massenmedien?
  Z. 1–12: Eine moderne Gesellschaft ist ohne Massenmedien nicht denkbar, da sie Gesprächsstoff für die Menschen liefern.
- Welche möglichen positiven Effekte sieht der Verfasser bei der Beschäftigung mit Computerspielen?
  Z. 61–67: Die Fähigkeiten zur Problemlösung und zur Teamarbeit und Teamführung werden gefördert.
- Wodurch unterscheiden sich dem Verfasser zufolge Computerspiele wie „Diablo" oder „World of Warcraft" von anderen Computerspielen?
  Z. 25–40: Sie zeigen zwar auch Gewalt, aber nicht realistisch, sondern mit absurder Komik.
- Welche Empfehlung gibt der Verfasser beim Umgang von Jugendlichen mit Computerspielen?
  Z. 57–59: Computerspielen soll Jugendlichen nicht verboten, wohl aber die Zeit auf drei Stunden täglich begrenzt werden.

Seite 33, Übung 4

Vergleichspunkte	Interview mit Peter Vorderer	Sachtext von Götz Hamann
Negative Folgen des Konsums gewalthaltiger Computerspiele	– Anbieten von Rollenvorbildern und Alltagswerten – kurzfristig erhöhte Aggressivität, insbesondere bei vorhandenen aggressiven Neigungen – Abstumpfung gegenüber realer Gewalt – Verminderung von Empathie – niedrigere schulische Leistungen – Beeinträchtigung der Entwicklung der persönlichen geistigen Fähigkeiten und damit der Lebenschancen	– unerwünschte Auswirkungen auf das Denken und Fühlen – kurzfristige Steigerung des Aggressionspotenzials – möglicherweise Einfluss auf die Fähigkeit, sich in die Gemeinschaft einzuordnen
Positive Folgen von Computerspielen	– Steigerung der Leistungs- und Lernbereitschaft bzw. der Zielstrebigkeit – Einüben von Teamfähigkeit – Steigerung der Geschicklichkeit bzw. der Tüchtigkeit	– attraktive bzw. motivierende Vermittlung von Lernstoff – Möglichkeit der individuellen Anpassung des Lehrstoffs
Folgerungen	Begrenzung der Spielzeit; keine prinzipielle Verteufelung bestimmter Computerspiele	Teilhabe der Eltern an den Medienwelten der Jugendlichen

Seite 33, Übung 5 freie Aufgabe

Einen argumentativen Sachtext analysieren

Den Aufbau und die Argumentationsstruktur eines Sachtextes untersuchen

Seite 36, Übung 1 freie Aufgabe

Seite 36, Übung 2

Gliederung	Inhalt	Aufgabe
Abschnitt 1 (Zeile 1–10)	Erläuterungen einzelner Begriffe der Jugendsprache wie z.B. Noobs, MOF, ...	Einleitung, Wecken von Interesse

Gliederung	Inhalt	Aufgabe
Abschnitt 2 (Zeile 11–19)	Wörterbücher zur Jugendsprache geben das Sprachphänomen falsch bzw. vereinfacht wieder, weil die Situations- und Adressatenabhängigkeit der Jugendsprache nicht beachtet wird	These Begründung
Abschnitt 3 (Zeile 20–32)	Kritik an der Vermarktung der Jugendsprache an Erwachsene: – Jugendsprache hat verschiedene Intentionen, ist also mehr als eine Ansammlung von Wörtern – Wörterbücher erzeugen ein falsches Bild einer Jugend, die nicht mehr richtig Deutsch kann	These Begründung 1 Begründung 2
Abschnitt 4 (Zeile 33–40)	Jugendsprache kein Anzeichen mangelnder Deutschkenntnisse: – Erzielen besonderer Ausdruckseffekte durch Verwendung der Jugendsprache – Vorwurf der Verunstaltung der deutschen Sprache schon alt	These Begründung 1 Begründung 2

Die Einleitung einer Sachtextanalyse verfassen

Seite 36, Übung 1

Verfasserin: Susanne Prebitzer

Titel: Jugendsprache für Noobs

Textsorte: Sachtext

Erscheinungsort und -jahr: Frankfurter Allgemeine Zeitung, 2. November 2008

Seite 37, Übung 2

- [X] Der Sachtext übt Kritik an der Vermarktung von Wörterbüchern für Jugendsprache.
- [ ] Die Autorin kritisiert die Verwahrlosung der Sprache Jugendlicher.
- [ ] Der Sachtext beschreibt die negativen Folgen von Jugendsprache.
- [X] Susanne Prebitzer wendet sich gegen gängige Vorurteile Erwachsener gegenüber der Jugendsprache.
- [ ] Der Sachtext spricht sich für ein Verbot fremdsprachiger Begriffe in der deutschen Sprache aus.
- [X] Die Autorin beschreibt die unterschiedlichen Funktionen der Jugendsprache für die Heranwachsenden.

Seite 37, Übung 3 siehe Lösung zur letzten Übung dieses Kapitels, Seite 17

Die sprachliche Gestaltung beschreiben und untersuchen

Seite 37, Übung 1

Z. 13 ff.: „Auch Lukas und Furkan, mit 14 Jahren Experten für Jugendsprache, ..."
Z. 15 ff.: „Viele Sprachfachleute sind der gleichen Meinung ..."
Z. 20 ff.: „..., heißt es einstimmig bei den Wörterbuch-Machern Pons und Langenscheidt."
Z. 24 ff.: „So etwas ärgert Eva Neuland ..."

Seite 38, Übung 2 Die Verfasserin führt überwiegend Sprachforscher, Mitarbeiter in Verlagen, die Wörterbücher vertreiben, und Jugendliche als tägliche Anwender von Jugendsprache als Autoritäten an und steigert damit die Glaubwürdigkeit ihrer Thesen und Argumente.

Seite 38, Übung 3

Z. 15:	„Das meiste ist Schwachsinn.“
Z. 18:	„... beim Skaten in der Halfpipe fachsimpeln.“
Z. 19:	„... schnurrt alles auf ein paar Vokabeln zusammen“
Z. 23:	„Der Werbegag kommt an.“
Z. 29 f.:	„Die englischen Begriffe versauen die deutsche Sprache.“
Z. 30 f.:	„... das SMS-Tippen ins Hirn gestiegen.“

Seite 38, Übung 4 Bei dem vorliegenden Text handelt es sich um ...

- [ ] einen wissenschaftlichen Beitrag, der objektiv und sachlich über Jugendsprache berichtet.
- [x] einen Beitrag, der auf unterhaltsame und anschauliche Weise die Vermarktung der Jugendsprache kritisiert.
- [ ] einen Text, der jugendsprachliche Elemente enthält, obwohl er diese kritisiert.
- [x] einen Beitrag, der Leser abraten möchte, Lexika zur Jugendsprache zu kaufen.

Eine Sachtextanalyse verfassen

Seite 38, Übung 1 In dem argumentativen Sachtext „Jugendsprache für Noobs“, erschienen in der Frankfurter Allgemeinen Zeitung vom 2. November 2008, beschreibt die Autorin Susanne Prebitzer die unterschiedlichen Funktionen der Jugendsprache für die Heranwachsenden und übt dabei Kritik an der Vermarktung entsprechender Wörterbücher.

Der Text lässt sich in vier Abschnitte gliedern.
Im ersten Abschnitt (Zeile 1–10) erläutert Susanne Prebitzer einleitend einzelne ausgefallene Begriffe der Jugendsprache wie z.B. „Noob“, „MOF“ usw. und weckt damit das Interesse ihrer Leserinnen und Leser.
In Abschnitt 2 (Zeile 11–19) stellt die Autorin die These auf, dass Wörterbücher zur Jugendsprache das Sprachphänomen falsch bzw. vereinfacht wiedergeben, und begründet ihre Meinung, indem sie auf die Adressaten- und Situationsabhängigkeit der Jugendsprache verweist, die von den Verlagen in der Regel nicht beachtet wird.
Im dritten Abschnitt (Zeile 20–32) erweitert Susanne Prebitzer die vorangegangene These und kritisiert die Vermarktung der Jugendsprache an Erwachsene. Hierfür nennt sie folgende Argumente: Zum einen handelt es sich laut der Autorin bei dem Sprachphänomen um weitaus mehr als nur eine Ansammlung von Begriffen. Jugendsprache hat so ganz unterschiedliche Zielsetzungen und Funktionen. Darüber hinaus erzeugen die Wörterbücher ein falsches Bild einer Jugend, die nicht mehr richtig Deutsch kann.
In Abschnitt 4 (Zeile 33–40) greift Susanne Prebitzer die vorangegangene Begründung wieder auf und betont, dass die Jugendsprache keinesfalls ein Anzeichen mangelnder Deutschkenntnisse darstellt. Ihre Gegenthese begründet sie dabei wie folgt: Durch die Verwendung der Jugendsprache erzielen die Heranwachsenden zum einen besondere Ausdruckseffekte. Zum anderen weist sie nach, dass Erwachsene schon vor über 300 Jahren Jugendlichen zum Vorwurf gemacht haben, dass sie die deutsche Sprache verunstalten würden.

Insgesamt handelt es sich bei dem Sachtext um einen Beitrag, der auf anschauliche und unterhaltsame Weise die Vermarktung der Jugendsprache kritisiert.

Susanne Prebitzer achtet dabei stets auf klare und überzeugende Begründungen ihrer Thesen. Sie verwendet in diesem Sinne überwiegend Autoritätsargumente. So zitiert sie etwa u.a. die vierzehnjährigen Lukas und Furkan als „Experten für Jugendsprache" (Zeile 14), verweist auf Meinungen einzelner Redakteure eines führenden Wörterbuchverlages (Z. 21 f.) oder lässt Eva Neuland als Sprachforscherin der Universität Wuppertal zu Wort kommen (siehe z.B. Z. 24). Indem sie somit überwiegend Personen, die die Jugendsprache täglich anwenden bzw. die sich beruflich oder wissenschaftlich mit dem Phänomen intensiv auseinandersetzen, als Autoritäten anführt, steigert sie die Glaubwürdigkeit ihrer Thesen und Argumente.
In dem Beitrag finden sich ferner neben einprägsamen Beipielen für die Jugendsprache eine Reihe umgangssprachlicher Elemente. So empfinden z.B. die Jugendlichen die Wörterbücher als „Schwachsinn" (Z. 15), Anglizismen „versauen die deutsche Sprache" (Z. 29f.) oder den Heranwachsenden scheint das „SMS-Tippen ins Hirn gestiegen" (Z. 30f.) zu sein. Der einfache, bisweilen parataxische Satzbau vereinfacht den Text darüber hinaus und macht ihn unterhaltsam. Als Adressaten soll der Text somit vermutlich in erster Linie Jugendliche ansprechen.

Zusammenfassend kann man somit noch einmal hervorheben, dass Susanne Prebitzer in ihrem Sachtext bemüht ist, ihre generelle Kritik an Wörterbüchern der Jugendsprache stichhaltig und durch geschickt gewählte Autoritätsargumente zu belegen. Der einfache Satzbau sowie die Wortwahl macht den Zeitungsartikel dabei klar verständlich und unterhaltsam. Die Autorin erreicht somit vor allem ein jugendliches Publikum. Mir persönlich hat der Sachtext aufgrund seiner leichten Verständlichkeit und seinem unwissenschaftlichen Stil dabei sehr gut gefallen.

Den Aufbau einer Argumentation untersuchen und beurteilen

Seite 40, Übung 2 Die fett gedruckten Teilüberschriften gliedern den Text. Die ersten beiden Absätze lassen sich zu einem Sinnabschnitt zusammenfassen, sodass insgesamt drei Sinnabschnitte zu identifizieren sind.

Sinnabschnitt 1 (Zeile 1–10)
Frage: „Kann zu viel Computerspielen die schulischen Leistungen von Kindern und Jugendlichen in Mitleidenschaft ziehen?"

Sinnabschnitt 2 (Zeile 11–21)
Frage: „Welche Beweise und Belege gibt es mittlerweile für die Behauptung, dass das Computerspielen dumm macht?"

Sinnabschnitt 3 (Zeile 22–28)
Frage: „Was können betroffene Eltern tun bzw. wie sollten sie sich verhalten, um ihre Kinder vor den Folgen übermäßigen Medienkonsums zu schützen?"

Seite 40, Übung 3 Richtig ist die dritte Aussage. Die drei anderen Thesen heben jeweils nur einen Einzelaspekt des Textes hervor bzw. sind sachlich falsch wie die letzte These.

Seite 40, Übung 4 Richtig ist Antwortmöglichkeit 2 (Folgen und Konsequenzen).

Seite 41, Übung 5

Argumentationstyp	Beschreibung/Inhalt	Beispiele (Zeilenangabe)
Autoritätsargument	Berufung auf eine anerkannte Autorität/Experten	Z. 9–10 (Erhebungen des Kriminologischen Forschungsinstituts Niedersachsen)
		Z. 15 (Untersuchungen des Hirnforschers Henning Scheich)
Normatives Argument	Bezug auf allg. Werte, Gesetze, Normen	Z. 26f. (Kinder an die Hand nehmen und Grenzen setzen als Folge der Erkenntnisse über Medieneinfluss)
Faktenargument	Unstrittige, nachvollziehbare Tatsache stützt eine Aussage	Z. 17–19 (Der Alltag der Kinder heute aber sei genau das Gegenteil. Kaum zu Hause, wird der Fernseher angestellt oder am Computer gespielt.)

Seite 41, Übungen 6 und 7

These: „Computerspielen macht dumm und mindert die schulischen Leistungen von Schülern."

PRO-Argumente	KONTRA-Argumente
1. Es gibt zunehmend empirische Nachweise für die These	Über welchen Zeitraum wurden hier empirische Untersuchungen durchgeführt? Wie viele Probanden wurden untersucht? Wer hat die Ergebnisse kontrolliert?
2. Vor allem Jungen sind von den negativen Einflüssen der Computerspiele betroffen	Es gibt für die Tatsache, dass Jungen in der Schule schlechtere Lernleistungen als Mädchen erzielen, auch noch andere Gründe. So wählen überdurchschnittlich viele Frauen den Lehrerberuf und benachteiligen häufig unbewusst ihre männlichen Schüler, denen eine männliche Identifikationsfigur in der Schule fehlt.
3. Dopamin statt Erfolgserlebnisse nach Anstrengung sorgt für schnelles Glück	Bestimmte Computerspiele fördern die soziale und taktische Intelligenz junger Menschen, weil sie nur im Zusammenspiel mit anderen Mitspielern funktionieren.
4. Ergebnisse der Hirnforschung (Reizüberflutung verhindert Umwandlung von Informationen in Wissen und überdeckt zentrale Lerninhalte)	Jeder Mensch braucht ein Hobby, bei welchem er von den Anstrengungen des Alltags entspannen kann. Die These des Textes ist zu pauschal und übertrieben, da es sicher auch Computer spielende Schüler gibt, die gute Noten erzielen.

Seite 42, Übung 8

Reihenfolge der eingesetzten Wörter:
ohne, obwohl, sodass, außerdem, zwar ... aber, des Weiteren, sodass, indem, ferner

Seite 42, 43, Übung 9 und 10

freie Aufgaben

Eine textgebundene Erörterung schreiben

Einen Text verstehen

Seite 46, Übung 1 Das **Thema** des Textes sind die denkbaren **Gefahren** eines unkritischen Internetkonsums für junge Menschen. (Antwortmöglichkeit 3)

Seite 46, Übung 2
Vorteil 1: Zugang zu Wissen, Bildung, Kommunikation
Vorteil 2: Erleichterung bei alltäglichen Arbeiten wie Reisen buchen, shoppen, Geld überweisen
Vorteil 3: Förderung schnelleren Denkens

Seite 47, Übung 3 Passend sind Antwortmöglichkeiten 3 und 4.

Seite 47, Übung 4 Es handelt sich um eine Metapher.

Seite 47, Übung 5 Gemeint ist, dass das Internet nach Ansicht des Verfassers nur oberflächliches Wissen bietet, das nicht zu einer tiefer gehenden Erkenntnis führt.

Seite 47, Übung 6 Der Autor meint, dass ihm im Zeitalter vor dem Internet sehr viele Wörter zum Denken und Schreiben zur Verfügung standen, dass sich durch neue Wörter auch ganz neue poetische Welten aufgetan hätten. Dieser Wortreichtum sei durch die exzessive Nutzung des Internets verloren gegangen. Das Medium verführe durch die schnellen Klicks zu oberflächlichem Denken.

Den Aufbau von Argumenten und die Argumentationsstruktur eines Textes analysieren

Seite 48, Übung 1 Ein Beispiel:
These/Behauptung: „Das Internet macht die Jugend Amerikas zu dummen Menschen, weil ...
Begründung/Argument: „[...] diese die sprudelnden Quellen des Wissens nicht nutzen und das Netz nur oberflächlich bedienen."
Beispiel: „So wüsste zwar beispielsweise jeder, wer Snoop Dogg sei, aber kaum jemand könne das weitaus wichtigere Prinzip der Gewaltenteilung erläutern." (eigene Erfahrungen)

Seite 48–49, Übungen 2 und 3

„Macht das Internet doof?" (SPIEGEL-Artikel)	
PRO-Argumente	**KONTRA-Argumente**
• Zielloses Surfen ist Zeitverschwendung. • Problem: Überangebot an Informationen • Suchmaschinen ohne kritische Vernunft liefern die beliebtesten, nicht die besten Informationen. • Verlust der Fähigkeit, sich über Stunden über einer Lektüre zu konzentrieren • Verdummung der Jugend/Bildungsverfall: Jugend nutzt das Internet nur zum Runterladen oder Chatten, nicht zum Ausbau von Wissen.	• Der Mensch hat Zugang zu so vielen Informationen wie niemals zuvor in seiner Geschichte. • Zugang zu Wissen, Bildung und Kommunikation ist für mehr Menschen als früher möglich. • Erleichterung der alltäglichen Arbeiten durch das Internet (shoppen, Reisen buchen, überweisen) • Vorwurf an die angeblich so dumme Jugend ist uralt, das macht ihn nicht zutreffender. • Viele Jugendliche lesen und schreiben deutlich mehr als ihre Vorgängergeneration.

PRO-Argumente	KONTRA-Argumente
• Multitasking sorgt nachweislich für eine nachlassende Gehirnleistung. • Suchtgefahr bei übermäßigem Internetkonsum • Verlust von Kritikfähigkeit und kritischer Urteilskraft (Was ist wirklich wichtig?) durch massenhafte E-Mail-Korrespondenz	• Moderne Kommunikationsmedien trainieren das Gehirn, besser und schneller zu denken.

Seite 49, Übung 4 Zutreffend ist die erste Antwortmöglichkeit.

Zu einem eigenständigen Urteil gelangen – sich eine Meinung bilden

Seite 50, Übung 2 Eine mögliche Lösung:

Der vorliegende Artikel mit dem Titel „Macht das Internet doof?" ist ein Auszug aus der Wochenzeitschrift „Der SPIEGEL" vom 11.08.2008. In dem Artikel geht es um mögliche Gefahren eines allzu unkritischen Internetkonsums für junge Menschen. Vor allem an diese meist überaus euphorischen Nutzer der neuen Medien richtet sich der zum Nachdenken anregende Text, dessen Anliegen es ist, über den Konsum moderner Medien wie das Internet zu reflektieren, um sich so die denkbaren Nachteile bewusst zu machen.

Der Auszug beginnt mit der Darstellung der Vorteile der neuen Medien im Internetzeitalter: So verfüge die Menschheit im Jahr 2008 über eine vor wenigen Jahren noch kaum vorstellbare Menge an Informationen. Auf dieses Wissen könne nun ein jeder zugreifen, um sich zu bilden oder einfach um mit anderen in Kommunikation zu treten. Das ganz alltägliche Leben der Menschen sei durch das Internet vereinfacht worden. Diese These wird beispielhaft dadurch begründet, dass man etwa seine Reise im Internet buchen könne (Zeile 13).

Nach dieser Einführung wendet sich der Artikel den Nachteilen des neuen Mediums Internet zu. Gerade das übergroße Angebot an Informationen sei problematisch, da man auf seiner persönlichen Suche nach einer relevanten Information zu viel Zeit vergeude. Auch eine der populären Suchmaschinen wie z.B. Google helfe da kaum weiter, zu groß sei die Trefferauswahl.

Dass das Internet als neues Massenmedium auch unser Lese- und Denkverhalten verändern kann, wird in der Folge mithilfe eines Autoritätsargumentes des Nicholas Carr deutlich gemacht. Dieser beschreibt nämlich, wie der Informationsmüll des Internets dafür gesorgt habe, dass er nicht mehr längere Texte lese, sondern nur noch „wie ein Typ auf Wasserskiern über die Oberfläche" surfe (Z. 36 f.). Diese Metapher verstärkt die kritische Haltung, die der Textauszug insgesamt gegenüber dem Internet einnimmt.

Im dritten Abschnitt (Z. 45–59) wird in anschaulicher Weise beschrieben, welche Nachteile das Internet in Bezug auf das Bildungsniveau der nachwachsenden Generationen mit sich bringt. Jungen Menschen stünden zwar enorm viele Bildungsmöglichkeiten offen, doch sei die Verführung in Chatrooms oder in Networks so stark, dass viele Möglichkeiten ungenutzt blieben. Eine Hyperbel soll provozieren: „‚Sie [die jungen Menschen] sind die dümmste Generation.'" (Z. 58 f.)

Doch ganz so einseitig negativ ist der Artikel nicht verfasst, denn in dem folgenden kürzeren Abschnitt wird deutlich gemacht, dass es auch Verfechter des Internets gibt. So wird der US-Autor Johnson zitiert, der der Meinung ist, dass die modernen Kommunikationsmedien das Gehirn trainierten, „besser und schneller zu denken" (Z. 69 f.).

Im letzten und auch längsten Sinnabschnitt des Textauszuges (Z. 72–117) wird die Frage formuliert, was denn tatsächlich im Kopf von jungen Menschen geschehe, die sich den neuen Medien in bisher unbekannter Häufigkeit aussetzten. Als Autoritätsargument wird die Meinung des renommierten Psychiaters Norman Doidge herangezogen. Mit einem Vergleich zwischen Internetjunkies und Ratten, die in ähnlicher Weise auf den glücklich machenden Botenstoff Dopamin reagierten, soll deutlich gemacht werden, dass ein übermäßiger Internetkonsum gravierende und psychische Folgen und v. a. seelische Abhängigkeiten zur Folge haben kann. Ähnlich wie zu Beginn des Textes wird erneut deutlich gemacht, dass gerade die Informationsfülle des Internets problematisch sei, weil es uns die Fähigkeit zur Informationsauswahl, zu Kritikfähigkeit und Bewertung von Informationen nicht mitliefere. Eine abschließende Metapher warnt vor dem Überangebot an intellektuellem Fast Food" (Z. 111), dem man – so die Empfehlung des Textes – nur begegnen könne, wenn man die Internetsüchtigen auf eine „drastische Informationsdiät" (Z. 117) setzte. Und die Moral von der Geschicht': Schalte den Computer öfter mal aus.

Ich persönlich finde den Artikel interessant zu lesen, weil er im Grunde jeden jungen Menschen betrifft und einige interessante Ideen formuliert, auf die man selbst gar nicht kommt. Denn wir nutzen das Internet mittlerweile so selbstverständlich wie das Telefon und fragen uns überhaupt nicht mehr, welche Nachteile das Medium möglicherweise mit sich bringen kann. Ich kann z.B. auch bestätigen, dass viele meiner Mitschüler für ihre Referate direkt auf Einträge des Online-Lexikons „Wikipedia" zugreifen, ohne sich zu fragen, ob die recherchierten Informationen überhaupt zutreffend sind. Die im Sachtext erhobene Forderung, solche Informationen besser zu prüfen und sich den Unterschied zwischen einem gut lektorierten Lehrbuch und einer Internetquelle bewusst zu machen, halte ich daher für gerechtfertigt.
Dennoch halte ich den Artikel für etwas einsinnig und v. a. für übertrieben. So wird beispielsweise so getan, als ob jeder junge Internetnutzer seine Zeit lieber in Onlineforen, bei StudiVZ oder auf der Webseite von aktuellen Rapstars verbringe, statt in der Bibliothek der Harvard-Universität zu stöbern. Das ist doch eine Vereinfachung. Warum sollte man nicht beides tun können – das Internet zur Unterhaltung und gleichzeitig zur Bildung nutzen? Natürlich ist klar, dass man sich zeitlich eine Grenze beim Surfen setzen sollte, denn nach vierstündigem Onlinesein kann man sicher keinen wissenschaftlichen Aufsatz und einen Schulbuchartikel mehr lesen. Aber das gilt doch für jedes Medium. Wer vier Stunden fernsieht, ist danach meistens auch nicht schlauer als zuvor. Auch die Empfehlung des Autors, junge Menschen auf „Informationsdiät" zu setzen, halte ich für problematisch, denn ...

Grammatik üben

Wortarten im Überblick

Seite 53, Übung 1 Das hat vermutlich geschichtliche Gründe. Zur Zeit des Nationalsozialismus wurden Abgeordnete, die keine Nationalsozialisten waren, massiv unter Druck gesetzt. Uniformierte Truppen der Nationalsozialisten hinderten sie am Reden oder verwehrten ihnen ganz den Zutritt zum Parlament. Nach dem Ende der Diktatur wollte man wohl deswegen keine Uniform mehr im Parlament sehen.

Seite 53, Übung 2 Für die Besucher des Bundestages gelten so strenge Regeln, damit sich die Abgeordneten nicht bedrängt fühlen und jeder Besucher ungestört verfolgen kann, was die Abgeordneten sagen.

Seite 53, Übung 3

Verb (6)	Nomen (5)	Artikel (6)	Adjektiv (8)	Pronomen (9)
gelten geben wollen stören dürfen klingen	Spannendes Bundestag Symbole Diskussion Marktplatz	die ein eine das den der	klein berühmt umliegend jung schick uniformiert provozierend heillos	die niemand das sich manche ihre diese was sie

Numerale (2)	Adverb (4)	Präposition (4)	Konjunktion (4)	Interjektion
sieben viele	oft dort dann hier	unter an im bei	aber dass oder und	–

Unter die Lupe genommen – Das Adverb

Seite 53, Übung 1

Beispiel: Er läuft morgens zehn Kilometer durch den Wald. (Ergänzung des Verbs)

- Das Haus dort ist wunderschön. (Ergänzung des Nomens)
- In einer solchen Villa würde ich gerne wohnen. (Ergänzung des Verbs)
- Im Garten gibt es ein sehr großes Schwimmbad. (Ergänzung des Adjektivs)
- Von hier oben hat man eine schöne Aussicht. (Ergänzung eines anderen Adverbs)

Seite 54, Übung 2

- Das Essen schmeckt **gut**. (Adj.)
- Es isst **manchmal** drei Schnitten Brot. (Adv.)
- Petra hat **neulich** einen Fahrradunfall gehabt. (Adv.)
- Wahrscheinlich ist sie zu **unvorsichtig** gefahren. (Adj.)
- Der Zeuge will sich zu dem Vorfall **schriftlich** äußern. (Adj.)
- Der Richter war davon **anfangs** nicht begeistert. (Adv.)

Seite 56, Übung 3

- Welches Ereignis hat die Inder einer alten Geschichte zufolge veranlasst, Kühe als heilig zu betrachten?
  Kühe sollen einst dem Gott Krishna das Leben gerettet haben.

- Warum gelten Languren-Affen als Nachfahren des Affengottes Hanuman?
  Der Legende nach besiegte einst der Affengott Hanuman einen bösen Geist, der die Frau des Gottes Rama entführt hatte. Bei dieser Rettungsaktion verbrannte sich der Affengott leicht und beschmutzte sich mit Ruß. Die mit schwarzem Fell bedeckten Körperpartien der Languren-Affen (Hände, Füße und Gesicht) sehen so aus, als seien sie mit Ruß beschmiert.
- Was bringt angeblich Glück, wenn Pilger den Tempel Deshnok besuchen?
  Besucher des Tempels glauben, dass es Glück bringt, wenn ihnen eine Ratte über die Füße huscht.
- Warum beißen Erzählungen der Aborigines zufolge Schlangen die Menschen?
  Die Schlangen haben sich über die Menschen geärgert, weil diese mit der Zeit vergaßen, dass es die Schlangen waren, die die Sprache auf die Erde brachten und den Menschen zeigten, wie man die Felder bestellen muss.

Seite 56, Übung 4 **Ach, du heilige Kuh**

Autos hupen, Fahrradfahrer und Fußgänger drängeln, und mittendrin (L) versucht ein Polizist, das Chaos zu bändigen. Vergebens (M)! Denn mitten auf der Straße in der Altstadt von Delhi in Indien stehen zwei Kühe – und die haben hier (L) Vorfahrt! Kühe sind nämlich (K) in Indien heilige Tiere. Einer Kuh Gewalt anzutun oder sie zu essen ist undenkbar für einen gläubigen Hindu. So heißen die Anhänger der Religion Hinduismus. Etwa 900 Millionen Menschen gehören ihr an, viele leben in Indien. Hindus haben verschiedene Götter, und die Kuh ist in ihrem Glauben der Ursprung des Lebens. In einer alten Geschichte heißt es nämlich, dass Kühe dem Gott Krishna das Leben retteten. Seitdem werden sie verehrt.
Die heiligen Rinder sind in guter Gesellschaft. Denn mitten in vielen indischen Städten leben auch Hanuman-Languren – eine Affenart, die Hindus ebenfalls (M) verehren. Auch dazu gibt es eine Legende: Der Affengott Hanuman half einmal dem Gott Rama, als ein Dämon Ramas Frau entführt hatte. Hanuman rettete sie und besiegte den Bösewicht. Da sich der Affengott bei der Rettungsaktion leicht verbrannte und sich mit Ruß beschmutzte, gelten Languren-Affen als seine Nachfahren: Die Hände, das Gesicht und die Füße dieser Affen sind nämlich mit schwarzem Fell bedeckt. Das sieht aus, als ob sie sich mit Ruß beschmiert hätten. Noch heute (T) dürfen diese Affen nicht geärgert werden.
Ein Tier, das in Deutschland oft (T) verjagt und bekämpft wird, hat in dem indischen Dorf Deshnok sogar einen eigenen Tempel: die Ratte. In dem Gebäude wimmelt es nur (M) so von den Nagern. Pilger reisen von weit her an und bringen den Tieren Nahrung. Sie glauben, dass es Glück bringt, wenn ihnen eine Ratte über die Füße huscht. Und dabei darf man den Tempel nur barfuß betreten! Vielleicht (M) besuchen Reisende aus anderen Ländern auch deshalb (K) lieber Stätten, die dem Gott Ganesha gewidmet sind. Er trägt den Kopf eines Elefanten und gilt als liebeswertes Schleckermaul. Man bittet ihn um Beistand, wenn man etwas Neues beginnt. In Thailand werden lebendige Elefanten verehrt – aber nur die weißen Tiere. Sie stehen für königliche Macht. Wer früher (T) einen solchen Dickhäuter besaß, durfte ihn nicht als Arbeitstier einsetzen. Deshalb konnten sich nur reiche Leute einen weißen Elefanten leisten – etwa der König. Bis heute werden die Tiere hoch geachtet.
Auch Naturvölker verehrten und verehren Tiere. Einige Indianer in Nordamerika etwa und die Ureinwohner Australiens – die Aborigines – glauben an persönliche Schutzgeister, sogenannte Totems. Diese treten oft in Gestalt eines Tieres auf, etwa als Adler, Wal oder Wolf. Einige Indianer glaubten außerdem (K), dass auch Tiere einen Schutzgeist besäßen, den man nicht verärgern durfte.
Schon vor rund 5000 Jahren, bei den alten Ägyptern, kamen Götter dort (L) in Tiergestalt daher. Die Menschen übertrugen damals (T) Eigenschaften der Tiere auf ihre Götter: Für Stärke und Kampfgeschick des Krokodils stand etwa der Krokodilgott Sobek. Eine andere Göttin sah aus wie eine Katze. Sie hieß Bastet und war die Herrin

der Fruchtbarkeit und Liebe. In vielen Kulturen wurde die Schlange verehrt: Einige Naturvölker glaubten, dass sie die Seelen der Toten in sich trügen. Für die Maya in Mittelamerika stand die Schlange für Weisheit. Und die Aborigines in Australien erzählen sich noch heute, dass eine Schlange die Sprache auf die Erde brachte und den Menschen zeigte, wie sie ihre Felder bestellen müssten. Doch (K) die Menschen vergaßen mit der Zeit, woher ihr Wissen kam, so die Legende. Das habe die Schlange so verärgert, dass sie von da an die Menschen biss.

Die Sichtweise einer Aussage – Aktiv und Passiv (Genus Verbi)

Seite 57, Übung 1 **Karl der Große, der „Vater Europas"?**

Schon vor 20, 50 oder 100 Jahren lernten die Schülerinnen und Schüler, wenn im Geschichtsunterricht das Mittelalter behandelt wurde, den Namen Karls des Großen und die Jahreszahl 800. Aber wer war dieser Karl der Große? Und warum wurde diese Jahreszahl gelernt? Im Jahr 747 wurde Karl als Sohn des späteren fränkischen Königs Pippin geboren. Das Reich der Franken umfasste zu dieser Zeit bereits große Teile West- und Mitteleuropas – es umfasste also nicht nur das heutige Frankreich. Nachdem Pippin gestorben war, wurden seine Söhne Karl und Karlmann zu seinen Nachfolgern ernannt. Karlmann starb jedoch schon 771 und somit war ein wichtiger Schritt in Karls Karriere erreicht: Er war Alleinherrscher. Schon bald nachdem der fränkische Thron von Karl übernommen worden war, begann der König, sein Reich in Kriegszügen zu erweitern. Dreißig Jahre lang wurden vor allem die benachbarten Sachsen immer wieder angegriffen. Karl wollte jedoch nicht nur sein Reich erweitern, sondern die Sachsen zwingen, das Christentum anzunehmen, was sie schließlich auch taten. Viele Menschen wurden während dieser Kriegszüge getötet, viele sächsische Familien wurden zwangsweise ins Frankenreich umgesiedelt.

Karl war aber nicht nur ein kriegerischer König, auch Kultur und Bildung wurden von ihm gefördert. Er versammelte einige der bekanntesten Gelehrten seiner Zeit an seinem Hof und veranlasste zahlreiche Reformen: eine einheitliche Schrift – die karolingische Minuskel – wurde eingeführt, neue Klöster wurden gegründet, die kirchlichen Gesänge waren endlich vereinheitlicht.

Im Jahr 800 erreichte Karl ein weiteres Ziel. Am Weihnachtstag dieses Jahres wurde Karl, der sich in Rom aufhielt, von Papst Leo III. eine Krone aufs Haupt gesetzt. Karl war zum Kaiser der Römer ausgerufen worden! Damit war der Höhepunkt einer Entwicklung erreicht, in der Karl sich für das Christentum und den Papst eingesetzt hatte.

Karls Reich wurde nicht von einer Hauptstadt aus regiert; Karl war ein sogenannter Reisekönig, der in seinem Reich umherzog, um sich selbst ein Bild von den Zuständen in seinem Reich zu machen, Recht zu sprechen und seine Herrschaft zu zeigen. Karl besuchte auf seinen Reisen die Klöster seines Reiches, aber auch seine „Pfalzen" genannten Paläste, an denen von ihm Hof gehalten wurde. Seine Lieblingspfalz war Aachen, hier starb Karl 814, hier wurde er begraben. Schon von den Menschen seiner Zeit wurde er „Vater Europas" genannt, noch heute wird sein Grab jedes Jahr von vielen Touristen besucht, und auch in Zukunft wird im Geschichtsunterricht über Karl den Großen gesprochen werden.

Seite 58, Übung 2

Zeitform	Form des Vorgangspassivs
Präsens	wird ... besucht
Präteritum	wurden ... gegründet
Plusquamperfekt	war ... ausgerufen worden
Futur I	wird ... gesprochen werden

Seite 59, Übung 3

a) Karlmann starb jedoch schon 771 und somit war ein wichtiger Schritt in Karls Karriere erreicht
b) [...], die kirchlichen Gesänge waren endlich vereinheitlicht.
c) Damit war der Höhepunkt einer Entwicklung erreicht, [...].

Seite 59, Übung 4

a2) Der Kalif von Bagdad, Harun ar-Raschid, schenkte Karl dem Großen einen Elefanten.
b2) In Frankreich nennt man Karl den Großen „Charlemagne“.

Seite 59, Übung 5

- [ ] Der Satz a1 klingt eleganter formuliert als Satz a2.
- [X] Der Satz a1 wirkt umständlicher formuliert als Satz a2.
- [X] Der Satz a2 stellt den Schenkenden deutlicher in den Vordergrund.
- [X] Die Sätze b1 und b2 sind von der Formulierung her gleichwertig.
- [ ] Der Satz b1 ist präziser als Satz b2.
- [ ] Der Satz b2 ist präziser als Satz b1.

Die Aussageweisen des Verbs: die unterschiedlichen Modi und ihre Funktionen

Der Imperativ – die Befehlsform

Seite 60, Übung 1

Auf dem Fußballplatz

Peter, gib doch ab! – Du sollst den Ball nicht so lange halten! – Wenn er doch aufs Tor schießen würde. – Lauf schneller! – Gebt euch mehr Mühe! – Haltet durch, gleich ist Halbzeit! – Spielt schnell nach vorne! – Fritz, spring hoch! – Warum pfeift der Schiedsrichter denn nicht? – Das war ein Foul! – Schau nach rechts! – Die Abwehrspieler müssen zurückkommen! – Bleibt nicht stehen! – Bietet euch an! – Warum hört ihr nicht auf mich? – Oskar, hilf Peter!

Seite 60, Übung 2

Infinitiv	Imperativ Singular	Imperativ Plural
geben	gib	gebt
laufen	lauf(e)	lauft
halten	halt(e)	haltet
spielen	spiel(e)	spielt
springen	spring(e)	springt
schauen	schau(e)	schaut

Infinitiv	Imperativ Singular	Imperativ Plural
bleiben	bleib(e)	bleibt
bieten	biet(e)	bietet
helfen	hilf	helft

Seite 60, Übung 3 Zum Beispiel: Lies das Buch!/Lest das Buch! Antworte auf meine Frage!/Antwortet auf meine Frage! Fahr langsamer!/Fahrt langsamer! Iss nicht so viele Süßigkeiten!/ Esst nicht so viele Süßigkeiten! Rede noch einmal mit ihr!/Redet noch einmal mit ihr!

Der Konjunktiv II als Ausdruck der Nicht-Wirklichkeit (Irrealis)

Seite 61, Übung 1 **Was wäre wenn ...**

- die Mannschaft das erste Spiel gewänne/gewönne/gewinnen würde.
- unsere Stürmer die meisten Tore schössen/schießen würden.
- das Team ins Finale käme/kommen würde.
- der Schiedsrichter in der letzten Minute einen Elfmeter gäbe/geben würde.
- die Fans die Mannschaft während der ganzen Zeit anfeuerten/anfeuern würden.
- kein Spiel verloren ginge/gehen würde.
- man sich als das beste Team erwiese/erweisen würde.
- ein Freistoß unhaltbar ins Tor träfe/treffen würde.
- sich kein Spieler verletzte/verletzen würde.
- der Torwart jeden Ball hielte/halten würde.

Seite 62, Übung 2 **Was wäre gewesen, wenn ...**

- sie das Finale gegen Frankreich erreicht hätte.
- es im Halbfinale zum Elfmeterschießen gekommen wäre.
- die deutschen Spieler ihre Torchancen genutzt hätten.
- man im Halbfinale gegen eine andere Mannschaft gespielt hätte.
- der Halbfinalgegner vorher ausgeschieden wäre.

Seite 62, Übung 3

Indikativ Präsens	Indikativ Präteritum	Konjunktiv II (abgeleitet vom Präteritum)	Umschreibung mit *würde*
sie gewinnt	sie gewann	sie gewänne/sie gewönne	sie würde gewinnen
sie schießen	sie schossen	sie schössen	sie würden schießen
es kommt	es kam	es käme	es würde kommen
er gibt	er gab	er gäbe	er würde geben
sie feuern an	sie feuerten an	sie feuerten an	sie würden anfeuern
es geht	es ging	es ginge	es würde gehen
es erweist sich	es erwies sich	es erwiese sich	es würde sich erweisen

Indikativ Präsens	**Indikativ Präteritum**	**Konjunktiv II (abgeleitet vom Präteritum)**	**Umschreibung mit *würde***
er trifft	er traf	er träfe	er würde treffen
er verletzt sich	er verletzte sich	er verletzte sich	er würde sich verletzen
er hält	er hielt	er hielte	er würde halten
sie erreicht	sie erreichte	sie erreichte	sie würde erreichen
sie nutzen	sie nutzten	sie nutzten	sie würden nutzen
sie spielen	sie spielten	sie spielten	sie würden spielen
sie scheiden aus	sie schieden aus	sie schieden aus	sie würden ausscheiden

Der Konjunktiv I als Kennzeichen der indirekten Rede

Seite 63, Übung 1

- Der Trainer behauptete, wir seien die bessere Mannschaft.
- Der Stadionsprecher sagte, die Mannschaft käme in fünf Minuten aufs Feld.
- Der Reporter meinte, am nächsten Tag werde das ganze Land über das Spiel sprechen.
- Der Mannschaftsarzt befürchtete, zwei Spieler hätten sich verletzt.
- Der Mannschaftskapitän betonte, sie gewännen das nächste Spiel/sie würden das nächste Spiel gewinnen.

Seite 63, Übung 2

Auf die Frage, ob er sich das Gegentor in der Zwischenzeit angeschaut habe, antwortete René Adler, er habe es sich noch gar nicht angeschaut. Daraufhin fragte der Journalist, ob Torhüter nicht Tüftler seien, die an Gegentoren lange herumanalysierten. Adler entgegnete, dass dies schon so sei, und er werde sich dieses Tor mit dem Trainerteam noch einmal anschauen. Er meinte aber, er denke nach vorne, an das Spiel gegen Wales.
Auf die Frage, ob das Tor nicht ohnehin unhaltbar gewesen sei, sagte Adler, dass er Genaueres erst sagen könne, wenn er das Tor noch einmal gesehen habe. Er sei gut draufgegangen, aber er wisse nicht genau, wo der Ball durchgegangen sei, ob zwischen den Beinen oder über die Beine. Als Nächstes wollte der Journalist wissen, was der Torhüter empfunden habe, als die Dortmunder Zuschauer seinen Namen gerufen haben. Adler antwortete, dass dies ein unglaubliches Gefühl gewesen sei. Man höre die Nationalhymne und stehe dort und sehe die vollen Zuschauerränge. Die Journalisten hielten ihm entgegen, dass dies Eindrücke seien, die jeden Debütanten ereilten. Bei ihm sei dies noch etwas anderes gewesen. Die Leute hätten ihn gefeiert, obwohl viele ihn nie spielen gesehen hätten. Deshalb wollten die Journalisten wissen, warum er so gut bei den Leuten ankomme.
Adler antwortete, dass er dies nicht wisse und er sich noch keine Gedanken darüber gemacht habe. Er habe mit solchen Reaktionen nicht rechnen können. Es freue ihn aber sehr, wenn die Leute das Gefühl hätten, dass dort einer für Deutschland spiele. Als Letztes fragte der Journalist, ob man ihn nach diesem Spiel überhaupt noch aus dem Tor nehmen könne. Der Torwart antwortete, dass er zunächst sagen müsse, dass ihm Robert Enke leid tue. Sie hätten ein hervorragendes Verhältnis, und so eine Verletzung wünsche man wirklich niemandem. Enke sei ein Klassetorwart. Er hoffe, dass

Enke bald wieder fit werde. Er könne nur versuchen, in den Spielen, die er spielen dürfe, gut zu sein.

Satzglieder im Überblick

Die adverbiale Bestimmung – das Adverbiale

Seite 66, Übung 1

- (Die Olympischen Winterspiele 2014) (finden) (in Sotschi) (statt).
  S P AB-O P
- (Sotschi) (ist) (eine Hafenstadt und ein viel besuchter Kurort in Russland).
  S P PR
- (Bis zum Beginn der Wettkämpfe) (müssen) (viele Sportstätten) (gebaut werden).
  AB-Z P S P
- (An dem Ausbau) (sollen) (deutsche Unternehmen) (beteiligt werden).
  PO P S P

Seite 68, Übung 2

Subjekt	Prädikat	Prädikativum
• Usain Bolt • der 1,93 Meter große Läufer • Er • Die Pose • der Jamaikaner • Bolt	• tanze • fragten • wiederholt hatte • zeigte • breitete aus • genoss • nimmt auf • behauptet • wäre gewesen	• Ankündigung und Bestätigung • der Schnellste

Dativobjekt	Akkusativobjekt	Präpositionales Objekt
• dem Publikum	• den Olympiasieg und Weltrekord im Hundertmeterlauf • die Hände • seine Arme • das tobende Publikum auf der Haupttribüne • das Wort • die Ziellinie	• nach der Pantomime • für das Erreichen einer neuen Dimension • an den Weltrekord

Seite 68, Übung 3

Mit einer großen Geste: Modaladverbiale
in Peking: Lokaladverbiale
über den Kopf: Lokaladverbiale
nach seinem Triumph: Temporaladverbiale
an diesem Abend: Temporaladverbiale
Etwa zwanzig Meter vor dem Ziel: Lokaladverbiale
auf die Brust: Lokaladverbiale
mit einem offenen Schuh: Modaladverbiale
barfuß: Modaladverbiale

Satzgefüge und Satzreihe

Einfache Satzgefüge – komplexe Satzgefüge

Seite 70, Übung 1 und 2

a) Es gibt heute schon elektronische Lesegeräte, die bis zu 200 Büchern speichern können.

______________________,
HS

______________________.
NS

b) Als am 21. Juli 2007 der siebte und letzte Band der Harry-Potter-Reihe erschien, wurden innerhalb von 24 Stunden mehr als 10 Millionen Exemplare verkauft.

______________________,
NS

______________________.
HS

c) Man sprach von dem Triumph eines altehrwürdigen Mediums, dem seit vielen Jahren immer wieder sein bevorstehendes Ende verkündet wurde.

______________________,
HS

______________________.
NS

d) Nie zuvor hatte sich in der Geschichte des Buchdrucks, die bereits mehrere Jahrhunderte alt ist, ein Buch mit solch einer Geschwindigkeit verbreitet.

______________________, ______________________.
HS HS

______________________,
NS

e) Vermehrt werden heute Bücher angeboten, die man aus dem Internet herunterladen und auf einem Lesegerät speichern kann.

______________________,
HS

______________________.
NS

f) Wenn es die Möglichkeit auch für den letzten Harry-Potter-Band gegeben hätte, hätten bestimmt zwanzig Millionen Menschen oder mehr davon Gebrauch gemacht.

______________________,
NS

______________________.
HS

g) Für den traditionellen Buchhandel, der sehr viel an den Harry-Potter-Bänden verdient, wäre das eine große finanzielle Katastrophe gewesen.

________________, ________________.
HS HS

________________,
NS

h) Weil die Gefahr des Raubkopierens besteht, werden viele Schriftsteller vielleicht nicht einer digitalen Veröffentlichung ihrer Bücher zustimmen.

________________,
NS

________________.
HS

i) Der Buchbranche droht die Gefahr, dass sie ähnlich wie die Musikbranche durch Internetpiraterie große Verluste machen wird.

________________,
HS

________________.
NS

Seite 71, Übung 3 c)

HS

NS 1 NS 1 NS 3 NS 3

NS 2 NS 4

a)

HS 1 HS 1 HS 1

NS 1 NS 3

NS 2

b)

HS 1 HS 1 HS 1

NS 1 NS 2

Das Komma in Satzgefügen

Seite 72, Übung 1

a) Der Erfolg des E-Books wird sich daran entscheiden, ob die Leser Altbewährtes oder Innovationen wollen.

b) Wer auf das Gefühl von greifbarem Papier verzichten kann, das langsam durch die Hand gleitet, wenn man einen Wälzer bewältigt, wird sich eher mit dem neuen Medium anfreunden.

c) Das E-Book hat den Vorteil, dass man, wenn man längere Zeit in den Urlaub fährt, keinen Koffer voll Bücher, die sehr schwer sind, mitschleppen muss.

d) Weil viele Menschen aber an dem gedruckten Buch als Medium festhalten wollen, wird sich das E-Book, wie viele Fachleute jetzt schon prophezeien, nicht durchsetzen.

Die Satzreihe

Seite 72, Übung 1

Hinter dem Fenster sitzt sie, es ist Sonntagnachmittag und sie erwartet Tochter und Schwiegersohn zum Kaffee. Der Tisch ist seit Langem für drei Personen gedeckt, die Obsttorte steht unter einer silbernen Glocke. Die alte Frau hat sich nach dem Mittagsschlaf umgezogen. Sie trät jetzt ein russischgrünes Kostüm mit weißer Schluppenbluse. Sie hat ein Ohrgehänge mit Rubinen angelegt und die Fingernägel matt lackiert. Sie sitzt neben der aufgezogenen Gardine im gutem Zimmer, ihrem „Salon“, und wartet. Seit bald vierzig Jahren lebt sie in dieser Wohnung im obersten Stockwerk eines alten, ehemaligen Badehotels. Die Zimmer sind alle niedrig und klein und liegen an einem dunklen Flur. Sie blickt durch das Fenster auf den Kurgarten und den lehmfarbenen Fluss, der träg durch den Ort zieht und ihn in zwei einander zugewandte Häuserzeilen teilt, in ein stilles, erwartungsloses Gegenüber von Schatten- und Sonnenseite. Auf der Straße vor dem Haus bewegt sich nur zäh der dichte Ausflugsverkehr. Sie hält ihren Kopf aufgestützt und ein Finger liegt auf den lautlos sprechenden Lippen. Nun wird sie doch ein wenig unruhig. Sie steht auf, rückt auf dem Tisch die Gedecke zurück, faltet die Servietten neu, füllt die Kaffeesahne auf. Sie setzt sich wieder, legt die Hände lose in den Schoß. Wahrscheinlich sind sie in einen Stau geraten …

Seite 73, Übung 2

- ☒ Der Text besteht im Wesentlichen aus Satzreihen.
- ☒ Der Text enthält nur ein Satzgefüge, ansonsten mehr oder weniger kurze Hauptsätze.
- ☐ Da der Text viele Satzgefüge enthält, kann man von einem komplexen Satzbau sprechen.
- ☐ Die Hautsätze sind überwiegend durch nebenordnende Konjunktionen verbunden.
- ☒ Die Hauptsätze stehen unverbunden nebeneinander.
- ☐ Der Satzbau des Anfangs der Kurzgeschichte soll durch die Aneinanderreihung der Hauptsätze die Gelassenheit der Frau beim Warten verstärken.

Seite 73, Übung 3

Beispiele:
- Auf dem Tisch, der seit Langem gedeckt ist, steht die Obsttorte unter einer silbernen Glocke.
- Die alte Frau, die sich nach dem Mittagessen umgezogen hat, trägt jetzt ein russischgrünes Kostüm.
- Die Zimmer, die alle niedrig und klein sind, liegen an einem dunklen Flur.
- Nachdem sie aufgestanden ist, die Gedecke auf dem Tisch zurechtgerückt, die Servietten neu gefaltet und die Kaffeekanne aufgefüllt hat, setzt sie sich wieder, legt die Hände in ihren Schoß.

Seite 73, Übung 4

A: c) Zwei Hauptsätze, verbunden mit der nebenordnenden Konjunktion *denn*
B: b) Nebensatz, Hauptsatz, untergeordnete Konjunktion am Anfang
C: b) Der fünfte Satz ist ein Satzgefüge.
D: c) Hauptsatz mit eingeschobenem Nebensatz, Infinitivgruppe mit adverbialer Funktion, Nebensatz (Relativsatz)

Rechtschreibung üben

Mit einem Wörterbuch arbeiten

Seite 74, Übung 1

a) Affe, Bär, Chamäleon, Hund, Katze, Löwe, Meerschweinchen, Nilpferd, Zebra
b) Fabel, falsch, Fenster, Filmkamera, Filter, Filz, Foto, frech, Frühling

Seite 75, Übung 2

- Figur/~~Fiegur~~/~~Figuhr~~
- ~~filligran~~/~~filigrahn~~/filigran
- ~~Filtierpapier~~/~~Filtrierpapir~~/Filtrierpapier

Seite 75, Übung 3

- ~~Film/at/elier~~ oder Film/ate/li/er
- ~~fi/gur/a/tiv/~~ oder fi/gu/ra/tiv

Seite 75, Übung 4

- fil/trie/ren
- filt/rie/ren

Seite 75, Übung 5

- Der Politiker wollte die Angelegenheit vor der Kamera ~~klar stellen~~/klarstellen.
- Der Nebel will sich heute nicht verziehen, es will nicht klar werden/~~klarwerden~~.
- Ich muss mir darüber klar werden/~~klarwerden~~.
- Ich muss mit den Hausaufgaben ~~klar kommen~~/klarkommen.

Groß- und Kleinschreibung

Seite 78, Übung 1

Dietrich Herrmann
Der „Affen-Müller"

Verehrte Damen und Herren,
der Todestag des großen Biologen und Lehrers unserer Schule jährt sich **h**eute **(11)** zum hundertfünfundzwanzigsten **M**al **(4)**. Wie **S**ie **(5)** bereits wissen, verfocht der **L**ippstädter **(2)** Lehrer ohne jedes **W**enn und **A**ber **(1)** die Lehre des großen **e**nglischen **(10)** Forschers Charles Darwin, wonach sich alle Lebewesen nach dem Prinzip des **Ü**berlebens **(1)** der **F**ittesten **(1)** entwickeln.
Stellen **S**ie **(5)** sich nur vor, welchen Skandal Müller am **F**reitagmorgen **(3)** des 23. April 1877 auslöste, als er in einer Oberstufenklasse seines Gymnasiums den Menschen in seiner Entwicklung vom Affen ableitete. Ich werde **I**hnen **(5)** im **F**olgenden **(1)** die Empörung in der Stadt schildern und des **W**eiteren **(1)** darstellen, wie insbesondere die **l**ippstädtische **(10)** Presse den Fall aufnahm. Selbstverständlich war die Lehre Darwins von der Entwicklung der Arten schon seit **L/l**ängerem **(15)** bekannt, aber das **E**ntscheidende **(1)** lag darin, dass sich **v**iele **(9)** nicht trauten, dazu offen Stellung zu nehmen.

Die **M/m**eisten **(9)** glaubten weiter an die Schöpfungslehre des Alten Testaments, **A/a**ndere **(9)** sprachen allenfalls im vertrauten Kreise darüber, während in den Wissenschaften die Lehre Darwins im **A**llgemeinen **(1)** akzeptiert wurde.

Zuerst griffen die katholische und evangelische Kirche Müller an; **b**eide **(8)** beanspruchten, mit der Auslegung der Bibel im **R/r**echt **(14)** zu sein. Man sprach in Lippstadt in diesem Jahr über nichts **A/a**nderes **(9)** mehr, und schließlich musste das Kultusministerium in dem **L**ippstädter **(2)** Streit **R**echt **(14)** sprechen.
Doch dann setzten sich die Auffassungen des mutigen Lehrers bis auf **W/w**eiteres **(15)** durch; vor allem fortschrittliche Wissenschaftler im ganzen Reich setzten sich dafür ein, dass Hermann Müller sein **R**echt **(14)** bekam und weiter am Ostendorf-Gymnasium unterrichten durfte. In den folgenden Jahren blieb Müller bis zu seinem Tode dem **F**orschen **(1)** nach den Gesetzen der Entwicklung der Lebewesen treu. Der Streit brach in Lippstadt nicht wieder von **N/n**euem **(15)** los. Seinen Namen „Affen-Müller", den hat Hermann Müller in Lippstadt noch **h**eute **(11)**.

Seite 78, Übung 2 **Der Kampf der Kolosse**

Nur **einmal** musste das **gerahmte** Foto seiner Frau das Wohnzimmer verlassen; **donnerstagnachmittags**, beim **Heben** der schwersten Gewichte in der Arena von Peking war es dabei. Vor 6000 Zuschauern hielt er es viele **Male** hoch; alle sahen mit **Staunen** das Bild seiner Frau, die bei einem Autounfall ums **Leben** gekommen war. Ihr **Dabeisein** bei der **Entgegennahme** der Goldmedaille war für Steiner ein Herzenswunsch. Die **Pekinger** Zuschauer hielten nach der **Anspannung** des Kampfes von **N/neuem** den Atem an; dann entbrannte ein **Klatschen**, **Johlen** und **Fahnenschwingen**. Beim **Abspielen** der Hymne hatten viele Tränen in den Augen. Sie waren ergriffen von der Dramatik des Kampfes im **Schwergewichtheben**, als Matthias Steiner im letzten **Versuch** des Wettbewerbs die siegreiche **Entscheidung** gelang. Im **Folgenden** sah man nur noch einen tanzenden Riesen im **Freudentaumel**.
Er hatte **Unglaubliches** vollbracht: Im **Reißen** und **Stoßen** übertraf er seinen bisherigen Rekord um zehn Kilo. „Der **Sieger** im **Superschwergewicht** ist der stärkste Mann der Welt", sagte sein Trainer. Steiner wies mit dem Zeigefinger auf den Adler auf seiner Brust und fügte hinzu: „Nur wir **beide** konnten für Deutschland gewinnen." – Wieder ein Hinweis auf seine Frau, mit der er nur ein **paar** Monate zusammenleben durfte.

Lange Vokale – kurze Vokale

Lang gesprochene Vokale

Seite 80, Übung 1

langer Vokal ohne Dehnungszeichen	langer Vokal mit dem Buchstaben h als Dehnungszeichen	der lange i-Laut mit e als Längezeichen	der lange i-Laut ohne Längezeichen	Vokalverdopplung als Längezeichen
Organ Natur Rätsel hören	außergewöhnlich fühlen	dienen Kriege riechen	primitives	Seele Meeres

Seite 80, Übung 1 Planet, n**ä**mlich, Masch**i**ne, Kam**i**n, W**a**l, T**o**d, Kr**a**n, K**o**met

Seite 80, Übung 2

					[1]G					
				[2]K	A	N	T	I	N	E
					R					
					D					
[3]M	A	S	C	H	I	N	E			
A					N					
R					E					
G										
[4]A	P	F	E	[5]L	S	I	N	E		
R				A						
I				W						
N		[6]R	U	I	N	E				
E				N						
				E						

Seite 81, Übung 3

- Der Direktor des Internats duldet keinen **Widerspruch**.
- Das **wiederholte** Zuspätkommen wird von der neuen Lehrerin nicht toleriert und entsprechend bestraft.
- Die **widersprüchlichen** Zeugenaussagen führten schließlich zum Freispruch des Angeklagten.
- Trotz der **wiederkehrenden** Schmerzen startete der Hürdenläufer im Finale.
- Das Sonnenlicht spiegelte sich im Wasser **wider** und sorgte so für beeindruckende Lichtspiele.
- Auf das **Wiedersehen** beim Klassentreffen freuten sich alle sehr.

Seite 81, Übung 4 freie Aufgabe

Ein Text zum Üben

Seite 81, Übung 1

Unser Geruchssinn

Unser Geruchssinn ist nicht so **gut** entwickelt wie der mancher **Tiere**. **Berühmt** für ihre **Spürnasen** sind zum **Beispiel** Hunde oder Schweine. Hunde erschnüffeln Menschen unter **Lawinen** oder eingestürzten Häusern. Im **Dienst** der Polizei finden die Hunde auch **Drogen** oder Sprengstoffe. Schweine **führen** ihren Herrn zu den bei Feinschmeckern so **beliebten** Trüffelpilzen, die unsichtbar unter der Erde wachsen und die wir nicht **riechen** können.

Kurz gesprochene Vokale

Seite 82, Übung 1

Verdoppelung des kurz gesprochenen Vokals	**Keine Verdoppelung von z, stattdessen tz**	**Keine Verdoppelung, wenn zwei oder mehr Konsonanten folgen**	**Nur z nach l, m, n, r**	**Keine Verdoppelung von k, stattdessen ck**	**Nur k nach l, m, n, r**
Stress schnell	Hetze	ganz Lärm	Reize	Schreck Schock	stark

Seite 83, Übung 2 Hitze, Sack, kratzen, backen, spucken, Tatze, ritzen, verdutzt, Ritze, Spitze

Seite 83, Übung 3 setzen – hinsetzen– Setzlinge
backen – Backofen – Backpulver
nutzen – nützlich – benutzen
schützen – Schutzmann – geschützt
schmecken – Geschmack – geschmacklich

Fremdwörter richtig nutzen und richtig schreiben

Fremdsprachliche Fachbegriffe richtig nutzen und richtig schreiben

Seite 85, Übung 1

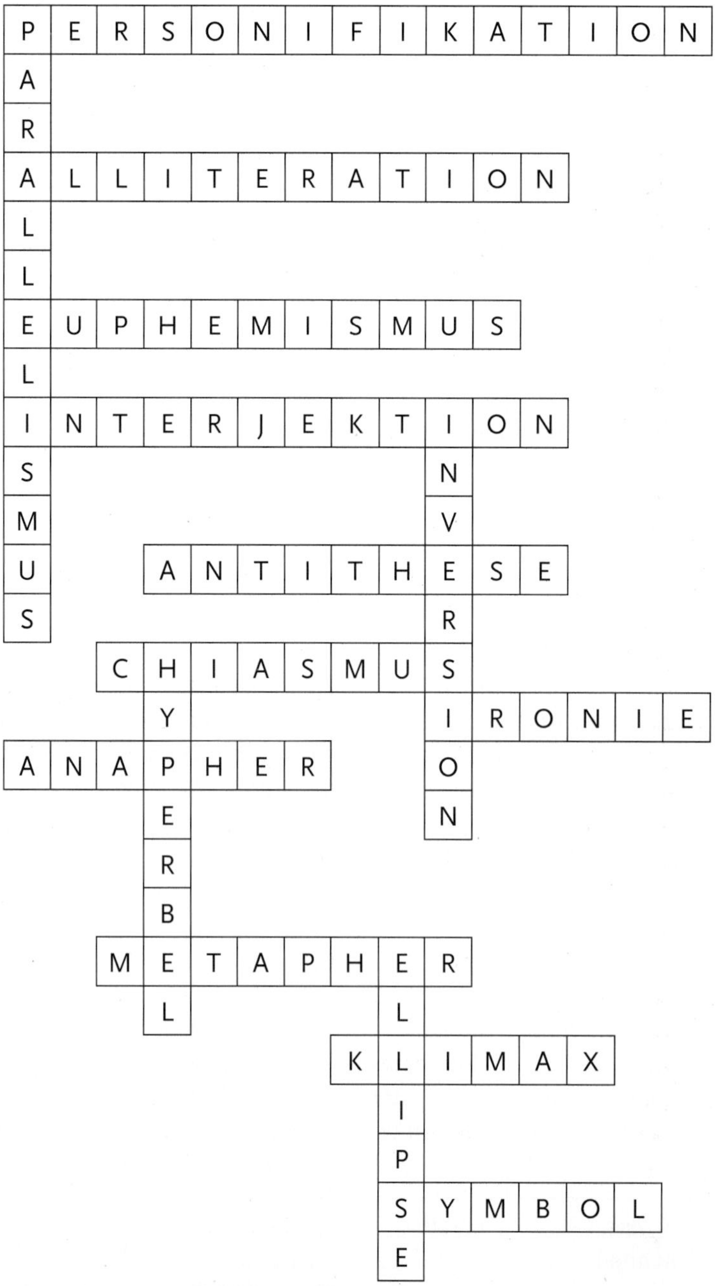

Fremdwörter aus dem Kontext erschließen

Seite 86, Übung 2

- [ ] Der Text stellt dar, in welchen Ländern die Menschenrechte verletzt werden.
- [X] Der Text berichtet von den Aktionsformen, mit denen ai auf die Verletzung von Menschenrechten aufmerksam macht.
- [ ] Der Text kritisiert die Länderregierungen, die Menschenrechtsverletzungen begehen oder zulassen.

Seite 87, Übung 3

1
- [ ] Bewegung
- [X] Handlungseinsatz
- [ ] Maßnahme

2
- [X] in Bewegung setzen
- [ ] kriegsbereit machen
- [ ] beweglich machen

3
- [ ] Feldzug
- [X] Unternehmungen
- [ ] Werbeaktionen

4
- [ ] Unterlassung
- [ ] Bedauern
- [X] Einschreiten

5
- [ ] dringend
- [X] im Moment besonders
- [ ] unvermittelt

6
- [ ] Verbote
- [ ] Proteste
- [X] Bittschriften

7
- [X] Verträge
- [ ] Schriften
- [ ] Absichtserklärungen

8
- [ ] verlaufen sich
- [ ] verpflichten sich
- [X] bemühen sich besonders

Seite 87, Übung 4 1) mobilisieren, 2) Pakten, 3) akut, 4) Aktion, 5) Intervention, 6) Appelle, 7) engagieren, 8) Kampagnen

Zusammen oder getrennt?

Verbindungen aus einem Nomen und einem Verb

Seite 88, Übung 1

- Wer **Energie sparende/energiesparende** Glühbirnen verwendet, kann die Stromkosten erheblich senken.
- Das **Energiesparen** setzt sich immer mehr durch.
- Lars und Anne treffen sich nach der Schule **zum Spaghettiessen**.
- **Spaghetti essende/spaghettiessende** Menschen halten sich am besten in der Badewanne auf.
- Wenn wir am Sonntagabend **Spagetti essen** wollen, müssen wir den Einkauf organisieren.
- Einigen Teesorten wird die Wirkung zugeschrieben, das **Blut zu reinigen**.
- **Blut reinigende/blutreinigende** Tees kann man in der Apotheke kaufen.
- Das Gleiche gilt für **Blut stillende/blutstillende** Watte.
- Zum **Blutstillen** kann man auch Kräuterextrakte verwenden.
- Der Kranke befindet sich in einem **Besorgnis erregenden/besorgniserregenden** Zustand.
- Wenn es dir wirklich **leidtut**, solltest du mit deiner Freundin sprechen.
- Sobald er **heimgekehrt** war, rief er an.
- Pauline **nimmt** an einem Sportwettkampf **teil**.
- Mädchen, die **Fußball spielen**, sind heute eine Selbstverständlichkeit.
- Vor zwanzig Jahren waren **Fußball spielende/fußballspielende** Mädchen eher selten.
- Christin und Vanessa verabreden sich zum **Fußballspielen**.

Verbindungen mit dem Hilfsverb *sein*

Seite 89, Übung 1

- Es ist alles schon **da gewesen**.
- Er wollte für immer mit ihr **zusammen sein**.
- Wenn du wieder **heraus bist**, feiern wir ein Fest.
- Vor Mitternacht wollte sie **zurück sein**, aber es gelang ihr nicht.
- Wenn du **fort bist**, bin ich sehr traurig und wünsche mir, du wärest nie **weg gewesen**.
- Der Motor dürfte **hinüber sein**.

Verbindungen aus zwei Verben

Seite 90, Übung 1

- In der Schule muss zunehmend individuell gefördert werden, um dem **Sitzenbleiben** zu begegnen.
- Wenn du für eine Stunde im Auto **sitzen bleiben** willst, kannst du das tun.
- Wenn jemand am Ende eines Schuljahres **sitzen bleibt/sitzenbleibt**, kann er unter bestimmten Voraussetzungen eine Nachprüfung machen.
- Weil Paul krank war, ist er einige Tage im Bett **liegen geblieben**.
- Was ist eigentlich der Grund dafür, dass die Arbeit wochenlang **liegen geblieben/liegengeblieben** ist.
- Das **Liegenbleiben** der Arbeit hat die Produktivität des Unternehmens beeinflusst.
- Ihr solltet euch erst einmal richtig **kennen lernen/kennenlernen**, bevor ihr einen gemeinsamen Urlaub plant.
- Zum **Kennenlernen** dürfte ein Nachmittag nicht ausreichen.

Verbindungen aus einem vorangestellten Adjektiv und einem Verb

Seite 91, Übung 1

- Pauline hat das Referat **frei vorgetragen**. (1)
- Er konnte ihn nicht von dem Vorwurf **freisprechen**. (2)
- Sie hätte sich **kaputtlachen** können. (2)
- Maike wollte ihr Mofa heute **blank putzen/blankputzen**. (3)
- Es sollte **blanker geputzt** werden als das Mofa von Lukas. (4)
- Mit einem scharfen Messer hatte sie zunächst versucht, den Putzlappen **klein zu schneiden/kleinzuschneiden**. (3)
- Obst, welches **faulig riecht**, sollte auf keinen Fall verzehrt werden. (1)
- Die Regierung hatte nicht die Absicht, die Geiseln **freizukaufen**. (2)
- Die erste Strophe des Gedichts hast du sehr **frei interpretiert**. (1)
- Steffi will beim 100-m-Lauf besonders **schnell laufen**. (4)
- Sie wollten sich **lautlos anschleichen**, wurden jedoch im letzten Moment entdeckt.
- Musst du eigentlich jedes Missgeschick **schönfärben**? (2)
- Für den Ball will Steffen sich **schön anziehen**. (1)

Verbindungen mit einem Adjektiv als zweitem Bestandteil

Seite 91, Übung 1

- alt: uralt ...
- rot: dunkelrot ...
- günstig: supergünstig ...
- modern: hypermodern ...
- dreist: dummdreist ...
- kalt: bitterkalt ...
- bequem: urbequem ...

Seite 92, Übung 2

- Müller knallt den Ball mit einem **Aufsehen erregenden/aufsehenerregenden** Fallrückzieher **supergeschickt** ins **himmelblaue** Tornetz. Für den Verein ist er inzwischen zu einer **Gewinn bringenden/gewinnbringenden** Investition geworden. Schließlich ist dies sein 21. Treffer für den FC.

- Nun will Müller sich **freilaufen**, wird aber vom Verteidiger der gegnerischen Mannschaft **urplötzlich** gebremst, worüber er sich offensichtlich **schwarzärgert**, sodass er ins **feuchtnasse** Gras beißt und vom Schiedsrichter im **knallgelben** Dress ermahnt wird aufzustehen. Er möchte jedoch viel lieber **liegen bleiben** und vom Sieg träumen.

- Die Zuschauer hält es nicht mehr auf ihren Sitzen. Sie haben den Mittelstürmer bisher von einer ganz anderen Seite **kennen gelernt/kennengelernt**. Sollten sie sich so getäuscht haben? So etwas ist noch nie **da gewesen**. Einige haben sich offensichtlich bereits dazu entschlossen **heimzufahren**. Vielleicht erscheint es ihnen sinnvoller, sich mit **Rasenmähen**, **Holzhacken** oder **Staubsaugen** zu beschäftigen. Aber im Ernst, wer will am Samstagnachmittag **Rasen mähen** oder **Holz hacken**? Da geschieht es: Müller ist des **Liegenbleibens** offensichtlich überdrüssig, rappelt sich etwas benommen auf, greift sich den Ball und wird vom schrillen Pfiff der **blank geputzten/blankgeputzten** Schiedsrichterpfeife zur Ordnung gerufen ...

s-Laute

Seite 93–94, Übung 1

Mit Haut und Haaren

Mittelalterliche Be**s**trafungsart (1.3) durch Rutenschläge über „Haut und Haar“, al**s**o (1.1) über den ganzen Körper – nicht blo**ß** (3) aufs Gesä**ß** (3).

Leber
In den medizinischen Vorstellungen (1.3) der vorwissenschaftlichen (2) Zeit galt die Leber als besonders (1.1) empfindliches Organ und daher als Sitz der Empfindungen und Gefühle. Allen Redewendungen mit Leber liegt diese (1.1) Vorstellung (1.3) zugrunde. Wenn jemandem eine Laus (1.2) über die Leber gelaufen ist (1.2), so verursacht (1.1) schon eine winzige Laus (1.2) das Gekränktsein. Solch eine Kränkung kommt auch bei der beleidigten Leberwurst (1.3) zum Ausdruck (1.5); der Zusatz Wurst (1.3) trat erst (1.3) später (1.3) in der Volkssprache (1.3) hinzu.

Zum Hals (1.2) heraushängen (1.5)
Das Hervorwürgen unverdaulicher oder widerwillig eingenommener Speise (1.1). Hals (1.2) über Kopf bedeutet: sich (1.1) überschlagen, „mit dem Hals (1.2) zuerst" (1.3).

Sich etwas (1.5) hinter die Ohren schreiben
Sehr anschauliche alte Rechtspraxis, Erfahrungen aus (1.5) dem Kurzzeitgedächtnis (1.4) in das Langzeitgedächtnis (1.4) zu überführen: Es war Rechtsbrauch, bei Abschluss (2) wichtiger, langfristiger (1.3) Verträge wie Grundsteinlegungen, Grenzziehungen u. Ä., die früher oftmals (1.5) nicht schriftlich beurkundet werden konnten, Kinder hinzuzuziehen, damit sie notfalls (1.5) in der nächsten (1.3) Generation als Zeugen aussagen (1.1) konnten. Da Kinder die Bedeutung solcher (1.1) Vorgänge meist (1.3) noch nicht recht erfassten (2), schlug man sie in bester (1.3) Absicht (1.1), gleichwohl jedoch nachhaltig, auf die Ohren, um ihre Erinnerung an diesen (1.1) äußerst (3) denkwürdigen Vorgang zu verstärken (1.3).

Fuß (3)
„Den Fuß (3) auf etwas (1.5) setzen" (1.1), „den Fuß (3) in den Nacken setzen" (1.1) beziehen sich (1.1) wie das mittelalterliche Handauflegen auf Rechtsgesten (1.3) der Inbesitznahme. Darstellungen, auf denen der Herrscher den Fuß (3) auf den Nacken besiegter (1.1) Feinde stellt, gehören schon in der Bibel und in der Antike zum Standardrepertoire (1.3) der Herrschersymbolik (1.1). Stehenden Fußes (3) (lat. *stante pede*), also „sofort" (1.1), musste (2) man vor Gericht Einspruch (1.3) einlegen, wenn man verhindern wollte, dass ein Urteil rechtskräftig wurde.

Herz
„Aus seinem Herzen keine Mördergrube machen": Jesus vertreibt die Händler und Geldwechsler aus (1.5) dem Tempel mit den Worten: „Es (1.5) steht geschrieben: ‚Mein Haus (1.2) soll ein Haus (1.2) des Gebetes genannt werden.' Ihr aber macht es (1.5) zu einer Räuberhöhle." (Matt. 21,13) Aus (1.5) der Räuberhöhle wurde im Volksgedächtnis (1.4) die Mördergrube. Sehr viele Redensarten mit Herz wie „das Herz erobern", „das Herz brechen", ein weiches Herz haben" gehen von der alten Vorstellung (1.3) des Herzens als (1.5) Sitz (1.1) der Empfindungen und Gefühle aus (1.5). „Auf Herz und Nieren prüfen": Diese (1.1) gründliche Prüfung – weil sie (1.1) auch das Innere umfasst (2) – kommt schon in der Bibel vor (Psalm 7, 10).

Seite 95–97, Übung 2

Zwillingswörter
Zwillingswörter, auch „Paarformeln" oder „Binominale" genannt, sind eine besondere Form von feststehenden Redewendungen, sie dienen hauptsächlich der Verstärkung und Betonung. Man sagt beispielsweise: „Frau Müller hat mit Fug und Recht darauf hingewiesen ..." Durch die Verwendung von „Fug und Recht" wiederholt man das erste Wort durch ein bedeutungsähnliches, vermeidet aber die Wortwiederholung. Wir gebrauchen solche festgefügten Wendungen meist ganz unwillkürlich. Viele dieser Paarformeln sind deshalb interessant, weil sie in ganz konkreten Zusammenhängen entstanden, die in Vergessenheit gerieten, bzw. weil sich in ihnen Wörter erhalten haben, die ansonsten im modernen deutschen Wortschatz verloren gegangen sind. Wir verstehen zwar den Sinn der Paarformel, aber was das eine oder andere Wort ursprünglich bedeutete, wissen wir meist nicht mehr.

Mit Heulen und Zähneknirschen
Diese Formel stammt aus der Bibel (Matthäus 8,12) und bezieht sich auf die Hölle, die Jesus an dieser Stelle wie eine Szene aus einem Horrorfilm beschreibt: „Die Söhne des Reiches werden hinausgestoßen werden in die Finsternis draußen. Dort wird Heulen und Zähneknirschen sein."

In Hülle und Fülle
Mit der *Hülle* ist die Kleidung gemeint, mit der *Fülle* die Nahrung, nämlich die Füllung des Magens. Die Paarformel ist seit dem 16. Jahrhundert bezeugt: Wer Hülle und Fülle besaß, hatte also zunächst wenigstens das Lebensnotwendige. Als Fülle später im Sinne von „Überfluss" verstanden wurde, ging diese Bedeutung auch auf die Paarformel über: von allem sehr reichlich.

Nach Jahr und Tag
Dies war ein genau festgelegter Rechtsbegriff, der einen Zeitraum von einem Jahr, sechs Wochen und drei Tagen umfasste. Im „Sachsenspiegel" (um 1230), dem bedeutendsten Rechtsbuch des deutschen Mittelalters, war festgelegt, dass diese Frist verstrichen sein muss, bevor ein Eigentumserwerb (beispielsweise durch Kauf oder Erbschaft) rechtsgültig wird.

Kopf und Kragen riskieren
Als Urteilssprüche noch tödlich enden konnten, bezeichnete das Kopfrisiko die Hinrichtung mit dem Schwert, das Halsrisiko die Hinrichtung durch den Strang.

Milch und Honig
Die Paarformel stammt ebenfalls aus der Bibel, wo im 2. Buch Mose 3, 8 Jahwe (Gott) persönlich dem Moses verheißt: „Darum bin ich nun herabgestiegen, um das Volk Israel aus der Gewalt der Ägypter zu befreien und es aus diesem Land herauszuführen in ein schönes und geräumiges Land – in ein Land, in dem Milch und Honig fließen."

Außer Rand und Band
Im älteren Sprachgebrauch verstand man *Rand* mehr im Sinne von Rahmen. So sind auch andere Redewendungen wie „den Rand halten" (hier werden die Lippen als Rahmen des Mundes gesehen) oder „zu Rande bringen", „zu Rande kommen" (eine Sache zu Ende bringen) zu verstehen. Die Zusammenstellung zu „Rand und Band" stammt möglicherweise aus dem Fassbindergewerbe.

In Sack und Asche
Wer in Sack und Asche geht, der tut Buße und schämt sich. Sich Asche aufs Haupt zu streuen ist seit sehr alter Zeit ein Zeichen der Trauer und Scham. Unter Sack ist in erster Linie „Büßergewand" zu verstehen. Erst später wurde von diesem äußerst einfachen Gewand aus grobem Stoff die Bedeutung auf Sack im Sinne von „Behälter aus Stoff" übertragen. Die Redewendung „in Sack und Asche gehen" als Ausdruck für Bußübungen gibt es daher wohl schon seit uralter Zeit. Die Verwendung dieser Zwillingsformel an mehreren Stellen in der Bibel verweist ebenfalls darauf.

In Saus und Braus
Sowohl das *Sausen* des Windes wie das *Brausen* der Wellen sind sehr laut. Die üppigen Gelage fröhlicher Zecher sind es ebenfalls.

Auf Spitz und Knopf
Gemeint sind Spitze und Knauf (Knopf) eines Degens oder eines Schwertes, also die gesamte Länge einer Klinge. Ein anderer Ausdruck demnach für „auf des Messers Schneide".

„das“ oder „dass“?

Seite 97, Übung 1 **Neuer Party-Trend (Pressemeldung)**

„Keine Erwachsenen!“ Die Jugendlichen meinen da**s** ernst. Selbst wer gerade einmal 19 ist, kommt nicht mehr rein, wenn die jüngste Musik- und Partyszene des britischen Königreichs feiert. Erst waren es ein paar Dutzend, dann ein paar Hundert. Schließlich strömen in da**s** Seebad Brighton mehr als 5000 Mädchen und Jungen, um an einer Mammutparty für Unter-18-Jährige teilzunehmen. Nun wird in London gar da**s** „weltweit erste Underage-Festival“ vorbereitet.
Die „Superjungen“, wie die Gruppe von 14 bis 18 Jahren nun genannt wird, liegen voll im Trend. Mit ihrem übersprudelnden Optimismus und ungebremster hormoneller Energie sind sie Hoffnungsträger – für Väter und Mütter ebenso wie für die Musikindustrie. „Eltern lassen ihre Jüngsten lieber zu Underage-Partys gehen als zu solchen, wo sie von 25-Jährigen angemacht werden“, sagt Blaise Beville, professioneller Party-Veranstalter und mit 22 ganz schön „overage“. „Sie wissen, da**ss** Sicherheit bei uns Priorität hat, besonders bei Alkohol und Drogen.“
Bierbrauer und Schnapshersteller haben da**s** Nachsehen. An den Bars der Underage-Partys gibt es Tonic nur ohne Gin, Orangensaft ohne Wodka und Cola ohne Rum. Dennoch: Underage ist keine Kindergarten-Disco für eine gefrustete Du-darfst-noch-nicht-Generation. Ihren Spaß nehmen die Underagers verdammt ernst. Ganz ohne flüssige oder rauchförmige Stimmungsmacher tanzen sie oft ekstatisch und steigern sich in die Musik hinein. „Wichtiger als da**s**, was einer schlucken kann, ist für uns da**s**, was einer anhat“, sagt die 14-jährige Emily bei einer Jungszene-Nacht im Londoner Coronet Theatre. „Da**s** Outfit ist für uns eine persönliche Ausdrucksform.“ Sie hat sich für einen rosa Unterrock als Kleid über blauen Strumpfhosen entschieden und für – wie ihre Mutter vermutlich denken würde – viel zu viel Lidschatten und Wimperntusche. „Auch bei der Musik haben die Superjungen völlig eigene Vorstellungen“, sagt Alex McCann vom Partyveranstalter Ultimate in Manchester. Ihre beliebtesten Bands haben Namen, die man bislang vergeblich in den Regalen der Plattenläden sucht. Irgendwann fingen die Jugendlichen an, sich nicht mehr für die Bands der „Großen“ zu interessieren, und der Grund leuchtet ein: „Wir durften nie ohne Ältere zu den Konzerten dieser Bands, weil es da Alkohol gab. Da**s** ging so weit, da**ss** wir die Lust daran verloren haben“, sagt Sam Killcoyne. Der 15-Jährige ist da**s** Organisationstalent der Szene, da**s** auch da**s** diesjährige Underage-Festival in Londons Victoria Park vorbereitet.

Seite 98, Übung 2

Artikel: **das** Seebad Brighton, **das** „weltweit erste Underage-Festival“, **das** Nachsehen, **Das** Outfit, **das** Organisationstalent, **das** diesjährige Underage-Festival
Demonstrativpronomen: Die Jugendlichen meinen **das** ernst, Wichtiger als **das** ... ist für uns **das**, **Das** ging so weit, ...
Relativpronomen: **das** auch das diesjährige Underage-Festival ... vorbereitet
Konjunktion: **dass** Sicherheit bei uns Priorität hat, **dass** wir die Lust daran verloren haben

Seite 98, Übung 3

Der Schäfer trieb das Schaf, **das** schwarz war, auf die Weide.
Dass es stundenlang regnete, hatten wir nicht erwartet.
Sie brach das Training ab, für **das** sie noch zu erschöpft war.
Holger schoss **so** viele Tore, **dass** er der beste Torschütze des Turniers wurde.
Das Ergebnis, **das** die Preisrichter notierten, war wider Erwarten gut.
Dass sein Gesicht rot anlief, konnte ich ganz genau sehen.
Melanie ging jeden Tag schwimmen, **sodass** sie bereits „Wasserratte“ genannte wurde.

Zeichensetzung – Das Komma

Kommaregeln im Überblick

Seite 100, Übung 1

- Sie war der festen Überzeugung, im Recht zu sein. (6)
- Er setzte sich an den Schreibtisch, öffnete den Brief, las ungläubig das Geschriebene und stieß einen Freudenschrei aus. (1)
- Er hatte das Ergebnis nicht erwartet, aber insgeheim doch darauf gehofft. (3)
- Heinrich Böll, einer der bekanntesten Autoren der Nachkriegszeit, verfasste zahlreiche Romane und Kurzgeschichten. (5)
- Maja möchte später studieren, Jannis beginnt nach der Klasse 10 vielleicht eine Ausbildung in einem Unternehmen für Elektronikgeräte und Lukas absolviert nach dem Abitur ein freiwilliges soziales Jahr. (2)
- Nach der Klasse 10 findet der Unterricht in Kursen statt, leider. (4)
- Ein Klassenverband, den viele auch nach der Klasse 10 schätzen würden, ist in der Oberstufe nicht vorgesehen. (7)
- Die Möglichkeit, dass in der Oberstufe Leistungskurse, die einen größeren Stundenumfang als die Grundkurse haben, gewählt werden können, kommt vielen Schülern entgegen. (8)
- Rosalie denkt daran, nach der Schulzeit für einige Monate ins Ausland zu gehen. (6)
- Das ist zwar wegen der Verbesserung der Sprachkenntnisse und der neuen Erfahrungen sehr reizvoll, aber auch sehr teuer. (3)
- Markus, mein bester Freund, war in diesem Jahr während der Osterferien für zwei Wochen in Schottland. (5)
- Er hat sich dazu entschlossen, um seine Englischkenntnisse zu verbessern. (6)
- Das ist ihm auch gelungen, weil er die ganze Zeit nur englisch sprechen durfte. (7)
- Seine Gasteltern, die sich, weil sie einige Jahre in Deutschland gelebt hatten, mit ihm auch in seiner Muttersprache hätten verständigen können, lehnten dies kategorisch ab. (8)
- Auf diese Weise trugen sie dazu bei, dass sich Markus sehr schnell in der fremden Sprache zurechtfand und zunehmend sicherer wurde. (7)
- Der Schüler will so einen Auslandsaufenthalt unbedingt noch einmal durchführen, und zwar in den kommenden Osterferien. (5)
- Um ihn finanzieren zu können, wird er in den Ferien in einer Buchhandlung arbeiten und dort Regale bestücken. (6)

Das Komma in Aufzählungen

Seite 101 – 102, Übung 1

- Er wusste nicht, ob er sich dafür oder ob er sich dagegen entscheiden sollte.
- Es gab sowohl einleuchtende Gründe dafür als auch dagegen.
- Er war nicht nur betrübt, sondern regelrecht verzweifelt wegen dieser Situation.
- In manchen Situationen muss man einfach entscheiden bzw. darf nicht so lange nachdenken, doch das ist leichter gesagt als getan.
- Hatte er sich nun entschieden(,) oder grübelte er noch immer darüber nach, was zu tun sei bzw. was nicht zu tun sei?
- Vor einem Wettkampf sollte man weder zu viel essen noch zu viel trinken, sich jedoch gut aufwärmen.
- Zuckerhaltige Getränke sowie Alkoholika verbieten sich in jedem Fall von selbst, aber mit Mineralwasser kann man den drohenden Flüssigkeitsverlust bei längeren Läufen ausgleichen(,) und man steigert auf diesem Weg die Leistungsfähigkeit.
- Sie nahm an dem Marathonlauf teil, weil es einfach ein lang gehegter Traum von ihr war und weil sie ihren Freundinnen ihre Leistungsfähigkeit beweisen wollte.

- Ihr Freund wollte ursprünglich auch mitlaufen, jedoch entschied er sich in letzter Minute anders.
- Obwohl die Witterung sehr schlecht war, obwohl nicht alle Teilnehmer fair mit ihr umgingen und obwohl sie sich eigentlich nicht wohlfühlte, absolvierte sie den Lauf erfolgreich.

Das Komma bei Einschüben und nachgestellten Erläuterungen

Seite 102–103, Übung 1

- „Sofies Welt", ein Jugendroman von Jostein Gaarder, bietet eine leicht verständliche Einführung in die Philosophie.
- Sofie, ein vierzehnjähriges Mädchen, stellt darin sehr anspruchsvolle Fragen, u.a. nach dem Sinn des Lebens oder nach der Entstehung der Welt.
- Antworten erhält sie von einem geheimnisvollen Mann, einem zunächst anonymen Briefeschreiber.
- Später stellt sich heraus, dass Alberto Knox, ein älterer Mann, ihr die Briefe schreibt.
- Sofie Amundsen, so heißt das Mädchen mit vollständigem Namen, erfährt in jedem Brief etwas über eine wichtige Epoche der Philosophie oder über einen bekannten Denker.
- Sofie verfügt über eine besondere Fähigkeit, nämlich die, sich zu wundern.
- Deshalb lässt sie sich(,) trotz mancher Irritationen(,) auf die Briefe ein.

Seite 103, Übung 2 **Was ist Kunst?**

Kunst kommt von Können, und zwar im wahrsten Sinne des Wortes: Im Althochdeutschen (750–1000) bedeutete das Wort Chunst/Kunst so viel wie „Wissen, Weisheit, Kenntnis". Es leitete sich von dem Verb „kunnan" ab, das eine Fähigkeit ausdrückte: Jemand kann lesen, schreiben, tanzen, singen. Schon tausend Jahre zuvor wurden im antiken Rom die „sieben Künste" *(septem artes liberales)* als Studienfächer empfohlen, wenn jemand ein Gelehrter werden wollte. Die Fächer waren: Grammatik, Rhetorik, Logik, Arithmetik, Geometrie, Musik und Astronomie. Ihnen standen die *„artes mechanicae"*, also die handwerklichen Berufe, entgegen.
Im Mittelalter entwickelte sich aus den *septem artes liberales* das Studium der Philosophie. Das Wort Kunst wurde im Laufe der Zeit immer mehr mit einer besonderen Geschicklichkeit oder Fertigkeit in Verbindung gebracht: Kochkunst, Fechtkunst, Handwerkskunst oder Staatskunst. Erst seit dem 18. Jahrhundert wird „Kunst" im heutigen Sinn verwendet: als Bezeichnung für die durch menschlichen Ideenreichtum geschaffenen Werke in Malerei, Musik, Dichtung, Film, Theater und Bildhauerei.

Verhüllt, verpackt, verschwunden: Die Kunstwerke von Christo und Jeanne-Claude

Christo und Jeanne-Claude (beide *13. Juni 1935) sind das bekannteste Künstlerehepaar der Gegenwart. Sie haben sich darauf spezialisiert, Gegenstände und Gebäude einzupacken. Die beiden verkaufen Entwürfe, Planungsskizzen sowie Bilder der fertigen Projekte und finanzieren so die Aktionen. Mit ihren Kunstwerken erlauben sie einen ganz neuen Blick auf das Altvertraute. Alle Materialien werden nach dem Abbau wiederverwertet. (...)
Nach 23 Jahren Vorbereitungszeit und einer hitzigen Debatte im ganzen Land konnten Christo und Jeanne-Claude im Juni 1995 endlich den Berliner Reichstag verhüllen, und zwar mit 100 000 m^2 Kunststoffgewebe und 15 600 m Seil. Über fünf Millionen Besucher sahen sich das Kunstwerk an.

Seite 104–105, Übung 1

- Entwicklung gibt es nur, wenn das Denken nicht erstarrt. (Anonymus)
- Leute, die ihr Erspartes im Strumpf horten, verstehen nichts von den Mechanismen einer kapitalistischen Gesellschaft. (Anonymus)
- Ist es nicht merkwürdig, dass man auf älteren Fotos viel jünger aussieht als auf neueren? (Anonymus)
- Menschen, die immer nur im Trüben fischen, müssen das Wasser, dem sie ihren Betätigungsraum verdanken, als schmackhaft empfinden. (Anonymus)
- Leider kann man nicht immer selbst bestimmen, wie man sich fühlt. (Anonymus)
- Der Mensch ist das Wesen, welches die oberste Stufe der sichtbaren Schöpfung einnimmt, welcher sich sogar für das Ebenbild Gottes ausgibt, worüber sich jedoch Gott nicht sehr geschmeichelt fühlen dürfte. (Johann Nestroy)
- Derjenige, der immer nur auf die Uhr schaut, wird die Zeit verpassen, die er einsparen möchte. (Anonymus)
- Manche sind es nicht wert, dass man ihnen widerspricht. (Anonymus)
- Es sind nicht alle frei, die ihre Ketten sprengen. (Gotthold Ephraim Lessing)
- Bevor mir jemand gefällt, muss er mich durch ein wenig Freundlichkeit erwärmt haben. Ich bin nicht großzügig genug, um an Leuten Gefallen zu finden, die gleichsam durch mich hindurchschauen, wenn sie mit mir reden. (George Eliot)

Seite 105, Übung 2

Das Klavier der Antike

Die Geschichte des Klaviers begann im 3. Jahrhundert v. Chr. in Alexandria. Dort entwickelte der Ingenieur Ktesibios eine Orgel, die mithilfe einer Luftpumpe Töne erzeugen konnte. Diese Orgel war das erste Tasteninstrument der Welt.
Wenige Jahre vor Christi Geburt perfektionierte Heron aus Alexandria die Erfindung des Ktesibios, indem er den Luftstrom durch einen Wasserkessel führte, was einen regelmäßigen Ton ermöglichte.
Der römische Erfinder Vitruv ergänzte wenige Jahre später das Instrument durch Tasten, mit deren Hilfe Klappen an den Orgelpfeifen geöffnet beziehungsweise geschlossen werden konnten. Verschiedene Töne ließen sich durch unterschiedlich lange Pfeifen erzeugen.
Im antiken Rom war diese perfektionierte Wasserorgel so beliebt, dass sie bei allen wichtigen Gelegenheiten gespielt wurde, etwa bei Gladiatorenkämpfen.
Nachdem das Römische Reich untergegangen war, entdeckten Musikliebhaber in Bagdad und Byzanz die Wasserorgel im 8. Jahrhundert wieder. Im Jahre 757 schenkte der König von Byzanz dem fränkischen Herrscher Pippin eine Wasserorgel, was dieses Instrument auch im heutigen Deutschland bekannt machte.
Seit dem Mittelalter setzten sich Orgeln mehr und mehr auch in europäischen Kirchen durch.

Seite 105, Übung 3

Einen Rap dichten

Wichtig bei einem Rapsong ist vor allem das rhythmische Zusammenspiel von Musik und Text. Rapstücke sind gesprochene Texte, bei denen sich oft mehrere Rapper abwechseln, die gemeinsam sprechen, sich gegenseitig ins Wort fallen oder ein regelrechtes Wortgefecht führen. Die Musik ist meist ein 4/4-Takt, was im Musikjargon auch „four to the floor" genannt wird. Die Verse werden nach der von der Musik vorgegebenen Takteinheit geformt. Wer keinen eigenen Raptext dichten möchte, kann sich zum Beispiel auch bei anderen Gedichten bedienen.

Das Komma in Infinitivgruppen

Seite 106–107, Übung 1

- Ohne mit der Wimper zu zucken, ging der Boxer zu Boden.
- Mir ist es lieber, in einem ruhigen Dorf zu wohnen, als mich dem Lärm der Stadt auszusetzen.
- Daran, ein Geschenk mitzubringen, hatte er gar nicht gedacht.
- Paula versuchte(,) aus der Rolle rückwärts direkt in den Handstand zu gelangen, um ihre Mitschülerinnen zu beeindrucken.
- Zum wiederholten Mal startete er den Versuch, das Weißbrot auf der Nase zu balancieren, ohne jedoch Erfolg dabei zu haben.
- Es gibt sicherlich bessere Möglichkeiten, sein Publikum zu beeindrucken, als mit Lebensmitteln Kunststücke vorzuführen.
- Anna machte Paul darauf aufmerksam, sich zu beeilen.
- Jule bat mich(,) nach der Schule bei ihr vorbeizukommen, um die Mathematikaufgaben mit ihr durchzusprechen und dann noch gemeinsam eine DVD zu schauen.
- Anstatt immer nur laut zu protestieren, solltest du lieber einen konstruktiven Beitrag leisten, um das Problem zu versachlichen und uns weiterzuhelfen.

Texte zum Üben

Seite 107–108, Übung 1

Grandmaster Flash, die Bronx und der Rap

Die Geschichte des Rap begann Mitte der 1960er-Jahre im New Yorker Stadtteil Bronx: Das Viertel wurde verplant und zerbaut, monströse Autobahnen führten durch die einst wenigstens halbwegs attraktive Wohngegend. Die Folge: verlassene Fabriken, leer stehende Geschäfte, unsanierte Wohnhäuser aus dreckgeschwärzten Backsteinen. Keine lebenswerte Gegend. Und doch liebten viele Jugendliche, die hier aufwuchsen, „ihr" Viertel so, wie es war. Sie trotzten den randalierenden Gangs, der Armut, der Hoffnungslosigkeit, dem schlechten Ruf ihrer Bronx und entwickelten Partys in ganz eigenem Stil; Feten, die anders waren als die der Reichen in Manhattan.
Zu einer coolen Party in der Bronx brauchte es nur eine alte Fabrikhalle, einen funktionierenden Plattenspieler, ein paar heiße Scheiben und einen DJ, der den Laden durch „Scratchen" (dabei erzeugt man Töne, indem Schallplatten bei aufliegender Nadel rhythmisch hin- und herbewegt werden) zum Kochen brachte. Stürmte die Polizei die Party wegen zu lauter Musik, ging die Sause andernorts weiter.
Auf diese Weise entstand nach und nach eine ganz eigene Jugendkultur: mit Graffiti-Sprayern, B-Boying (ursprüngliche Bezeichnung für Breakdance) und lässigen Klamotten im Schlabberlook.
Grandmaster Flash, einer der angesagtesten DJs der Zeit, war ein echter Breakbeat-Akrobat. Mit allen Fingern, mit dem Ellenbogen und sogar mit der Stirn scratchte er die Platten, bis die Tanzfläche brodelte. An besonders guten Tagen war seine Platten-Akrobatik so beeindruckend, dass keiner mehr tanzte, dass alle in der Bewegung verharrten und seine Kunst bestaunten.
Die Musik der DJs war anfangs instrumental, aber Grandmaster Flash engagierte eines Tages ein paar Jungs, die im Takt seiner Musik lockere, freche und kritische Sprüche aneinanderreihten. Damit war der Rap geboren, eine Jugendbewegung nahm ihren Lauf(,) und das Publikum tanzt bis heute danach.

Gerhart Hauptmann (1862–1946): Die Weber – Eine Inhaltsangabe des Dramas

Im Hause des Textilfabrikanten Dreißiger liefern die Weber ihre in Heimarbeit gewebten Stoffe ab. Der Expedient Pfeifer, ehemals selbst Weber und jetzt ein brutaler Leuteschinder im Dienste des reichen Unternehmers, macht die Ware madig, wo er nur kann, um den Preis noch weiter zu drücken. Als die Weber um einen Vorschuss betteln, werden sie von ihm mit dem Hinweis abgekanzelt, dass man auf sie ja nicht

angewiesen sei: „Weber hat's genug." Ein junger Weber, der „rote Bäcker", versucht aufzumucken und bekommt daraufhin keine Arbeit mehr. Die anderen Weber speist Pfeifer mit Hungerlöhnen ab.
Die Angst vor dem Verlust der Arbeit erstickt jeden weiteren Protest der Weber. Ein kleiner Junge bricht vor Entkräftung zusammen. Dreißiger lässt ihn in sein Privatkontor bringen und beschwichtigt die Leute mit dem Hinweis, 200 neue Arbeiter einstellen zu wollen. In Wirklichkeit hat er mit dieser Maßnahme eine Möglichkeit, aufmüpfige Weber zu feuern und die Löhne zu drücken.
Im Elendsquartier des alten Webers Ansorge lebt und arbeitet auch die sechsköpfige Familie Baumert. Der Hund ist geschlachtet worden, weil seit Jahren kein Fleisch mehr auf dem Tisch stand. Der Reservist Moritz Jäger ist auf Heimaturlaub. Er führt Hetzreden gegen die ausbeuterischen Fabrikanten und liest das berüchtigte Weberlied vom Blutgericht vor, das die Not der Weber schildert und die Fabrikanten verflucht. Ausbeuter wie Dreißiger sind die Henker, die den Armen ihr Hab und Gut wegnehmen und kein Mitleid mit den Elenden haben. (...) Am Ende des Liedes sind sich alle in ihrer Verzweiflung einig: Es muss anders werden.
In einer Gaststube steigert sich die Unruhe unter den Webern. Das provozierende Weberlied ist mittlerweile von den Behörden verboten worden. Einzelne junge Männer heizen die Stimmung an, indem sie das Weberlied singen. Als der Gendarm Kutsche Ruhe gebieten will, wird die Lage für ihn bedrohlich. Die jungen Weber gehen auf die Straße und marschieren, das verbotene Lied singend, zu Dreißiger.
In Dreißigers Wohnung tritt der Hauslehrer Weinhold für mehr soziale Gerechtigkeit ein, wird jedoch vom Pastor Kittelhaus zur Ordnung gerufen. Dreißiger verbittet sich jegliches Humanitätsgedusel und droht Weinhold mit Entlassung.
Die aufrührerischen Weber sind im Anmarsch. Moritz Jäger ist als Rädelsführer der Weber festgenommen worden. Als die Polizei ihn gefesselt abführen will, bricht der Aufstand los. Die Weber befreien Moritz Jäger und verprügeln die Polizisten. Dreißiger kann sich mit seiner Familie gerade noch durch die Hintertür in Sicherheit bringen, bevor die aufgebrachte Menge die Villa stürmt und alles kurz und klein schlägt.
Der Weberaufstand breitet sich auf die Nachbardörfer aus. Militär ist im Anmarsch, um die Rebellion niederzuschlagen. Der fromme und alte Weber Hilse ist entsetzt über den Aufruhr und missbilligt die Gewalt, denn Gott werde es schon wieder richten. Eigensinnig in seiner Gottergebenheit bleibt er am Fenster an seinem Webstuhl sitzen und arbeitet weiter, anstatt sich den anderen anzuschließen. Es kommt zu Straßenkämpfen zwischen den Webern und dem Militär. Steine fliegen(,) und die Soldaten eröffnen das Feuer. Eine verirrte Gewehrkugel trifft den unbeteiligten Hilse tödlich.

Zitieren

Besonderheiten

Seite 111, Übung 1 **Nikolaus Lenau: Welke Rose – Eine Beschreibung und Deutung des Gedichts**

Das Liebesgedicht „Welke Rose" von Nikolaus Lenau (1802–1850) handelt von der Erinnerung eines Menschen an eine vergangene Liebe, welche durch den zufälligen Fund einer Rose zwischen den Seiten eines Buches geweckt wird.
Das Gedicht besteht aus zwei Strophen mit jeweils vier Versen. Es ist im Kreuzreim mit ausschließlich männlichen Versenden verfasst und das Metrum ist in den ersten drei Versen einer Strophe immer ein vierhebiger und im letzten Vers ein dreihebiger Jambus. Auf diese Besonderheit komme ich im weiteren Verlauf meiner Beschreibung und Deutung zurück. Der Dichter verwendet überwiegend Enjambements, welche

den Leserhythmus beschleunigen und den Verlauf der im Gedicht thematisierten Zeit zum Ausdruck bringen.

In der ersten Strophe (vgl. V. 1–4) erzählt das lyrische Ich davon, wie es **„in einem Buche blätternd" (V. 1)** eine verwelkte Rose gefunden hat. Der Vorgang des Blätterns wird durch die Alliteration **„Buche blätternd" (V. 1)**, das regelmäßige Metrum und das Enjambement **„[...] fand Ich [...] (V. 1 f.)** hervorgehoben. Blättert man in einem Buch, kann es sein, dass viele Erinnerungen geweckt werden. Einige Bücher verbergen Geheimnisse, wie in diesem Fall die Rose. Sie kann ein Symbol für eine längst vergangene und vergessene Liebe sein, was man auch daran erkennt, dass der Autor schreibt: **„Und weiß auch nicht mehr, wessen Hand sie einst für mich gepflückt." (V. 3 f.)** Das lyrische Ich kann sich also nicht mehr gut daran erinnern, wie diese Liebe war. Doch daran, dass es die Rose, die eigentlich wunderschön blüht und ein Zeichen der Liebe ist, als **„welk" (V. 2)** und **„zerdrückt" (V. 2)** beschreibt, wird deutlich, dass diese Liebe nur in dem Moment schön war, als sie blühte. Deshalb wird diese in dem Gedicht mit einer **„Welke[n] Rose" (Überschrift)** verglichen. So deutet auch die Überschrift, welche nicht gerade typisch für ein Liebesgedicht ist, darauf hin, dass jene einst so schöne Liebe genauso verblüht und in Vergessenheit geraten ist wie eine verwelkte Blume. Dieses zeigt auch das veränderte Metrum mit nur drei Hebungen im letzten Vers der ersten Strophe: **„Sie einst für mich gepflückt." (V. 4)** So wie das Metrum nicht zu einem harmonischen Ende geführt wird, so ist auch die Liebe nicht zu einem erfüllenden Ende gelangt.

Dieses wird vor allem auch in der zweiten Strophe **(vgl. V. 5–8)** deutlich. Hier spricht das lyrische Ich davon, wie die Erinnerung an das, was war, **„im Abendhauch Verweht" (V. 5 f.)**. Es ist, als würden all die schönen Erinnerungen weggeblasen. Sie sind so brüchig und leicht, dass dafür nur ein milder Luftzug nötig ist. Das lyrische Ich ist traurig darüber, dass die Erinnerung verloren geht, was durch die klagend klingende Interjektion **„Ach" (V. 5)** verdeutlicht wird. Zudem scheint es bereits sehr alt zu sein und sein vergangenes Leben mit dem Verblühen der Blume zu vergleichen. Mit der Metapher und dem gleichzeitigen Enjambement **„bald zerstiebt Mein Erdenlos" (V. 6 f.)** bringt das lyrische Ich die Aussicht auf den nahenden Tod zum Ausdruck.
Dieses verweist auch auf den Anfang des Gedichts, wo gesagt wird, dass nach langer Zeit eine Erinnerung wach wird, welche jedoch nur kurz anhält und dann verloren geht. Durch die Schlussverse **„dann weiß ich auch nicht mehr, wer mich geliebt" (V. 7 f.)** wird ebenfalls etwas wieder aufgegriffen, was in der ersten Strophe steht: die Bedeutung der Liebe. Diese ist für die Person, die sie empfunden hat, nur in dem Moment bedeutungsvoll, wenn sie blüht wie eine Rose. Im Endeffekt bedeutet sie jedoch nichts mehr und ist für den Menschen nur noch eine blasse Erinnerung, die vergeht **(vgl. V. 6)**.

Insgesamt vermittelt das Gedicht eine sehr melancholische Stimmung, die auch durch die dunklen und lang ausgesprochenen Vokale in Wörtern wie **„Abendhauch" (V. 5)** und **„Erdenlos" (V. 7)** unterstützt wird. Die Liebe wird nicht als etwas Positives, ein den Menschen stimulierendes Gefühl gesehen, sondern mit der Vergänglichkeit und sogar mit dem Tod in Verbindung gebracht. (Jenny Müller, Klasse 10)

Seite 113, Übung 2

- Dass die „Straßen rein und leer" (Z. 1) sind, lässt auf eine gewisse Sterilität des Ortes und Isolation des Ich-Erzählers schließen.
- Der Ich-Erzähler misst „diese[r] Entdeckung" (Z. 3), wie er sich ausdrückt, einen großen Wert bei.
- Das Adverb „glücklicherweise" (Z. 4) zeigt, dass eine gewisse Entspannung eintritt, es ist nämlich „ein Schutzmann in der Nähe" (Z. 4).
- Dass der Ich-Erzähler außer Atem (vgl. Z. 5) ist, verdeutlicht den psychischen Druck, unter dem er steht.
- In der Aussage „er [...] wandte sich [...] ab" (Z. 6 f.) kommt die Haltung des Schutzmanns deutlich zum Ausdruck.

Teste dein Wissen

Den Aufbau einer Argumentation untersuchen und beurteilen

Bei der Untersuchung eines argumentativen Sachtextes geht es darum (S. 39–43),

- [X] den Leser zu informieren, auf welche Art und Weise der Verfasser seinen Standpunkt zu stützen versucht.
- [ ] den Leser über den Verfasser zu informieren.
- [X] den Leser über den Inhalt des Textes zu informieren.

Für einen Leserbrief gilt (S. 43):

- [ ] Der Leserbrief sollte möglichst ausführlich sein und auf alle Argumente eingehen.
- [X] Der Leserbrief soll den eigenen Standpunkt zu einem strittigen Thema vertreten.
- [ ] Der Leserbrief darf ruhig beleidigend formuliert sein.
- [X] Der Leserbrief soll in der Einleitung die Aufmerksamkeit des Lesers auf sich ziehen, indem er auf ein strittiges Thema Bezug nimmt.

Eine textgebundene Erörterung schreiben

In der Einleitung zu einer textgebundenen Erörterung wird Folgendes benannt (S. 44):

- [X] der Verfasser des Textes,
- [ ] die Länge des Textes,
- [X] der Titel des Textes,
- [X] der Erscheinungsort und das Erscheinungsjahr,
- [ ] die Anzahl der Absätze,
- [X] das Thema,
- [ ] die Schrifttype des Textes.

Im Hauptteil einer textgebundenen Erörterung (S. 44)

- [ ] wird nur der Text wiedergegeben.
- [ ] wird nur die Kritik am Text erläutert.
- [X] wird der Text kurz wiedergegeben und die Argumentation des Textes kritisch betrachtet.

Zum Schluss einer textgebundenen Erörterung (S. 44)

- [X] kann man einen Ausblick auf Lösungsmöglichkeiten des strittigen Problems geben.
- [X] kann man seine eigene Position verdeutlichen.

Ein Gedicht beschreiben und deuten

Welche Fachbegriffe gehören zur Analyse eines Gedichts? (S. 12)

- [X] Vers
- [X] Strophe
- [ ] Szene
- [ ] Kapitel
- [X] Reim
- [ ] Erzähler
- [X] Metrum

Von seiner natürlichen Betonung her ist das Wort „Gedicht" (S. 15)

- [X] ein Jambus.
- [ ] ein Trochäus.

Von seiner natürlichen Betonung her ist das Wort „Sonderfall"

- [X] ein Daktylus.
- [ ] ein Anapäst.

**Bei den Versen „Und am Mittwoch mussten wir darben,/
Und am Donnerstag litten wir Not" handelt es sich um (S. 17)**

- [ ] eine Alliteration.
- [ ] eine Klimax.
- [X] einen Parallelismus.

Eine Parabel beschreiben und deuten

Eine Parabel ist (S. 18)

- [ ] eine Form des Dramas.
- [X] eine lehrhafte Erzählung.
- [ ] eine Tiergeschichte.

Für eine Parabel gilt (S. 18):

- [ ] Der Text enthält in der Regel nur die Bildhälfte.
- [ ] Der Text enthält die Bildhälfte und erläutert die Übertragung auf einen allgemein menschlichen Sachverhalt.
- [X] Der Leser einer Parabel muss die Übertragung der Bildhälfte auf den allgemein menschlichen Sachverhalt selbstständig vollziehen.

Die Parabel „Die Brücke" von Franz Kafka handelt von (S. 18)

- [ ] einer Naturkatastrophe, bei der eine Brücke einstürzt.
- [ ] von der Fehlkonstruktion einer Brücke, die deshalb einstürzt.
- [X] dem vergeblichen Versuch eines Menschen, seine Existenz zu rechtfertigen.

Einen argumentativen Sachtext analysieren

Bei der Analyse eines argumentativen Sachtextes geht es darum (S. 34),

- [ ] die Auffassung des Verfassers zu kritisieren und eine eigene Position dagegenzustellen.
- [x] den Leser über den Inhalt des Textes zu informieren.
- [x] die Art und Weise zu untersuchen, wie der Verfasser seinen Standpunkt argumentativ und sprachlich unterstützt.

Die Kommunikation in einem Dialog untersuchen (S. 25)

Dem Psychologen Friedemann Schulz von Thun zufolge enthält die Äußerung einer Person folgende vier Botschaften:
1) Sachinformation,
2) Selbstoffenbarung,
3) Beziehungshinweis,
4) Appell.

Die Mutter sagt zu ihrer 17-jährigen Tochter: „Zieh dich warm an, draußen ist es kalt." Entscheide bei den folgenden „Botschaften", ob sie eine Sachinformation (S), eine Selbstoffenbarung (SO), einen Beziehungshinweis (B) oder einen Appell (A) darstellen:

Zieh die warme Jacke an. (A)
Es ist kalt draußen und man erkältet sich leicht. (S)
Ich habe Angst, dass sich meine Tochter erkältet. (SO)
Du bist noch nicht selbstständig genug, um zu entscheiden, was du anziehen musst. (B)

Wortarten im Überblick

Bei welchem der fett gedruckten Wörter handelt es sich um ein Adverb? (S. 53)

- [ ] Das Fahrrad fährt wieder **gut**.
- [x] Das habe ich schon **oft** gesagt.
- [ ] Bei Glatteis muss man sehr **vorsichtig** fahren.
- [x] **Gestern** hatte ich einen Unfall.

Entscheide, um was für ein Adverb es sich handelt (S. 54). Nutze dazu folgende Abkürzungen: Lokaladverb: L; Temporaladverb: T; Modaladverb: M; Kausaladverb: K.

folglich (K)
gern (M)
beinahe (M)
draußen (L)
manchmal (T)

Die Sichtweise einer Aussage – Aktiv und Passiv (Genus Verbi)

Entscheide, ob es sich bei den folgenden Sätzen um ein Vorgangspassiv (V) oder ein Zustandspassiv (Z) handelt. (S. 57)

Karl der Große wurde 747 n. Chr. geboren. (V)
Mit der Übernahme der Alleinherrschaft war ein wichtiger Schritt in der Karriere von Karl erreicht. (Z)
Im Jahre 800 n. Chr. wurde Karl von Papst Leo III. gekrönt. (V)

Die Aussageweisen des Verbs: die unterschiedlichen Modi und ihre Funktionen

Vervollständige die folgenden Sätze mithilfe der Verben in Klammern. (S. 59)

Was wäre, wenn ...
es in diesem Winter viel schneite/schneien würde.
es ist im nächsten Sommer kein Eis gäbe/geben würde.
wir fünfmal im Jahr in den Urlaub führen/fahren würden.

Was wäre gewesen, wenn ...
es im letzten Sommer nicht so viel geregnet hätte.
wir noch mehr Eis gegessen hätten.
ich vergessen hätte, den Wasserhahn zuzudrehen.

Forme die folgenden Aussagen in indirekte Rede um. (S. 63)

Der Torwart sagte, er werde heute hoffentlich kein Eigentor schießen.
Der Verteidiger sagte, dann schieße er vielleicht eins.

Satzglieder im Überblick

Trenne im folgenden Satz die Satzglieder ab und bestimme die Satzglieder. Nutze dazu die Abkürzungen von S. 66.

S P DO AO
Die Regierung/erlässt/den Bürgern/die Steuererhöhung.

AB-Z P S PRÄ
Bis zum letzten Spieltag/war/Paul/unser Torschützenkönig.

Satzgefüge und Satzreihe

Bestimme, ob es sich bei den folgenden Sätzen um eine Satzreihe (SR) oder ein Satzgefüge (SG) handelt. (S. 69)

Erst schoss er ein Eigentor, dann schoss er den Ausgleichstreffer und zum Schluss gelang ihm der Siegtreffer. (SR)
Nachdem er das Siegtor geschossen hatte, lief er zu dem Mittelfeldspieler, um sich bei ihm für den guten Pass zu bedanken. (SG)

Welche Grafik gehört zu dem folgenden Satz? (S. 69)

Der Trainer bot seinen Rücktritt an, nachdem das entscheidende Spiel, bei dem es um den Abstieg ging, verloren gegangen war.

[X]

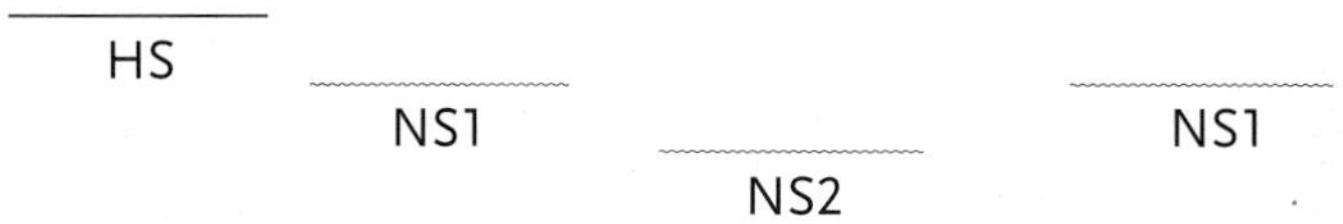

Lange Vokale – kurze Vokale

Setze den fehlenden i-Laut ein. (S. 79)

Maschine, Liebe, Diebe, Ruine

Was ist richtig? (S. 81)

- [x] Er widersprach mir.
- [ ] Er wiedersprach mir.
- [ ] Er wiedersetzte sich.
- [x] Er widersetzte sich.
- [x] Er wiederholte sich.
- [ ] Er widerholte sich.

Was ist richtig? (S. 82)

- [x] Katze
- [ ] Kaze
- [ ] Heze
- [x] Hetze
- [x] Ärzte
- [ ] Ärtze
- [ ] schertzen
- [x] scherzen

Fremdwörter richtig nutzen und richtig schreiben

Setze den richtigen Fachbegriff ein. (S. 84)

Gegenständen, Pflanzen oder Tieren werden menschliche Verhaltensweisen zugeordnet:
Personifikation

Der Sprecher meint das Gegenteil dessen, was er sagt:
Ironie

Übertreibung:
Hyperbel

Groß- und Kleinschreibung

Was ist richtig? (S. 76)

Orts- und Herkunftsnamen auf -er werden ...

- [x] großgeschrieben.
- [ ] kleingeschrieben.

- [ ] der atlantische Ozean
- [x] der Atlantische Ozean

Zusammen oder getrennt?

Was ist richtig? (S. 88 ff.)

- [ ] Wer fahrradfährt, sollte die Verkehrsregeln gut kennen.
- [ ] Wer fahrrad fährt, sollte die Verkehrsregeln gut kennen.
- [x] Wer Fahrrad fährt, sollte die Verkehrsregeln gut kennen.

- [ ] Ich bin noch nie dagewesen.
- [x] Ich bin noch nie da gewesen.

- [x] Schaltet die Ampel rot, muss man stehen bleiben.
- [ ] Schaltet die Ampel rot, muss man stehenbleiben.

- [ ] Viele berühmte Persönlichkeiten sind in der Schule einmal sitzen geblieben.
- [x] Viele berühmte Persönlichkeiten sind in der Schule einmal sitzengeblieben.

s-Laute

Bilde den Plural zu (S. 93) ...

Erkenntnis: Erkenntnisse
Begräbnis: Begräbnisse
Zeugnis: Zeugnisse

„das“ oder „dass“?

Setze „das“ oder „dass“ ein. (S. 97)

Paul sagt, morgen werde es regnen. Ich glaube das nicht.
Ich glaube nicht, dass es morgen regnet.
Ich glaube nicht, dass das Wetter morgen schlecht wird.

Zeichensetzung – Das Komma

Trage in die folgenden Sätze die fehlenden Kommas ein. (S. 99)

Es war für ihn eine Überraschung, die beste Arbeit geschrieben zu haben.
Er hatte viel geübt, das Training ausfallen lassen und auf den Fernsehkrimi verzichtet.
Die Aufgabe, die der Lehrer gestellt hatte, war nicht leicht gewesen.
Er hatte nicht geglaubt, dass er eine Arbeit, die so schwer war, ohne Fehler schreiben würde.
Klaus, sein bester Freund, hatte allerdings auch nur einen Fehler gemacht.

Zitieren

Setze die Anführungszeichen. (S. 109 f.)

Der Begriff „Schutzmann“ hat in Kafkas Parabel „Gibs auf“ eine besondere Bedeutung.

Den Aufbau einer Argumentation untersuchen und beurteilen

Bei der Untersuchung eines argumentativen Sachtextes geht es einerseits darum, den Leser über den Inhalt des Textes zu informieren. Darüber hinaus soll untersucht werden, auf welche Art und Weise der Verfasser seinen Standpunkt argumentativ zu stützen versucht. Diese Untersuchung ist dann die Grundlage für eine Wertung der Argumentation: Man überlegt, inwieweit die Argumentation überzeugen kann.
Eine oft genutzte Form der Beurteilung einer Argumentation ist der Leserbrief.

Macht Computerspielen dumm?

Studie: Zu viel Medienkonsum lässt schulische Leistungen abfallen

Längst ist es kein Geheimnis mehr: Die Computer- und Unterhaltungsindustrie hat schon die Kleinsten fest im Griff. Doch jetzt schlagen Neurobiologen und Kriminologen Alarm. Kinder müssen dringend lernen, mit der faszinierenden virtuellen Welt umzugehen. Tun sie das nicht, besteht die Gefahr, dass ihre Leistungen in der Schule eklatant einbrechen.
Kann man sich dumm und dämlich spielen? Ja – lautet die Antwort –, und zwar richtig ernsthaft! Schlimme Auswirkungen hat das vor allem für die Kinder, die stunden- und tagelang vor dem Computer sitzen. Ist einmal die Kinderzimmertür zu, stören sie zwar die gestressten Eltern nicht mehr, gucken und spielen sich aber selbst regelrecht krank. Medienkonsum macht dumm und behindert besonders Jungen beim Aufstieg in höhere Schulen. Zu diesem Ergebnis kommen die [...] Erhebungen des Kriminologischen Forschungsinstituts Niedersachsen.

Ein Glücksgefühl nach dem anderen

Bei Erfolgserlebnissen wird im Gehirn der Botenstoff Dopamin ausgeschüttet. „In der Sprache der Neurobiologen heißt es, dass Computerspiele Dopamin-Duschen ausschütten, also ein Glücksgefühl nach dem anderen", erklärt der Kriminologe Christian Pfeiffer. Der normale Erfolgsweg über viel Lernen und dann eine gute Note schreiben, werde dann uninteressant.
Die Untersuchungen des renommierten Hirnforschers Henning Scheich stützen den Verdacht, dass unmäßiges Videospielen erfolgreiches Lernen verhindert. Der Prozess der Verwandlung von Information in Wissen benötige mindestens 24 Stunden sowie Ruhe und Muße, erklärt Scheich. Der Alltag der Kinder heute aber sei genau das Gegenteil. Kaum zu Hause, wird der Fernseher angestellt oder am Computer gespielt. Die Informationen der Bilder landen dabei in denselben Gehirnarealen wie der Schulstoff, der damit von der Flut der Reize überschwemmt wird. Wenn sich diese Reizüberflutung Tag für Tag summiere, würden die schulischen Leistungen mit Sicherheit abfallen, meint Scheich.

Grenzen setzen

Viele Eltern, die die Entwicklung im Bereich der Computerspiele nicht verfolgt haben, lassen ihre Kinder gewähren, bis das Spiel zur Sucht geworden ist. Was also tun, um ein Abdriften der Kinder in mediale Parallelwelten zu verhindern? Die oft gepriesene Erziehung zu mehr Medienkompetenz habe versagt, meinen Kritiker wie der Schulpsychologe Werner Hopf. Medienkompetenz verstanden als Jugendschutz sei eine Illusion, sagt er. Stattdessen sollten die Kinder mehr an die Hand genommen werden und es sollten ihnen vor allem Grenzen gesetzt werden. „Sonst müssen wir uns vielleicht damit abfinden, dass unsere neuen Generationen in gewisser Weise dümmer sind."

(www.frontal21.zdf.de; 30.11.2004)

1. Lies den Text und kläre unverständliche Aussagen mithilfe eines Lexikons bzw. eines Partners.

2. Teile den Text in einzelne Sinnabschnitte ein. An einer Stelle kannst du zwei Textabschnitte zu einem Sinnabschnitt zusammenfassen. Formuliere zu jedem der Absätze eine Frage, auf die der Inhalt eine Antwort gibt, und notiere sie in deinem Heft.

3. Benenne das Thema des Artikels, indem du zutreffende Aussagen ankreuzt.

- ☐ In dem Text geht es darum, dass die Unterhaltungs- und Computerindustrie alle Kinder und Jugendlichen in ihrer Gewalt hat.
- ☐ Das Thema des Artikels ist die Dummheit der heutigen Jugend im Vergleich zu früher.
- ☐ Thematisch geht es in dem Text um die z. T. verheerenden Folgen, die ungehemmter und unkontrollierter Medienkonsum, insbesondere das Computerspielen, auf die psychische Gesundheit und die schulischen Leistungen heutiger Schülerinnen und Schüler hat.
- ☐ In dem Text geht es darum, dass die Eltern heutiger Kinder und Jugendlicher gegen den problematischen unkontrollierten Medienkonsum ihrer Zöglinge nichts unternehmen können.

4. Erläutere den Zusammenhang zwischen den beiden folgenden Sätzen a) und b). Kreuze dann die richtige Lösung an.

a) Computerspiele schütten „Dopamin-Duschen", also „ein Glücksgefühl nach dem anderen", aus. (Zeile 12–13)

b) Der normale Erfolgsweg über viel Lernen und Schreiben einer guten Note werde dann uninteressant. (Zeile 14–15)

- ☐ Satz b) **erläutert** die Aussage von Satz a), indem er genauere Informationen benennt.
- ☐ Satz b) beschreibt die **Folgen** und **Konsequenzen** für die in Satz a) getätigte Aussage.
- ☐ Satz b) liefert ein **Beispiel** für die Begründung in Satz a).
- ☐ Satz b) **begründet** Satz a).

5. Ob ein Argument überzeugt oder nicht, hängt von seinem Inhalt und seinem Aufbau ab. Suche Beispiele für die folgenden Argumentationstypen aus dem Artikel heraus.

Argumentationstyp	Beschreibung/Inhalt	Beispiele (Zeilenangabe)
Autoritätsargument	Berufung auf eine/n anerkannte/n Autorität/Experten	
Normatives Argument	Bezug auf allg. Werte, Gesetze, Normen	
Faktenargument	Unstrittige, nachvollziehbare Tatsache stützt eine Aussage	

6. Um auf einen kontroversen Text angemessen antworten zu können, solltest du die darin genannten Argumente kennen. Notiere zunächst die im Text angeführten Argumente auf der linken Seite (Pro-Argumente). Übernimm dazu die Tabelle in dein Heft.

These: „Computerspielen macht dumm und mindert die schulischen Leistungen von Schülern."

PRO-Argumente	KONTRA-Argumente
1.	
2.	
3.	
4.	

7. Versuche, einzelne Argumente zu entkräften, indem du Gegenargumente formulierst. Du findest im Folgenden mögliche Einwände gegen die Argumentation. Trage sie in die entsprechende Spalte der Kontra-Argumente ein:

- Es gibt für die Tatsache, dass Jungen in der Schule schlechtere Lernleistungen als Mädchen erzielen, auch noch andere Gründe. So wählen überdurchschnittlich viele Frauen den Lehrberuf und benachteiligen häufig unbewusst ihre männlichen Schüler, denen eine männliche Identifikationsfigur in der Schule fehlt.
- Jeder Mensch braucht ein Hobby, bei welchem er von den Anstrengungen des Alltags entspannen kann. Die These des Textes ist zu pauschal und übertrieben, da es sicher auch computerspielende Schüler gibt, die gute Noten erzielen.
- Über welchen Zeitraum wurden hier empirische Untersuchungen durchgeführt? Wie viele Probanden wurden untersucht? Wer hat die Ergebnisse kontrolliert?
- Bestimmte Computerspiele fördern die soziale und taktische Intelligenz junger Menschen, weil sie nur im Zusammenspiel mit anderen Mitspielern funktionieren.

8. Im folgenden Text wird im Rahmen eines Leserbriefes zu dem Text „Macht Computerspielen dumm?“ Stellung genommen. Verknüpfe die folgenden Sätze mithilfe von Konjunktionen und Adverbien des Wortspeichers sinnvoll miteinander.

In dem Artikel wird die zunehmende Verblödung mediennutzender Jugendlicher propagiert, ______________ dabei auf die Unterschiede in der Art und Weise einzugehen, wie diese Medien genutzt werden. Pauschal wird die drohende Dummheit der neuen Generation behauptet, ______________ es viele Kinder und Jugendliche gibt, die moderne Medien wie den Computer äußerst verantwortungsvoll nutzen, ______________ man eben diesen Jugendlichen mit dem Vorwurf Unrecht tut. Viele Vergleichsuntersuchungen mit Lernergebnissen aus den 50er- und 60er-Jahren belegen ______________, dass die heutige Schülergeneration insgesamt über mehr Wissen und damit über einen höheren Bildungsgrad verfügt. ______________ gibt es sicher die im Text beschriebenen Phänomene wie die Computerspielsucht, ______________ das betrifft sicher nicht den großen Teil der heutigen Jugend. ______________ werden in dem Text viele positive Effekte der modernen Mediennutzung verschwiegen, ______________ man den Text als einseitig charakterisieren könnte. ______________ Jugendliche ihre Texte für eine Aufgabe im Deutschunterricht direkt am Computer herstellen, ist es ihnen z. B. viel leichter und ohne großen Aufwand möglich, diese später zu überarbeiten bzw. zu korrigieren. ______________ bilden sich bei bestimmten Strategiespielen am Computer durchaus kognitive Kompetenzen, welche die Jugendlichen im realen Leben nutzen können.

Wortspeicher: indem/ferner/zwar ... aber/sodass (2x)/ohne/obwohl/außerdem/des Weiteren

9. Überlege, welche Meinung du selbst zu der umstrittenen These des Artikels hast. Notiere sie.

10. Schreibaufgabe: Verfasse einen **Leserbrief**, in welchem du auf die Hauptthese des Artikels „Macht Computerspielen dumm?“ kritisch eingehst. Halte dich dabei formal an die Vorgaben des Infokastens „Aufbau eines Leserbriefs“. Notiere den Leserbrief in deinem Heft.

Der Aufbau eines Leserbriefs

Die *Einleitung* soll die Aufmerksamkeit des Lesers wecken. Dazu greifst du das strittige Thema auf. Nutze Formulierungen wie „In dem Artikel wird behauptet, dass ...“.
Im *Hauptteil* begründest du deine Meinung. Um den Denkprozess der Leser anzuregen, ist es ausreichend, wenn du dich auf einen oder zwei strittige Punkte beziehst. In einem Leserbrief ist kein Platz, das Problem ausführlich zu beleuchten. Bringe daher wichtige Argumente auf den Punkt und schweife nicht zu weit ab, sonst wird der Leserbrief eventuell nicht gedruckt.
Im *Schlussteil* kannst du eine Folgerung ziehen oder eine Forderung aufstellen.

Schreibziel: Es sollte klar werden, ob und warum du einen Standpunkt kritisierst, ihn unterstützt oder aber ergänzt. Im Leserbrief solltest du „Farbe bekennen“, eine Meinung vertreten, ohne dabei beleidigend zu werden.

Eine textgebundene Erörterung schreiben

Definition

Anders als bei der dir bereits bekannten Pro-und-Kontra-Erörterung geht es bei der textgebundenen Erörterung nicht nur um das Abwägen verschiedener Argumente, sondern auch um deine argumentative Reaktion auf einen dir vorgegebenen Text zu einem häufig kontroversen Thema.

Einleitung

Benenne den Verfasser, den Titel, den Erscheinungsort, das Erscheinungsjahr und das zentrale Thema des Textes. Vielleicht kannst du das Thema an ein aktuelles gesellschaftliches Ereignis anbinden.

Hauptteil

a) Textwiedergabe: Formuliere (im Präsens) eine kurze Inhaltsangabe des Textes. Untersuche die Art und Qualität der Argumentation der Textvorlage(n). Ist die Argumentationsstruktur linear oder dialektisch, werden also nur Pro- oder auch Kontra-Argumente diskutiert?

b) Textkritik: Setze dich mit den Argumenten des Autors kritisch auseinander und verdeutliche begründet deine eigene Position zum Thema. Wichtig: Es sollte für den Leser immer ersichtlich sein, ob du gerade eine Position der Textvorlage behandelst oder aber deine eigene Position entwickelst. Trenne daher nach Möglichkeit Analyse und Erörterung. Natürlich kannst du auch auf Argumente eingehen, die in der Textvorlage nicht erwähnt werden, und diese nutzen.

Schluss

Hier kannst du einen Ausblick auf mögliche Lösungsmöglichkeiten oder weitere Problematisierungen geben. Ebenso ist es möglich, zentrale Argumente abschließend zusammenzufassen und daraus die eigene – zustimmende, ablehnende oder abwägende – Position darzustellen.

Macht das Internet doof?

Es ist ein Paradox: Nie zuvor in der Geschichte gab es mehr Informationen, nie zuvor hatten mehr Menschen rund um die Erde [...] Zugang zu Wissen, Bildung und Kommunikation. Ein Traum wurde Wirklichkeit. Von einem „riesigen dynamischen Ökosystem des Wissens“ schwärmt Wikipedia-Gründer Jimmy Wales. „Wer braucht noch ein Gedächtnis, wo es doch Google gibt?“, jubelt das Fachblatt „Wired“. [...] alle nutzen ein Medium, das ihr Leben erleichtert, sie können jederzeit informieren, [...] können kommunizieren, arbeiten oder sich unterhalten lassen, sie können an fast jedem Ort shoppen, eine Reise buchen oder eine Überweisung ausstellen. Das ist die schöne Seite.

Aber es gibt auch eine andere, weniger schöne. Denn das Netz ist verführerisch, es verleitet dazu, sich in ihm zu verlieren, seine Zeit zu verschwenden [...]. Das größte Problem des Internets ist die Kehrseite seines größten Vorteils – das Überangebot an Informationen. Suchmaschinen liefern zwar Millionen Treffer auf alle möglichen Fragen und sortieren sie hierarchisch quasi nach ihrer Beliebtheit im Netz – sozusagen Relevanz durch Plebiszit[1]. Kritische Vernunft jedoch hat Google in seinen Algorithmen[2] noch nicht eingeführt. „In der Informationsgesellschaft denkt keiner mehr nach. Wir erwarteten, dass wir Papier aus unserem Leben verbannen, stattdessen haben wir die Gedanken verbannt": So schrieb es Michael Crichton[3] schon 1990 in „Jurassic Park". Jetzt, nach 10, 15 Jahren Intensivarbeit mit dem Internet, hat eine Debatte über die Nebenwirkungen der Info-Explosion begonnen. „Früher war ich ein Taucher im Ozean der Worte", schreibt der [...] Autor Nicholas Carr, „nun surfe ich wie ein Typ auf Wasserskiern über die Oberfläche." Stundenlanges Lesen, komplizierte Gedankengänge verfolgen, all das bereite ihm mittlerweile Schwierigkeiten. Und anderen Intellektuellen gehe es ebenso. Die Lektüre von Tolstois „Krieg und Frieden" sei ihm unmöglich geworden, erzählte ihm einer, mehr als drei, vier Absätze am Stück lesen sei nicht mehr drin, nicht mal bei Blogs. [...]

In einem Pamphlet[4] über die vermeintliche Verdummung von Amerikas Jugend zieht Mark Bauerlein, ein Englischprofessor aus Atlanta, über einen aus seiner Sicht nie zuvor da gewesenen Bildungsverfall her. „Alle Vorteile der Hightech-Gesellschaft stehen ihnen offen, Quellen des Wissens sprudeln überall", schreibt sich der wütende Gelehrte warm. Und was macht die Jugend damit? Sie ist mit Runterladen, Hochladen, Chatten und Networken beschäftigt. Neun ihrer Top-Ten-Web-Seiten sind Social Networks. Sie kennen Snoop Dogg[5] und gucken verständnislos, wenn man über das Prinzip der Gewaltenteilung spricht – so sieht es der zornige Professor: „Sie sind die dümmste Generation."

Freilich: Den Vorwurf, junge Leute läsen zu wenig, gibt es wahrscheinlich so lange, wie Bücher im Umlauf sind. Und auch die meisten Bücherfreunde begeistern sich eher für seichte Unterhaltungsschmöker als für Goethe und Thomas Mann. Viele Jugendliche, die mit dem Internet aufwachsen, lesen und schreiben vermutlich deutlich mehr, als es ihre Vorgängergeneration in vordigitalen Zeiten tat. Moderne Kommunikationsmedien trainieren das Gehirn, besser und schneller zu denken, argumentiert US-Autor Steven Johnson („Everything bad is good for you"). [...]

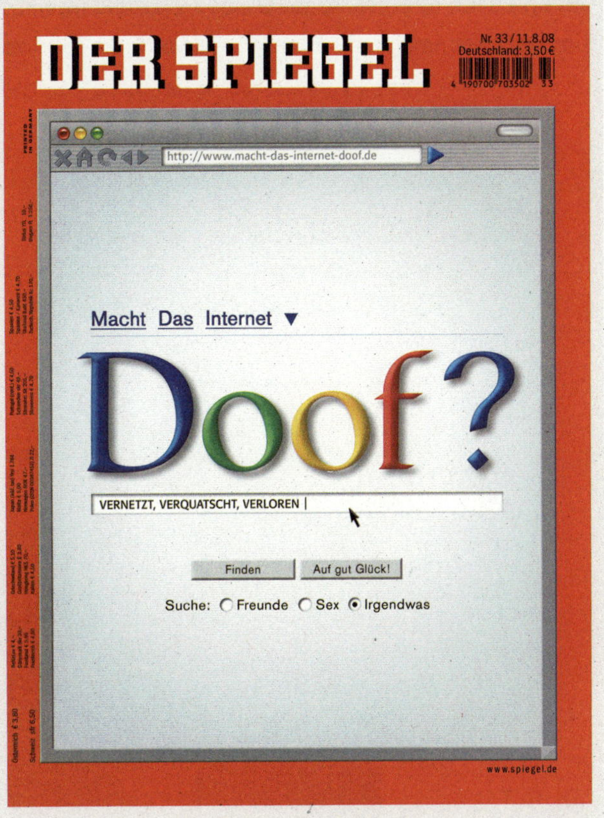

Was aber passiert tatsächlich im Kopf, wenn Schüler, Studenten oder Manager jahrelang exzessives Multitasking[6] betreiben, wenn sie gleichzeitig Textnachrichten schreiben und Autofahren (ein bei knapp einem Drittel der US-Jugendlichen verbreitetes Verhalten) oder wenn sie im selben Moment telefonieren, im Internet surfen, E-Mails checken und nebenher Musik vom iPod dröhnt? Lässt dann tatsächlich die Gehirnleistung nach – oder treibt der Informationsrausch im Gegenteil die Nervenzellen zu immer neuen Höchstleistungen an? [...] Norman Doidge [...] ist Psychiater und Psychoanalytiker [...]. In zahlreichen Patientengesprächen hat er erfahren, wie beispielsweise der massive Konsum von Internet-Pornografie das Gehirn umprogrammiert und, wie bei Säuglingen, zu Abhängigkeiten führen kann. Solche Patienten [...] verhielten sich am Computer wie Ratten im Tierversuch: Sie drücken auf genau jene

1 Volksabstimmung
2 hier: Suchbedingungen
3 amerikanischer Schriftsteller (1942–2008)
4 bissige Streitschrift
5 amerikanischer Rap-Musiker

6 mehrere Dinge auf einmal tun

Tasten, die ihnen eine Dosis Dopamin, als Glücksbotenstoff, bescheren. Doch selbst der ganz normale Zustrom von E-Mails und Nachrichten kann bei Patienten so etwas wie pawlowsche Reflexe auslösen, unfreiwillige Reaktionen auf immer gleiche Ereignisse. Das Postfach blinkt – sofort wird geklickt. [...] Früher musste man sich Wissen mühsam aneignen und ein Leben lang merken. Kritikfähigkeit, das Trennenkönnen zwischen wichtig und bedeutungslos, war entscheidend, denn der Speicherplatz war begrenzt. Jetzt dagegen haben wir das „Internet als großes Lagerhaus für Informationen. Wir glauben, es reicht uns aus, wenn wir damit interagieren können", sagt er. Die Folge: Das Erinnerungsvermögen nimmt ab, und auch die Urteilskraft schrumpft. Im Grunde ist es nicht anders als beim Essen. Doidge denkt dabei an die grassierende Fettsucht unter Amerikanern und Europäern. „Das Internet ist wie ein riesiger Kühlschrank, mit Junk-Info gefüllt", ein Überangebot an intellektuellem Fast Food also, sagt er, das umgehende Sättigung verspreche – die Konsumenten aber mental verfette. Nur ganz hinten in der Ecke seien ein paar gesunde, nahrhafte Happen versteckt, die man aber nur mit ausreichender Vorbildung finde. Sein Rezept ist deshalb eine drastische Informationsdiät. [...]

(Der Spiegel, Nr. 33/11.08.2008, S. 80–92; in Auszügen)

Einen Text verstehen

1. Um was geht es in dem Text im Ganzen? Bestimme das Thema des Textes, indem du zutreffende Aussagen ankreuzt.

Das **Thema** des Textes ...

- ☐ beschreibt die Folgen des Internetkonsums für das Kommunikationsverhalten der Menschen untereinander.
- ☐ beinhaltet die Empfehlung, auf die Nutzung des Internets in Zukunft zu verzichten.
- ☐ sind die denkbaren Gefahren eines unkritischen Internetkonsums für junge Menschen.
- ☐ ist die Weigerung der Menschen, sich im Internetzeitalter noch auf längere Lektüren einzulassen.
- ☐ ist die Veränderung des menschlichen Denkens durch den unkritischen Konsum neuer Medien.

2. Welche Vorteile bieten sich dem modernen Menschen durch das Internet? Gehe auf mindestens drei der im Text erwähnten Vorzüge dieses modernen Mediums ein.

„Suchmaschinen liefern (...) Millionen Treffer auf alle möglichen Fragen und sortieren sie hierarchisch quasi nach ihrer Beliebtheit im Netz – sozusagen Relevanz durch Plebiszit.“

3. Welche der folgenden Aussagen bezieht sich in zutreffender Weise auf das Zitat?

- ☐ Im Internet herrscht Demokratie. Das ist für die Qualität der durch Suchmaschinen gelieferten Informationen von großem Vorteil, weil niemand anderen die Wahrheit vorschreiben kann.
- ☐ Für die Recherche im Internet ist es vorteilhaft, dass man von den Suchmaschinen die beliebtesten Seiten im Netz angeboten bekommt.
- ☐ Bei der Internetrecherche bekommt man Seiten angeboten, die von vielen Usern angeklickt worden sind. Über die Qualität und Korrektheit der Informationen kann man sich aber nicht sicher sein.
- ☐ Die Informationen aus dem Internet sind häufig weniger verlässlich als aus einem Sachbuch.

4. Für Norman Doidge enthält das Internet ein „Überangebot an intellektuellem Fast Food [...], das umgehende Sättigung“ (Z. 110 ff.) verspricht. Um welches sprachliche Bild handelt es sich bei der Formulierung „intellektuelles Fast Food“?

☐ Personifikation ☐ Symbol ☐ Metapher ☐ Paradoxon

5. Erläutere, was das sprachliche Bild ausdrückt.

6. Erläutere mit eigenen Worten, was die folgende Metapher ausdrückt:

„Früher war ich ein Taucher im Ozean der Worte“, [...] „nun surfe ich wie ein Typ auf Wasserskiern über die Oberfläche.“ (Zeile 34 ff.)

Den Aufbau von Argumenten und die Argumentationsstruktur eines Textes analysieren

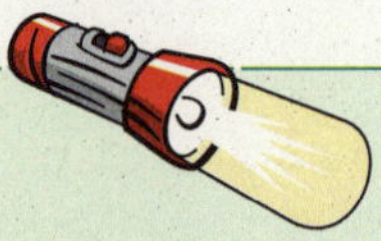

Um die Qualität eines argumentierenden Textes beurteilen zu können, kannst du den Aufbau der einzelnen Argumente untersuchen. Wie ein überzeugendes Argument im Idealfall aufgebaut ist, kannst du der nachfolgenden Skizze entnehmen.

1. Überprüfe den Aufbau einiger Argumente, die im Text genannt werden, indem du im Schaubild entsprechende Eintragungen vornimmst. Für weitere Argumente kannst du eine analoge Skizze in deinem Deutschheft anlegen.

These/Behauptung: „Das Internet macht die Jugend zu dummen Menschen, weil ..."

Argumente/Begründung: ____________________

____

Beispiele		**Belege**	
eigene Erfahrungen:	Berufung auf anerkannte Autoritäten	gemeinsame Ziele/ anerkannte Normen	statistische Angaben
____________	____________	____________	____________
____________	____________	____________	____________
(Zeile ___–___)	(Zeile ___–___)	(Zeile ___–___)	(Zeile ___–___)

2. Lies den Text ein weiteres Mal. Notiere dabei stichpunktartig sowohl die Argumente, welche die These des Textes stützen, als auch die Argumente, die ihr widersprechen, in der folgenden Tabelle.

„Macht das Internet doof?" (SPIEGEL-Artikel)	
PRO-Argumente	**KONTRA-Argumente**
•	•
•	•
•	•
•	•

•	•
•	•
•	•
•	•

3. Welche weiteren im Text nicht genannten Argumente für oder gegen die „Verdummungsthese“ durch die neuen Medien fallen dir noch ein? Du kannst zur weiteren Information auch den Text „Macht Computerspielen dumm?“ auf S. 39 lesen und auswerten.

Weitere eigene Argumente zur These **„Die neuen Medien sind gefährlich“**:

PRO-Argumente	KONTRA-Argumente
•	•
•	•
•	•
•	•

4. Bestimme die Absicht oder die Intention des Textes, indem du zutreffende Aussagen ankreuzt.

- ☐ Der Text enthält eine Warnung vor allzu unkritischer Internetnutzung.
- ☐ Der Text will in ausgewogener Weise die Vor- und Nachteile des Internets darlegen.
- ☐ Der Text beschimpft die jüngere Generation in unbegründeter Art und Weise.
- ☐ Der Text zeigt, wie das Internet uns Menschen beim Nachdenken entlasten und unterstützen kann.

Zu einem eigenständigen Urteil gelangen – sich eine Meinung bilden

1. Bei den folgenden Aussagen handelt es sich um Reaktionen von Lesern des SPIEGELS auf den Artikel. Welcher Meinung kannst du dich am ehesten anschließen? Begründe anschließend deine Entscheidung.

- Technik kann nie direkte menschliche Kommunikation ersetzen. Siehe Disharmonien im zwischenmenschlichen Bereich, sei es in Beziehungen, in Familien und im Freundeskreis. Der Computer fördert die Isolation! Weg von der Virtualität – zurück zur Lebensvitalität.

- Die Gedanken sind zu unser aller Glück frei, und ich entscheide, was ich lese und im Internet anklicke. Jeder entscheidet für sich allein, ob er sich bilden oder verblöden will.

- Die Deutschen verweilen im Schnitt 58 Minuten pro Tag im Internet? Ich habe mich ins Netz begeben und – Google sei Dank – eine Quelle gefunden. Solange die Deutschen noch im Schnitt 4,7 Stunden am Tag vor der Glotze hocken, lasse ich mir den Spaß im Internet nicht vermiesen.

- Die Antwort auf die Frage, ob das Internet doof macht, hängt davon ab, wie weit sich der Mensch von diesem Medium manipulieren lässt. Ein starkes Individuum kann sich durch seine geistige Leistungsfähigkeit der Versuchung, stumpfsinnig zu werden, widersetzen.

(SPIEGEL, Nr. 34/2008, Leserbriefe)

Begründung:

2. Wie gefährlich sind die neuen Medien? – Verfasse nun zu dieser dir am Anfang gestellten Frage eine **textgebundene Erörterung**. Orientiere dich beim Aufbau deines Aufsatzes an dem obigen Infokasten.

Grammatik üben

Wortarten im Überblick

Man unterscheidet Wortarten, die im Satzzusammenhang ihre Form verändern, und solche, die sich nicht verändern. Man spricht auch von flektierbaren und nicht flektierbaren Wortarten.

Wortarten, die **flektierbar** sind:

Wortart	Beispiel
Verb (Zeitwort, Tätigkeitswort)	gehen, ich gehe
Nomen/Substantiv (Namenwort, Hauptwort)	Haus, Häuser
Artikel (Geschlechtswort, Begleiter)	
bestimmter Artikel	der, die, das
unbestimmter Artikel	ein, eine, ein
Adjektiv (Eigenschaftswort)	schön, schöner
Pronomen (Fürwort)	
Personalpronomen (persönliches Fürwort)	ich, mir, du
Possessivpronomen (besitzanzeigendes Fürwort)	mein, dein, euer
Demonstrativpronomen (hinweisendes Fürwort)	dieser, jener, der, das
Relativpronomen (bezügliches Fürwort)	der, welcher
Reflexivpronomen (rückbezügliches Fürwort)	sich, mich
Interrogativpronomen (fragendes Fürwort)	wer? wessen? was?
Indefinitpronomen (unbestimmtes Fürwort)	jemand, niemand, keiner
Numerale (Zahlwort)	drei, hundert, der Dritte

Wortarten, die **nicht flektierbar** sind:

Wortart	Beispiel
Adverb (Umstandswort)	morgen, hier, manchmal
Präposition (Verhältniswort)	an, auf, unter, hinter, in
Konjunktion (Bindewort)	
nebenordnende Konjunktion	und, oder, sowie, sowohl ... als auch, aber
unterordnende Konjunktion	weil, obwohl, dass, damit
Interjektion (Ausrufewort)	oje! pfui! au!

Die ganz besondere Polizei

Beim Deutschen Bundestag in Berlin arbeiten 170 Polizisten. Was tun sie? Und wen schützen sie?

Von Susanne Gaschke

Unter Polizeiarbeit stellt man sich oft etwas sehr Spannendes, Gefährliches vor, einen Beruf mit Verfolgungsjagden und Schießereien, wie im Fernsehen. Aber eigentlich ist es die Aufgabe der Polizei, Verfolgungsjagden und Schießereien möglichst zu verhindern – und das gilt besonders für eine kleine, ungewöhnliche Polizei, von deren Existenz die wenigsten Menschen wissen: die Polizei beim Deutschen Bundestag.

Sie besteht aus 170 Polizeibeamten (viele Männer, aber auch ein paar Frauen), die allein dem Präsidenten des Deutschen Bundestages unterstellt sind; im Augenblick ist das Norbert Lammert von der CDU. Niemand sonst, kein Innenminister oder Polizeichef, kann diesen Beamten etwas befehlen. Und sie arbeiten rund um die Uhr dafür, dass nichts passiert: dass kein Besucher Waffen in das Reichstagsgebäude in Berlin schmuggelt, wo der Bundestag zusammentritt; dass die Diskussionen der Abgeordneten nicht gestört werden und dass niemand versucht, ein Attentat auf die Bundeskanzlerin zu verüben.

„Das ist eine Wahnsinnsarbeit bei drei Millionen Besuchern im Jahr", sagt Tamás Schneemann, der seit sieben Jahren zur Polizei beim Deutschen Bundestag gehört. Drei Millionen Besucher! Zwei Millionen von ihnen wollen sich die berühmte Glaskuppel des Reichstagsgebäudes ansehen, die man aus den Fernsehnachrichten kennt. Und eine weitere Million lässt sich bei Führungen durch das riesige Parlamentsgebäude und die umliegenden Bürohäuser ganz genau erklären, wie die Abgeordneten arbeiten, wann sie sich im großen Plenarsaal treffen, wann sie an ihren Schreibtischen Akten lesen und wann sie sich in Arbeitsgruppen und Ausschüssen zusammensetzen, um über neue Gesetze zu beraten. [...] Unter den Besuchern des Reichstages sind viele Schüler auf Klassenfahrt. „Aber für manche endet die Veranstaltung gleich bei uns am Eingang", sagt Lars Witter, der ebenfalls der Polizei beim Deutschen Bundestag angehört. Dort am Eingang werden nämlich Taschen und Rucksäcke der Gäste durchleuchtet. Und allzu oft finden sich gerade bei jungen Leuten Waffen – Messer oder Schlagringe zum Beispiel – oder Drogen. Dann gibt es ziemlichen Ärger. Und oft auch eine Strafanzeige.

Warum braucht der Bundestag eine eigene Polizei? Und warum tragen Beamte wie Tamás Schneemann und Lars Witter bei ihrer Arbeit schicke Anzüge und nur ganz selten Polizeijacken, sodass man meist nur an einem kleinen Abzeichen am Revers ihrer Jacketts erkennen kann, dass sie Polizisten sind? Dafür gibt es geschichtliche Gründe: Vor 75 Jahren, zur Zeit der nationalsozialistischen Diktatur in Deutschland, wollten die Machthaber das von den Bürgern frei gewählte Parlament unterdrücken – die Abgeordneten, die keine Nationalsozialisten waren, sollten die Naziherrscher nicht stören. Und das hieß, dass sie auf keinen Fall öffentlich ihre Meinung sagen sollten. Also wurden Abgeordnete im Plenarsaal von uniformierten Truppen der Nationalsozialisten am Reden gehindert; diese als Hilfspolizisten eingesetzten Männer verwehrten ihnen den Zutritt zum Parlamentsgebäude; es wurden sogar Abgeordnete im Parlament verhaftet!

„Vielleicht wollte man deshalb nach dem Ende der Diktatur im Parlament keine Uniformen mehr sehen", sagt Tamás Schneemann. [...]

Damit die Abgeordneten sich nicht bedrängt, gestört oder bedroht fühlen, dürfen Besucher auch keine Anstecker mit provozierenden Botschaften oder die Symbole rivalisierender Fußballclubs tragen. „Wir bitten die Gäste, alles abzulegen, was im Haus für laute Diskussionen sorgen könnte", erklärt Lars Witter. Auf der Besuchertribüne des Plenarsaals darf weder gerufen noch geklatscht werden, anders als bei Talkshows im Fernsehen, hier gilt: „Nur noch atmen."

Das klingt streng. Aber jeder soll ja die Chance haben, bei einem Besuch im Reichstagsgebäude ungestört zu verfolgen, was die Abgeordneten sagen. Schließlich diskutieren sie stellvertretend für alle im Land – weil 80 Millionen Menschen beim besten Willen nicht zusammenkommen könnten, um sich zu einigen. Das gäbe ein heilloses Chaos. Gerade deshalb müssen die Debatten der Abgeordneten aber so wichtig genommen werden, als wäre das ganze Volk auf einem Marktplatz versammelt.

(DIE ZEIT, Nr. 39, 18.09.2008)

1. Erkläre mit eigenen Worten, warum die Polizei im Deutschen Bundestag keine Uniformen trägt.

2. Warum gelten für die Besucher des Bundestages so strenge Regeln?

3. Übertrage die folgende Tabelle in dein Heft und ordne die im Text unterstrichenen Wörter in die richtigen Spalten ein. In den Spalten findest du die Anzahl der entsprechenden Wortarten.

Verb	Nomen	Artikel	Adjektiv	Pronomen
6	5	6	8	9

Numerale	Adverb	Präposition	Konjunktion	Interjektion
2	4	4	4	–

Unter die Lupe genommen – das Adverb

Das Adverb gehört – wie die Präposition und die Konjunktion – zu den unflektierbaren Wortarten, den sogenannten **Partikeln**.
Das Adverb bestimmt die näheren Umstände einer Handlung oder eines Geschehens. Es kann aber nicht nur Verben (wie der Name *Ad-verb* nahelegt) näher bestimmen, sondern auch Nomen, Adjektive und andere Adverbien.

1. In den folgenden Sätzen ist das Adverb schon unterstrichen. Mache durch einen Pfeil deutlich, welches Wort es jeweils ergänzt, und schreibe es zusätzlich hinter den Satz.

Beispiel: Er läuft morgens zehn Kilometer durch den Wald. (Ergänzung des Verbs)

- Das Haus dort ist wunderschön. (Ergänzung des ____________________)
- In einer solchen Villa würde ich gerne wohnen. (____________________)
- Im Garten gibt es ein sehr großes Schwimmbad. (____________________)
- Von hier oben hat man eine schöne Aussicht. (____________________)

Manchmal ist es nicht ganz leicht, die Adverbien von den Adjektiven zu unterscheiden, wenn diese adverbial gebraucht werden. Zuverlässiges Unterscheidungsmerkmal ist, dass Adjektive veränderbar sind oder gesteigert werden können, während Adverbien unveränderbar sind.

Das Auto fährt **schnell**. (schnell = adverbial gebrauchtes Adjektiv; steigerbar)
Das Auto fährt **dort**. (dort = Adverb; unveränderbar)

2. Entscheide in den folgenden Sätzen, ob es sich bei den fett gedruckten Wörtern um ein Adjektiv (Adj.) oder ein Adverb (Adv.) handelt.

- Das Essen schmeckt **gut**. (____________________)
- Er isst **manchmal** drei Schnitten Brot. (____________________)
- Petra hat **neulich** einen Fahrradunfall gehabt. (____________________)
- Wahrscheinlich ist sie zu **unvorsichtig** gefahren. (____________________)
- Der Zeuge will sich zu dem Vorfall **schriftlich** äußern. (____________________)
- Der Richter war davon **anfangs** nicht begeistert. (____________________)

Hinsichtlich ihrer Funktion unterscheidet man zwischen lokalen, temporalen, modalen und kausalen Adverbien.

1) Die **Lokaladverbien** bezeichnen die Umstände des Ortes oder der Richtung. Zu ihnen gehören z.B.: *da, dort, draußen, hier, oben, unten ...*

2) Die **Temporaladverbien** geben Auskunft über den Zeitpunkt, die Dauer und die Wiederkehr eines Ereignisses oder einer Handlung. Zu ihnen gehören z.B.: *bald, demnächst, gestern, heute, jetzt, nun, sofort, immer, manchmal, oft, stets, niemals ...*

3) Die **Modaladverbien** geben Auskunft über die Art und Weise eines Umstandes. Zu ihnen gehören z.B. *beinahe, fast, gern, sehr, überhaupt, vielleicht, ziemlich, nur, ...*

4) Die **Kausaladverbien** bezeichnen eine Begründung (z.B. *deshalb*) oder eine Bedingung (z.B. *dadurch*) oder eine Folge (z.B. *folglich, sonst*), aber auch eine Einräumung (z.B. *dennoch*) oder eine Einschränkung (z.B. *insofern*).

Ach, du heilige Kuh

Rinder, die heilig sind. Affen, die angebetet werden.
Und eine Katze als Göttin.
Das mag sich seltsam anhören – aber in vielen Kulturen werden Tiere verehrt.

Von Alexander Frank

Autos hupen, Fahrradfahrer und Fußgänger drängeln, und mittendrin (   ) versucht ein Polizist, das Chaos zu bändigen. Vergebens (   )! Denn mitten auf der Straße in der Altstadt von Delhi in Indien stehen zwei Kühe – und die haben hier (   ) Vorfahrt! Kühe sind nämlich (   ) in Indien heilige Tiere. Einer Kuh Gewalt anzutun oder sie zu essen ist undenkbar für einen gläubigen Hindu. So heißen die Anhänger der Religion Hinduismus. Etwa 900 Millionen Menschen gehören ihr an, viele leben in Indien. Hindus haben verschiedene Götter, und die Kuh ist in ihrem Glauben der Ursprung des Lebens. In einer alten Geschichte heißt es nämlich, dass Kühe dem Gott Krishna das Leben retteten. Seitdem werden sie verehrt.

Die heiligen Rinder sind in guter Gesellschaft. Denn mitten in vielen indischen Städten leben auch Hanuman-Languren – eine Affenart, die Hindus ebenfalls (   ) verehren. Auch dazu gibt es eine Legende: Der Affengott Hanuman half einmal dem Gott Rama, als ein Dämon Ramas Frau entführt hatte. Hanuman rettete sie und besiegte den Bösewicht. Da sich der Affengott bei der Rettungsaktion leicht verbrannte und sich mit Ruß beschmutzte, gelten Languren-Affen als seine Nachfahren: Die Hände, das Gesicht und die Füße dieser Affen sind nämlich mit schwarzem Fell bedeckt. Das sieht aus, als ob sie sich mit Ruß beschmiert hätten. Noch heute (   ) dürfen diese Affen nicht geärgert werden.

Ein Tier, das in Deutschland oft (   ) verjagt und bekämpft wird, hat in dem indischen Dorf Deshnok sogar einen eigenen Tempel: die Ratte. In dem Gebäude wimmelt es nur (   ) so von den Nagern. Pilger reisen von weit her an und bringen den Tieren Nahrung. Sie glauben, dass es Glück bringt, wenn ihnen eine Ratte über die Füße huscht. Und dabei darf man den Tempel nur barfuß betreten!

Vielleicht (   ) besuchen Reisende aus anderen Ländern auch deshalb (   ) lieber Stätten, die dem Gott Ganesha gewidmet sind. Er trägt den Kopf eines Elefanten und gilt als liebenswertes Schleckermaul. Man bittet ihn um Beistand, wenn man etwas Neues beginnt. In Thailand werden lebendige Elefanten verehrt – aber nur die weißen Tiere. Sie stehen für königliche Macht. Wer früher (   ) einen solchen Dickhäuter besaß, durfte ihn nicht als Arbeitstier einsetzen. Des-

halb konnten sich nur reiche Leute einen weißen Elefanten leisten – etwa der König. Bis heute werden die Tiere hoch geachtet.

Auch Naturvölker verehrten und verehren Tiere. Einige Indianer in Nordamerika etwa und die Ureinwohner Australiens – die Aborigines – glauben an persönliche Schutzgeister, sogenannte Totems. Diese treten oft in Gestalt eines Tieres auf, etwa als Adler, Wal oder Wolf. Einige Indianer glaubten außerdem ( ), dass auch Tiere einen Schutzgeist besäßen, den man nicht verärgern durfte.

Schon vor rund 5000 Jahren, bei den alten Ägyptern, kamen Götter dort ( ) in Tiergestalt daher. Die Menschen übertrugen damals ( ) Eigenschaften der Tiere auf ihre Götter: Für Stärke und Kampfgeschick des Krokodils stand etwa der Krokodilgott Sobek. Eine andere Göttin sah aus wie eine Katze. Sie hieß Bastet und war die Herrin der Fruchtbarkeit und Liebe. In vielen Kulturen wurde die Schlange verehrt: Einige Naturvölker glaubten, dass sie die Seelen der Toten in sich trügen. Für die Maya in Mittelamerika stand die Schlange für Weisheit. Und die Aborigines in Australien erzählen sich noch heute, dass eine Schlange die Sprache auf die Erde brachte und den Menschen zeigte, wie sie ihre Felder bestellen müssten. Doch ( ) die Menschen vergaßen mit der Zeit, woher ihr Wissen kam, so die Legende. Das habe die Schlange so verärgert, dass sie von da an die Menschen biss.

(Die Zeit, 16.10.2008, Nr. 43)

3. Beantworte die folgenden Fragen zum Text. Arbeite dazu in deinem Heft.

- Welches Ereignis hat die Inder einer alten Geschichte zufolge veranlasst, Kühe als heilig zu betrachten?
- Warum gelten Languren-Affen als Nachfahren des Affengottes Hanuman?
- Was bringt angeblich Glück, wenn Pilger den Tempel Deshnok besuchen?
- Warum beißen Erzählungen der Aborigines zufolge Schlangen die Menschen?

4. In dem Text sind Adverbien unterstrichen. Kennzeichne in der Klammer dahinter mit dem entsprechenden Buchstaben, ob es sich um ein Lokal- (L), Temporal- (T), Modal- (M) oder Kausaladverb (K) handelt.

Die Sichtweise einer Aussage – Aktiv und Passiv (Genus Verbi)

Man kann ein Geschehen entweder aus der Sicht des Handelnden oder aus der Sicht des von der Handlung Betroffenen darstellen. Dementsprechend unterscheidet man zwei **Handlungsarten** (Singular: **Genus Verbi**, Plural: **Genera Verbi**): das **Aktiv** und das **Passiv**.

Bei der **Aktivform** wird die Handlung vom Handelnden (dem „Täter") aus gesehen.

Beispiel: Der König empfing Gesandte aus fremden Ländern.

Beim **Passiv** rückt der Handelnde in den Hintergrund, das Geschehen wird aus der Sicht des Betroffenen gesehen:

Beispiel: Gesandte aus fremden Ländern wurden vom König empfangen.

Man unterscheidet beim **Passiv** folgende Formen:

1. Das Vorgangspassiv
Dabei steht das Geschehen im Vordergrund. Der Handelnde kann, muss aber nicht genannt werden. Wenn er nicht genannt wird, spricht man auch vom täterlosen Passiv.

Beispiel: Im Jahr 800 wurde Karl der Große [vom Papst] zum Kaiser gekrönt.

Das Vorgangspassiv bildest du aus einer Personalform des Verbs „werden" und dem Partizip II eines Verbs (hier: *wurde* – Präteritum von „werden", *gekrönt* – Partizip II von „krönen"). Wird der Handelnde im Passivsatz genannt, so geschieht dies in einer Präpositionalgruppe mit *von* (hier: *vom Papst*).

2. Das Zustandspassiv
Es bezeichnet den erreichten Zustand oder das Ergebnis einer Handlung. Das Zustandspassiv gibt es nur in zwei Zeitformen (Präsens und Präteritum).

Beispiel: Der Höhepunkt der Macht Karls des Großen war erreicht.

Das Zustandspassiv bildest du aus einer Personalform von „sein" und dem Partizip II eines Verbs (hier: *war* – Präteritum von „sein", *erreicht* – Partizip II von „erreichen").

1. Unterstreiche im folgenden Text alle Passivformen und, falls vorhanden, die Präpositionalgruppen mit *von*, die den bzw. die Handelnden angeben.

Karl der Große, der „Vater Europas"?

Schon vor 20, 50 oder 100 Jahren lernten Schülerinnen und Schüler, wenn im Geschichtsunterricht das Mittelalter behandelt wurde, den Namen Karls des Großen und die Jahreszahl 800. Aber wer war dieser Karl der Große? Und warum wurde diese Jahreszahl gelernt?
Im Jahr 747 wurde Karl als Sohn des späteren fränkischen Königs Pippin geboren. Das Reich der Franken umfasste zu dieser Zeit bereits große Teile West- und Mitteleuropas – es umfasste also nicht nur das heutige Frankreich. Nachdem Pippin gestorben war, wurden seine Söhne Karl und Karlmann zu seinen Nachfolgern ernannt. Karlmann starb jedoch schon 771 und somit war ein wichtiger Schritt in Karls Karriere erreicht: Er war Alleinherrscher.

Schon bald nachdem der fränkische Thron von Karl übernommen worden war, begann der König, sein Reich in Kriegszügen zu erweitern. Dreißig Jahre lang wurden vor allem die benachbarten Sachsen immer wieder angegriffen. Karl wollte jedoch nicht nur sein Reich erweitern, sondern die Sachsen zwingen, das Christentum anzunehmen, was sie schließlich auch taten. Viele Menschen wurden während dieser Kriegszüge getötet, viele sächsische Familien wurden zwangsweise ins Frankenreich umgesiedelt.

Karl war aber nicht nur ein kriegerischer König, auch Kultur und Bildung wurden von ihm gefördert. Er versammelte einige der bekanntesten Gelehrten seiner Zeit an seinem Hof und veranlasste zahlreiche Reformen: eine einheitliche Schrift – die karolingische Minuskel – wurde eingeführt, neue Klöster wurden gegründet, die kirchlichen Gesänge waren endlich vereinheitlicht.

Im Jahr 800 erreichte Karl ein weiteres Ziel. Am Weihnachtstag dieses Jahres wurde Karl, der sich in Rom aufhielt, von Papst Leo III. eine Krone aufs Haupt gesetzt. Karl war zum Kaiser der Römer ausgerufen worden! Damit war der Höhepunkt einer Entwicklung erreicht, in der Karl sich für das Christentum und den Papst eingesetzt hatte.

Reiterstatuette Karls des Großen (9. Jhdt.)

Karls Reich wurde nicht von einer Hauptstadt aus regiert; Karl war ein sogenannter Reisekönig, der in seinem Reich umherzog, um sich selbst ein Bild von den Zuständen in seinem Reich zu machen, Recht zu sprechen und seine Herrschaft zu zeigen. Karl besuchte auf seinen Reisen die Klöster seines Reiches, aber auch seine „Pfalzen" genannten Paläste, an denen von ihm Hof gehalten wurde. Seine Lieblingspfalz war Aachen, hier starb Karl 814, hier wurde er begraben. Schon von den Menschen seiner Zeit wurde er „Vater Europas" genannt, noch heute wird sein Grab jedes Jahr von vielen Touristen besucht, und auch in Zukunft wird im Geschichtsunterricht über Karl den Großen gesprochen werden.

2. Suche aus den Formen des Vorgangspassivs im Text jeweils ein Beispiel für die genannten Zeitformen heraus und trage sie in die Tabelle ein.

Zeitform	Form des Vorgangspassivs
Präsens	
Präteritum	
Plusquamperfekt	
Futur I	

3. In dem Text kommt dreimal das Zustandspassiv vor. Schreibe die Sätze auf.

a) ______________________________

____

b) ______________________________

____

c) ______________________________

____

4. Wandle die folgenden Passivsätze in Aktivsätze um. Welche Formulierung hältst du jeweils für besser?

a1) Karl dem Großen wurde ein Elefant von dem Kalifen von Bagdad, Harun ar-Raschid, geschenkt.

a2) ______________________________

____

b1) In Frankreich wird Karl der Große „Charlemagne" genannt.

b2) ______________________________

____

5. Welche Aussage trifft zu?

- ☐ Der Satz a1 klingt eleganter formuliert als Satz a2.
- ☐ Der Satz a1 wirkt umständlicher formuliert als Satz a2.
- ☐ Der Satz a2 stellt den Schenkenden deutlicher in den Vordergrund.
- ☐ Die Sätze b1 und b2 sind von der Formulierung her gleichwertig.
- ☐ Der Satz b1 ist präziser als Satz b2.
- ☐ Der Satz b2 ist präziser als Satz b1.

Die Aussageweisen des Verbs: die unterschiedlichen Modi und ihre Funktionen

Der Modus – die Aussageweise – einer Verbform drückt aus, wie ein Geschehen vom Schreiber oder Sprecher **eingeschätzt** wird. Wird es als **wirklich (real), möglich, erwünscht, nur erdacht oder nicht wirklich (irreal)** angesehen, oder ist damit eine **Aufforderung** bzw. ein **Befehl** verbunden?
Man unterscheidet folgende Modi:
1. Der Indikativ: Wirklichkeitsform
2. Der Konjunktiv I: Möglichkeitsform
3. Der Konjunktiv II: Ausdruck der Nicht-Wirklichkeit oder Höflichkeitsform
4. Der Imperativ: Befehlsform

Der Imperativ – die Befehlsform

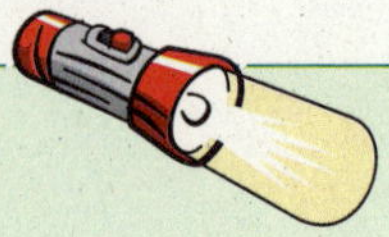

Mit dem **Imperativ** drückt man eine **Aufforderung** aus; mithilfe der Betonung kann man deutlich machen, ob es sich bei dieser Aufforderung eher um eine freundliche Bitte oder um einen Befehl handelt.
Der Imperativ verfügt nur über zwei Formen, nämlich für die 2. Person Singular bzw. Plural; im Singular wird die Endung -e an den Infinitivstamm angehängt (diese Endung fällt allerdings häufig weg), im Plural wird die Endung -t angehängt.

Beispiele: öffnen – Öffne bitte die Tür!/Öffnet bitte die Tür!
gehen – Geh bitte schon vor!/Geht bitte schon vor!

Einige Verben bilden die Imperativform im Singular unregelmäßig (durch einen Wechsel von e zu i/ie).

Beispiele: nehmen – Nimm dir noch etwas!/Nehmt euch noch etwas!
lesen – Lies bitte vor!/Lest bitte leise!

Der Imperativ ist außerdem durch die Spitzenstellung der Imperativform im Satz und durch das Fehlen des Personalpronomens gekennzeichnet.

1. Unterstreiche im folgenden Text alle Verben im Imperativ.

Auf dem Fußballplatz

Die folgenden Sätze könntest du am vergangenen Wochenende auf dem Fußballplatz gehört haben:

Peter, gib doch ab! – Du sollst den Ball nicht so lange halten! – Wenn er doch aufs Tor schießen würde. – Lauf schneller! – Gebt euch mehr Mühe! – Haltet durch, gleich ist Halbzeit! – Spielt schnell nach vorne! – Fritz, spring hoch! – Warum pfeift der Schiedsrichter denn nicht? – Das war ein Foul! – Schau nach rechts! – Die Abwehrspieler müssen zurückkommen! – Bleibt nicht stehen! – Bietet euch an! – Warum hört ihr nicht auf mich? – Oskar, hilf Peter!

2. Lege in deinem Heft eine Tabelle an; in diese trägst du die Infinitive der Imperative aus Aufgabe 1 sowie die Singular- und Pluralformen des Imperativs ein.

Infinitiv	Imperativ Singular	Imperativ Plural
geben …	gib …	gebt …

3. Formuliere zehn Aufforderungssätze; nutze hierfür die Imperative (jeweils Singular und Plural) der folgenden Verben: lesen, antworten, fahren, essen, reden.

Der Konjunktiv II als Ausdruck der Nicht-Wirklichkeit (Irrealis)

Mit dem **Konjunktiv II** stellt man eine Aussage als nicht möglich, nicht wirklich oder nicht wahrscheinlich dar. Man kann mit ihm auch einen Wunsch ausdrücken.
Der Konjunktiv II wird aus den Indikativformen des Präteritums und des Plusquamperfekts gebildet.

Beispiel: ich nahm (Indikativ) – ich nähme (Konjunktiv II)
ich hatte genommen (Indikativ) – ich hätte genommen (Konjunktiv II)

Der Konjunktiv II kann auch mit „würde" umschrieben werden.

Beispiel: Ich würde dich mitnehmen.

1. Im Sommer 2006 fand in Deutschland die Fußball-Weltmeisterschaft statt. Vor Beginn des Turniers wünschten sich viele Deutsche ein gutes Abschneiden ihrer Nationalmannschaft. Vervollständige die folgenden Sätze, die einige dieser Wünsche ausdrücken, mithilfe der Verben in Klammern. Entscheide bei den einzelnen Sätzen, welche Form des Konjunktivs II (abgeleitet vom Präteritum oder mit „würde" als Umschreibung) deinem Sprachgefühl eher entspricht.

Was wäre, wenn ...

- die Mannschaft das erste Spiel ____________________ (gewinnen).
- unsere Stürmer die meisten Tore ____________________ (schießen).
- das Team ins Finale ____________________ (kommen).
- der Schiedsrichter in der letzten Minute einen Elfmeter ____________________ (geben).
- die Fans die Mannschaft während der ganzen Zeit ____________________ (anfeuern).
- kein Spiel verloren ____________________ (gehen).
- man sich als das beste Team ____________________ (erweisen).
- ein Freistoß unhaltbar ins Tor ____________________ (treffen).
- sich kein Spieler ____________________ (verletzen).
- der Torwart jeden Ball ____________________ (halten).

2. Die deutsche Nationalmannschaft beendete die Fußball-Weltmeisterschaft 2006 mit dem dritten Platz. Viele Menschen überlegten hinterher, ob ein noch besseres Abschneiden möglich gewesen wäre.
Vervollständige die folgenden Sätze und nutze den Konjunktiv II (abgeleitet vom Plusquamperfekt), um diese Überlegungen über Unmögliches auszudrücken.

Was wäre gewesen, wenn ...

- die Mannschaft das Spiel gegen Italien gewonnen hätte (gewinnen).
- das Finale gegen Frankreich
  ______________________________ (erreichen).
- es im Halbfinale zum Elfmeterschießen
  ______________________________ (kommen).
- die deutschen Spieler ihre Torchancen
  ______________________________ (nutzen).
- man im Halbfinale gegen eine andere Mannschaft
  ______________________________ (spielen).
- der Halbfinalgegner vorher
  ______________________________ (ausscheiden).

3. Lege in deinem Heft eine Tabelle an und trage die folgenden Formen der Verben aus den Aufgaben 1 und 2 ein: Indikativ Präsens, Indikativ Präteritum, Konjunktiv II (abgeleitet vom Präteritum), Umschreibung mit „würde".

Indikativ Präsens	**Indikativ Präteritum**	**Konjunktiv II** (abgeleitet vom Präteritum)	**Umschreibung mit *würde***
sie gewinnt	sie gewann	sie gewänne/gewönne	sie würde gewinnen
...	...	...	...

Der Konjunktiv I als Kennzeichen der indirekten Rede

Der **Konjunktiv I** wird vor allem zur Kennzeichnung der indirekten Rede verwendet. Man macht damit deutlich, dass man die Aussage eines anderen wiedergibt.
Die Formen des Konjunktiv I werden von den Tempusformen des Indikativ Präsens, Perfekt und Futur I abgeleitet:

er nimmt (Präsens) – er nehme (Konjunktiv I)
er nahm (Präteritum) – er habe genommen (Konjunktiv I)
er hat genommen (Perfekt) – er habe genommen (Konjunktiv I)
er hatte genommen (Plusquamperfekt) – er habe genommen (Konjunktiv I)
er wird nehmen (Futur I) – er werde nehmen (Konjunktiv I)

Wenn sich die Konjunktiv-I-Formen nicht vom Indikativ unterscheiden, verwendet man Ersatzformen aus dem Konjunktiv II.

- Der Trainer sagte: „Meine Spieler geben heute alles."
- Der Trainer sagte, seine Spieler geben (Konjunktiv I, nicht vom Indikativ zu unterscheiden) an diesem Tag alles.
- Der Trainer sagte, seine Spieler gäben (Ersatzform Konjunktiv II) an diesem Tag alles.

1. Forme die folgenden Sätze in die indirekte Rede um. Achte darauf, wann du anstelle des Konjunktiv I als Ersatzform den Konjunktiv II oder die Umschreibung mit *würde* benötigst.

- Der Trainer behauptete: „Wir sind die bessere Mannschaft."
- Der Stadionsprecher sagte: „Die Mannschaften kommen in fünf Minuten aufs Feld."
- Der Reporter meinte: „Morgen wird das ganze Land über das Spiel sprechen."
- Der Mannschaftsarzt befürchtete: „Zwei Spieler haben sich verletzt."
- Der Mannschaftskapitän betonte: „Wir gewinnen das nächste Spiel."

2. Im Oktober 2008 bestritt der Torwart René Adler gegen Russland sein erstes Länderspiel für die deutsche Fußballnationalmannschaft, nachdem sich der andere Torwart des Teams, Robert Enke, verletzt hatte. René Adler äußerte sich nach seinem ersten Länderspiel in einem Interview mit der Süddeutschen Zeitung (SZ) (s. S. 64).
Forme die Fragen des Jonalisten und die Aussagen Adlers in indirekte Rede um. Manchmal musst du die Aussage noch ergänzen.
Nutze die folgenden Formulierungen:

- Auf die Frage, wie oft er sich das Gegentor in der Zwischenzeit angeschaut habe, antwortete René Adler, er habe ...
- Anschließend wurde er gefragt, ob ...
- Adler entgegnete, ...
- Auf die Frage, ..., sagte Adler, ...
- Als Nächstes wollte der Journalist wissen, ...

- Adler antwortete, ...
- Der Journalist hielt ihm entgegen, ...
- Adler antwortete, ...
- Als Letztes fragte der Journalist, ...
- Adler meinte, ...

„Lauwarme Sachen mag ich nicht“

SZ: Herr Adler, wie oft haben Sie sich das russische Gegentor in der Zwischenzeit angeschaut?

Adler: Noch gar nicht.

SZ: Sind Torhüter nicht Tüftler, die an Gegentoren lange herumanalysieren?

Adler: Doch, schon, und sicher werde ich mir dieses Tor mit dem Trainerteam auch noch mal anschauen. [...] Ich denke nach vorne, ans Spiel gegen Wales.

SZ: Das Tor war eh' unhaltbar, oder?

Adler: Genaueres kann ich erst sagen, wenn ich das Tor noch mal gesehen habe. Ich bin gut draufgegangen, aber ich weiß nicht genau, wo der Ball durchgegangen ist, ob zwischen den Beinen oder über die Beine.

SZ: Was haben Sie empfunden, als die Dortmunder Zuschauer beim Einlaufen ihren Namen gerufen haben?

Adler: Das war ein unglaubliches Gefühl, du hörst die Nationalhymne und du stehst da und siehst die vollen Zuschauerränge, alle mit Deutschland-Montur ...

SZ: ... wobei das Eindrücke sind, die wohl jeden Debütanten ereilen. Bei Ihnen war es schon noch mal was anderes: Die Leute haben Sie gefeiert, obwohl viele Sie nie spielen gesehen haben. Warum kommen Sie so gut an bei den Leuten?

Adler: Das weiß ich nicht. Ich habe mir noch keine Gedanken darüber gemacht, ich habe mit solchen Reaktionen ja nicht rechnen können. Es freut mich sehr, wenn die Leute das Gefühl haben, dass hier einer für Deutschland spielt.

[...]

SZ: Kann man Sie denn jetzt überhaupt noch aus dem Tor nehmen?

Adler: Zunächst mal muss ich sagen, dass mir Robert Enke sehr leid tut. Wir haben ein hervorragendes Verhältnis, und so eine Verletzung wünscht man wirklich niemandem. Der Robert ist ein Klassetorwart, ich hoffe, dass er bald wieder fit wird. Ich kann nur versuchen, in den Spielen, die ich spielen darf, gut zu sein [...].

(Christof Kneer; Süddeutsche Zeitung, Nr. 239, 14.10.2008, S. 31)

Satzglieder im Überblick

Sätze bestehen nicht aus willkürlich aneinandergereihten Wörtern, sondern aus **Satzgliedern**, die unterschiedliche Aufgaben im Satz erfüllen. Sie können aus einem Wort oder aus einer Wortgruppe bestehen. Die einzelnen Satzglieder lassen sich durch die **Umstellprobe** herausfinden. Einzelne Wörter oder Wortgruppen, die sich bei der Umstellprobe nicht trennen, sondern nur zusammen umstellen lassen, bilden ein Satzglied.
Die **Aufgaben** der einzelnen Satzglieder kannst du **erfragen**: Wer oder was? Was tut/ist? Wen oder was? Wann? Wohin? ...

Subjekt, Prädikat und Objekt

Ein grammatikalisch vollständiger Satz besteht mindestens aus einem Subjekt und einem Prädikat. Damit ein sinnvoller Satz entsteht, kommen häufig Objekte hinzu. In vielen Fällen werden diese Objekte vom Verb gefordert.

Satzglied	**Satzgliedfrage**
Subjekt	Wer oder was?
Prädikat	Was tut das Subjekt?
Prädikativum	Was ist das Subjekt? Als was gilt es?
Objekt	
Genitivobjekt (selten)	Wessen?
Dativobjekt	Wem?
Akkusativobjekt	Wen oder was?
Präpositionales Objekt[1]	Mit wem? Vor wem? An wen?...

Beispiele:

Der Hurrikan Ike	erreichte	die texanische Küste.
Subjekt	Prädikat	Akkusativobjekt

Ike	ist	ein sehr gefährlicher Hurrikan.
Subjekt	Prädikat	Prädikativum

Die Einwohner	schützen	ihre Häuser	vor dem Hochwasser.
Subjekt	Prädikat	Akkusativobjekt	präpositionales Objekt

Der Regierung	ist	die herannahende Gefahr	bewusst.
Dativobjekt	Prädikat	Subjekt	Prädikativum

[1] Manche Verben sind eng mit einer Präposition verbunden. Diese Verben erfordern im Satzzusammenhang ein präpositionales Objekt. Beispiele: denken an, sich schützen vor, sich erinnern an, sich fürchten vor, sich bedanken für, berichten über, bestehen aus, anknüpfen an, aufhören mit, achten auf, arbeiten für, gehen um, sich erstrecken über, beitragen zu ...

Die adverbiale Bestimmung – das Adverbiale

Adverbiale Bestimmungen (Adverbialien) kennzeichnen als Satzglieder die **näheren Umstände** eines Geschehens oder eines Zustandes genauer. Sie werden aus einem **Adjektiv**, einem **Adverb** oder einem **Nomen mit Präposition**, zu dem weitere Wörter hinzukommen können, gebildet. Die wichtigsten Adverbialien sind:

Adverbiale/adverbiale Bestimmung	**Satzgliedfrage**
Lokaladverbiale (adv. Best. des Ortes)	Wo? Wohin? Woher?
Temporaladverbiale (adv. Best. der Zeit)	Wann? Wie lange? Seit wann? Wie oft?
Modaladverbiale (adv. Best. der Art und Weise)	Wie? Auf welche Art und Weise?
Instrumentaladverbiale (adv. Best. des Mittels)	Mit welchem Mittel? Womit?
Kausaladverbiale (adv. Best. des Grundes)	Warum? Weshalb?

Weitere Adverbialien antworten auf die Fragen: Unter welcher Bedingung? (Konditionaladverbiale) Mit welcher Wirkung? (Konsekutivadverbiale) Zu welchem Zweck? (Finaladverbiale) Trotz welchen Umstandes? (Konzessivadverbiale)

Beispiele:

In diesem Jahr fanden die olympischen Spiele in China statt.
Temporaladverbiale *Lokaladverbiale*

Wegen der hohen Luftfeuchtigkeit hatten besonders in Peking viele Sportler Probleme.
Kausaladverbiale *Lokaladverbiale*

Mit einer genialen Methode verhinderten die chinesischen Klimatologen nachhaltig den
Instrumentaladverbiale *Modaladverbiale*
Ausbruch eines Gewitters bei der Eröffnungsfeier.

1. Übernimm die folgenden Sätze in dein Heft.
Ermittle mittels der Umstellprobe die Satzglieder und klammere sie ein. Schreibe über die Satzglieder ihre Bezeichnung. Nutze dazu folgende Abkürzungen: S, P, Pr, D-O, A-O, P-O, AB-Z, AB-O.

- Die olympischen Winterspiele 2014 finden in Sotschi statt.
- Sotschi ist eine Hafenstadt und ein viel besuchter Kurort in Russland.
- Bis zu Beginn der Wettkämpfe müssen viele Sportstätten gebaut werden.
- An dem Ausbau sollen deutsche Unternehmen beteiligt werden.

Bolts Blitzschlag – 9,69 Sekunden

Vom Auszubildenden zum Olympiasieger in Rekordzeit: Die Welt des Sprints wird von dem Jamaikaner erschüttert

Zielfoto des 100-m-Finales (Olympia 2008)

Mit einer großen Geste hat sich Usain Bolt am Sonntagabend in Peking den Olympiasieg und Weltrekord im Hundertmeterlauf genommen. Noch bevor sich der 1,93 Meter große Läufer für den Start zusammenfaltete, streckte er sich, bog sich in eine merkwürdige Pose, in der er die Hände leicht vor sich über den Kopf hob. Er tanze halt gern, wiegelte Bolt ab, als ihn die Journalisten hinterher nach der Pantomime fragten, die er nach seinem Triumph auf der Gegengerade wiederholt hatte.
Die Pose war Ankündigung und Bestätigung dessen, was der Einundzwanzigjährige an diesem Abend dem Publikum zeigte, die Welt des Sprints auf einen Schlag zu erschüttern. Etwa zwanzig Meter vor dem Ziel breitete der Jamaikaner seine Arme aus, schaute sich in aller Ruhe das tobende Publikum auf der Haupttribüne an und genoss den ohrenbetäubenden Jubel der 91 000 Zuschauer im Vogelnest[1] von Peking ebenso wie seine schier unfassbare Überlegenheit über die besten Sprinter der Welt. Als er sich mit der rechten Faust auf die Brust klopfte, [...] stoppte die Uhr. Zunächst zeigte sie 9,68 Sekunden an, doch selbst die korrigierte Zeit von 9,69 Sekunden steht für das Erreichen einer neuen Dimension. „Lightning Bolt" lässt sich Usain gern nennen, Blitzschlag. Mit seiner Pose nimmt er das Wort auf und verwandelt sich in denjenigen, der den Blitz schleudert: Usain Bolt, der Zeus der Leichtathletik. Der Jamaikaner, der sich selbst als „laid back" (entspannt, locker) beschreibt und als einen, der Spaß haben wolle, behauptet: „Ich habe überhaupt nicht an den Weltrekord gedacht. Ich habe erst gemerkt, dass ich ihn gebrochen habe, als ich auf der Ehrenrunde war." [...]
Auf Fotos ist zu erkennen, dass Bolt die Ziellinie mit einem offenen Schuh überquerte. Es stellt sich nicht nur die Frage, wie schnell er wohl gewesen wäre, hätte er nicht gejubelt. Sondern auch die, ob er mit geschnürten Spikes nicht auch noch das ein oder andere Hundertstel herausgeholt hätte. Aber vermutlich wäre Bolt sogar barfuß der Schnellste gewesen.

(FAZ, 18.08.2008, S. 21)

[1] Vogelnest: Name des Stadions in Peking

2. Übertrage die folgende Tabelle in dein Heft und ordne dort die unterstrichenen Satzglieder ein. Die Zahlen in den Spalten zeigen dir, wie viele Satzglieder jeweils eingeordnet werden müssen. Trage jeweils das gesamte Satzglied ein, also alle Wörter, die bei der Umstellprobe zusammen umgestellt werden müssen. Bei einer Prädikatsklammer trage beide Teile ein, gezählt werden sie natürlich nur als ein Prädikat.

Subjekt	Prädikat	Prädikativum
6	9	2

Dativobjekt	Akkusativobjekt	Präpositionales Objekt
1	6	3

3. Schreibe die umrandeten adverbialen Bestimmungen heraus und kennzeichne sie mit den richtigen Bezeichnungen.

Mit einer großen Geste: Modaladverbiale

Satzgefüge und Satzreihe

Einfache Satzgefüge – komplexe Satzgefüge

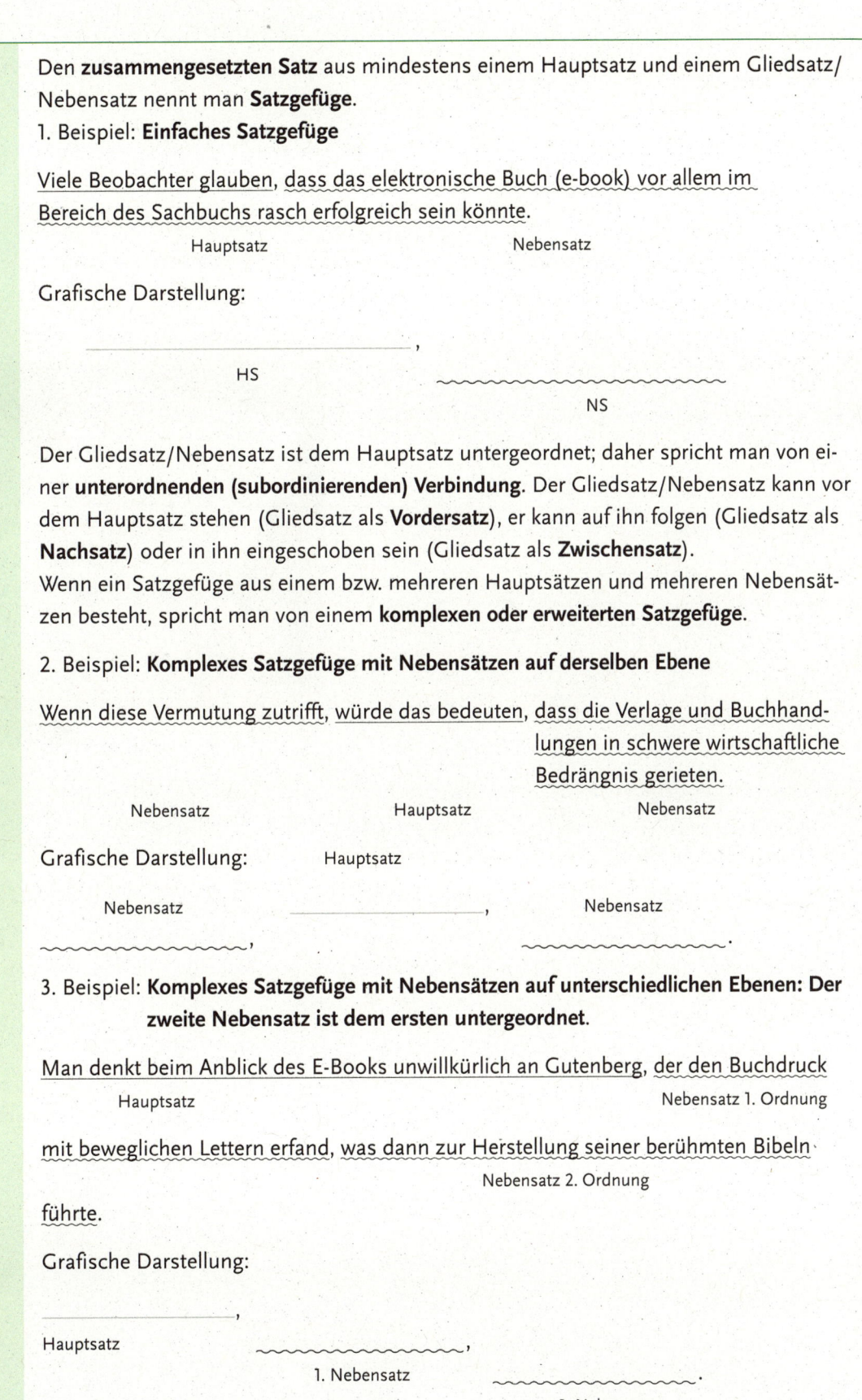

Den **zusammengesetzten Satz** aus mindestens einem Hauptsatz und einem Gliedsatz/Nebensatz nennt man **Satzgefüge**.

1. Beispiel: **Einfaches Satzgefüge**

Viele Beobachter glauben, dass das elektronische Buch (e-book) vor allem im Bereich des Sachbuchs rasch erfolgreich sein könnte.

Hauptsatz Nebensatz

Grafische Darstellung:

________________ ,

HS

~~~~~~~~~~~~~~~~

NS

Der Gliedsatz/Nebensatz ist dem Hauptsatz untergeordnet; daher spricht man von einer **unterordnenden (subordinierenden) Verbindung**. Der Gliedsatz/Nebensatz kann vor dem Hauptsatz stehen (Gliedsatz als **Vordersatz**), er kann auf ihn folgen (Gliedsatz als **Nachsatz**) oder in ihn eingeschoben sein (Gliedsatz als **Zwischensatz**).
Wenn ein Satzgefüge aus einem bzw. mehreren Hauptsätzen und mehreren Nebensätzen besteht, spricht man von einem **komplexen oder erweiterten Satzgefüge**.

2. Beispiel: **Komplexes Satzgefüge mit Nebensätzen auf derselben Ebene**

Wenn diese Vermutung zutrifft, würde das bedeuten, dass die Verlage und Buchhandlungen in schwere wirtschaftliche Bedrängnis gerieten.

Nebensatz Hauptsatz Nebensatz

Grafische Darstellung: Hauptsatz

Nebensatz ________________ , Nebensatz

~~~~~~~~~~~~~~~~ , ~~~~~~~~~~~~~~~~ .

3. Beispiel: **Komplexes Satzgefüge mit Nebensätzen auf unterschiedlichen Ebenen: Der zweite Nebensatz ist dem ersten untergeordnet.**

Man denkt beim Anblick des E-Books unwillkürlich an Gutenberg, der den Buchdruck

Hauptsatz Nebensatz 1. Ordnung

mit beweglichen Lettern erfand, was dann zur Herstellung seiner berühmten Bibeln

Nebensatz 2. Ordnung

führte.

Grafische Darstellung:

________________ ,

Hauptsatz ~~~~~~~~~~~~~~~~ ,

1. Nebensatz ~~~~~~~~~~~~~~~~ .

2. Nebensatz

1. Unterstreiche in den folgenden Satzgefügen den Hauptsatz und versieh die Nebensätze mit einer Wellenlinie.

a) Es gib heute schon elektronische Lesegeräte, die bis zu 200 Büchern speichern können.

b) Als am 21. Juli 2007 der siebte und letzte Band der Harry-Potter-Reihe erschien, wurden innerhalb von 24 Stunden mehr als 10 Millionen Exemplare verkauft.

c) Man sprach von dem Triumph eines altehrwürdigen Mediums, dem seit vielen Jahren immer wieder sein bevorstehendes Ende verkündet wurde.

d) Nie zuvor hatte sich in der Geschichte des Buchdrucks, die bereits mehrere Jahrhunderte alt ist, ein Buch mit solch einer Geschwindigkeit verbreitet.

e) Vermehrt werden heute Bücher angeboten, die man aus dem Internet herunterladen und auf einem Lesegerät speichern kann.

f) Wenn es diese Möglichkeit auch für den letzten Harry-Potter-Band gegeben hätte, hätten bestimmt zwanzig Millionen Menschen oder mehr davon Gebrauch gemacht.

g) Für den traditionellen Buchhandel, der sehr viel an den Harry-Potter-Bänden verdient, wäre das eine große finanzielle Katastrophe gewesen.

h) Weil die Gefahr des Raubkopierens besteht, werden viele Schriftsteller vielleicht nicht einer digitalen Veröffentlichung ihrer Bücher zustimmen.

i) Der Buchbranche droht die Gefahr, dass sie ähnlich wie die Musikbranche durch Internetpiraterie große Verluste machen wird.

2. Zeichne für alle Satzgefüge eine grafische Darstellung wie in dem folgenden Beispiel. Schau auch noch einmal in dem Regelkasten auf S. 69 nach.

Wenn das E-Book sich bei den Lesern durchsetzt, wird sich der Buchmarkt stark verändern.

HS

NS

3. Ordne den folgenden komplexen Satzgefügen die richtige Grafik zu. Trage dazu den richtigen Buchstaben in das Kästchen ein.

a) Mit dem E-Book, das ein elektronisches Speichergerät ist, das aus dem Internet beladen wird, entsteht dem traditionellen Buch, wie wir es seit Jahrhunderten kennen, ein ernsthafter Konkurrent.

b) Das Lesegerät, das in den USA vorgestellt wurde, kann rund zweihundert Bücher, die aus dem Internet heruntergeladen werden können, speichern.

c) Obwohl man sich schnell an das neue Leseerlebnis, das das E-Book bietet, gewöhnt, glauben viele Menschen, dass das traditionelle Buchgefühl, an das wir seit Generationen gewöhnt sind, fehlt.

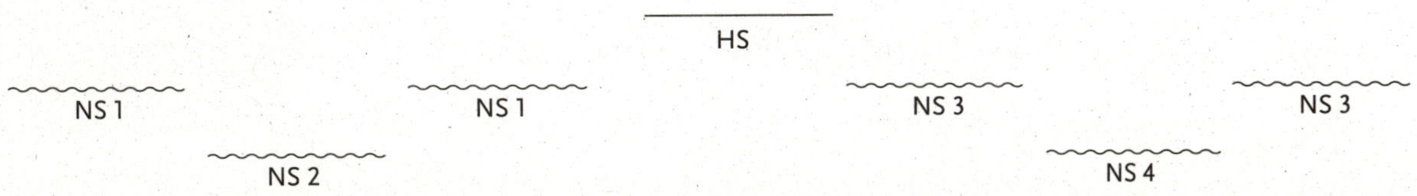

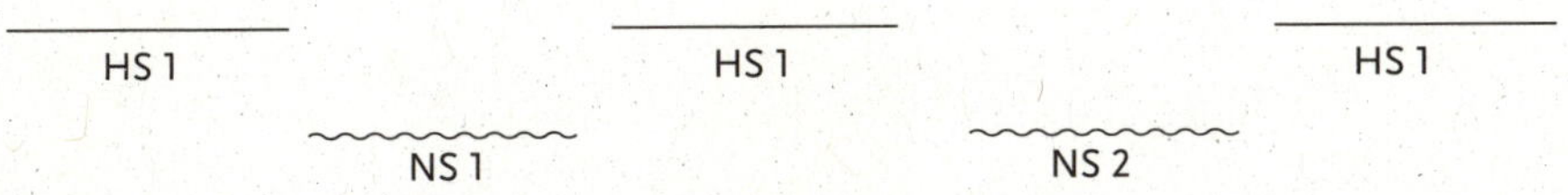

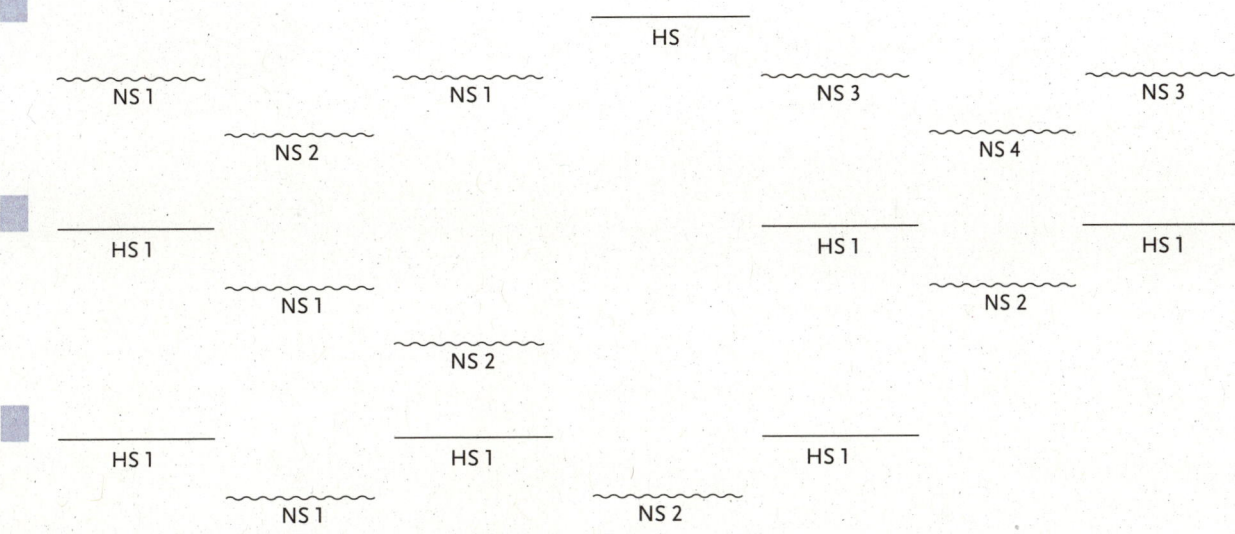

Das Komma in Satzgefügen

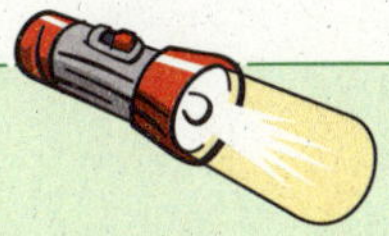

1. Das Komma trennt **Haupt- und Nebensatz/Gliedsatz** voneinander. Der Nebensatz kann vor dem Hauptsatz stehen, dahinter oder in ihn eingeschoben sein:
   Beispiele: Der Kindle wird große Verbreitung finden, obwohl er noch teuer ist.
   Obwohl er noch teuer ist, wird der Kindle große Verbreitung finden.
   Der Kindle wird, obwohl er noch teuer ist, große Verbreitung finden.
2. Das Komma steht zwischen Nebensätzen, die **voneinander abhängig** sind.
   Beispiel: Elektronische Lesegeräte bedeuten auch eine Gefahr, da Romane, Sachtexte usw. per Internet heruntergeladen werden können, was dem Buchhandel und den Verlagen wirtschaftlich schaden wird.
3. **Gleichwertige Nebensätze**, die durch ein *und* bzw. *oder* miteinander verbunden sind, werden nicht durch ein Komma abgetrennt.
   Beispiel: Man will für Studierende bald einen größeren Kindle anbieten, da sie ein größeres Interesse an Fachliteratur haben und weil Grafiken und Tabellen andere Formate benötigen.

1. Setze in den folgenden Satzgefügen die fehlenden Kommas ein.

a) Der Erfolg des E-Books wird sich daran entscheiden ob die Leser Altbewährtes oder Innovationen wollen.

b) Wer auf das Gefühl von greifbarem Papier verzichten kann das langsam durch die Hand gleitet wenn man einen Wälzer bewältigt wird sich eher mit dem neuen Medium anfreunden.

c) Das E-Book hat den Vorteil dass man wenn man längere Zeit in den Urlaub fährt keinen Koffer voll Bücher die sehr schwer sind mitschleppen muss.

d) Weil viele Menschen aber an dem gedruckten Buch als Medium festhalten wollen wird sich das E-Book wie viele Fachleute jetzt schon prophezeien nicht durchsetzen.

Die Satzreihe

Vollständige Hauptsätze, die durch eine **nebenordnende Konjunktion** (Bindewörter wie *und, oder, auch, sowie, zudem, ferner, sowohl – als auch, weder – noch, nicht nur – sondern auch, aber, dennoch, andernfalls, also, genau so, insofern, denn, somit, daher, darum, trotzdem...*) miteinander verbunden sind oder durch einen Punkt, ein Komma oder ein Semikolon getrennt werden, bilden eine **Satzreihe**.

1. Beispiel: „Im Sommer 1963 verliebte ich mich, **und** mein Vater ertrank."

2. Beispiel: „Wir sangen mit damals, wir kannten ja *My Bonnie* und *Wir lagen vor Madagaskar* und all die anderen Shantys."

1. Unterstreiche in dem folgenden Text, dem Beginn einer Kurzgeschichte, alle Hauptsätze.

Botho Strauß (geb. 1944)

Drüben

Hinter dem Fenster sitzt sie, es ist Sonntagnachmittag und sie erwartet Tochter und Schwiegersohn zum Kaffee. Der Tisch ist seit Langem für drei Personen gedeckt, die Obsttorte steht unter einer silbernen Glocke. Die alte Frau hat sich nach dem Mittagsschlaf umgezogen. Sie trägt jetzt ein russischgrünes Kostüm mit weißer Schluppenbluse. Sie hat ein Ohrgehänge mit Rubinen angelegt und die Fingernägel matt lackiert. Sie sitzt neben der aufgezogenen Gardine im guten Zimmer, ihrem „Salon", und wartet. Seit bald vierzig Jahren lebt sie in dieser Wohnung im obersten Stockwerk eines alten, ehemaligen Badehotels. Die Zimmer sind alle niedrig und klein und liegen an einem dunklen Flur. Sie blickt durch das Fenster auf den Kurgarten und den lehmfarbenen Fluss, der träg durch den Ort zieht und ihn in zwei einander zugewandte Häuserzeilen teilt, in ein stilles, erwartungsloses Gegenüber von Schatten- und Sonnenseite. Auf der Straße vor dem Haus bewegt sich nur zäh der dichte Ausflugsverkehr. Sie hält ihren Kopf aufgestützt und ein Finger liegt auf den lautlos sprechenden Lippen. Nun wird sie doch ein wenig unruhig. Sie steht auf, rückt auf dem Tisch die Gedecke zurück, faltet die Servietten neu, füllt die Kaffeesahne auf. Sie setzt sich wieder, legt die Hände lose in den Schoß. Wahrscheinlich sind sie in einen Stau geraten. [...]

(1987)

2. Welche der Aussagen trifft zu?

- Der Text besteht im Wesentlichen aus Satzreihen.
- Der Text enthält nur ein Satzgefüge, ansonsten mehr oder weniger kurze Hauptsätze.
- Da der Text viele Satzgefüge enthält, kann man von einem komplexen Satzbau sprechen.
- Die Hauptsätze sind überwiegend durch nebenordnende Konjunktionen verbunden.
- Die meisten Hauptsätze stehen unverbunden nebeneinander.
- Der Satzbau des Anfangs der Kurzgeschichte soll durch die Aneinanderreihung der Hauptsätze die Gelassenheit der Frau beim Warten verstärken.

3. Forme einige der Satzreihen in Satzgefüge um.
Beispiel: Auf dem Tisch, der seit Langem gedeckt ist, ...

4. Kreuze an, welche der drei jeweiligen Aussagen für die folgenden Sätze zutreffen.

A: „Ich trage meine Haare länger als die meisten anderen Jungen, im Nacken kurz, vorne und an den Seiten sehr viel länger, denn ich bin ein Greaser."
Es handelt sich um: a) ein Satzgefüge.
b) einen Hauptsatz.
c) eine Satzreihe.

B: „Als ich wieder zu mir kam, lag ich neben dem Brunnen, kotzte Wasser und rang nach Luft."
Es handelt sich um: a) eine Satzreihe.
b) ein einfaches Satzgefüge.
c) ein komplexes Satzgefüge.

C: „Sofie Amundsen war auf dem Heimweg von der Schule. Das erste Stück war sie mit Jorunn zusammen gegangen. Sie hatten sich über Roboter unterhalten. Jorunn hielt das menschliche Gehirn für einen komplizierten Computer. Sofie war sich nicht so sicher, ob sie da zustimmte."
Es handelt sich um: a) eine Aufzählung von Hauptsätzen.
b) vier Hauptsätze und ein Satzgefüge.
c) eine Satzreihe.

D: „An dem Tag, an dem sie ihn töten sollten, stand Santiago Nasar um fünf Uhr dreißig morgens auf, um das Schiff zu erwarten, mit dem der Bischof kam."
Es handelt sich um: a) ein einfaches Satzgefüge.
b) um einen Hauptsatz mit einer Infinitivgruppe.
c) ein komplexes Satzgefüge.

Rechtschreibung üben

Mit einem Wörterbuch arbeiten

Der wichtigste Tipp zur Vermeidung von Rechtschreibfehlern lautet:
Schlag in einem Wörterbuch nach, wenn du unsicher bist!

1. Um ein Wort möglichst schnell finden zu können, solltest du Wörter gut alphabetisch sortieren können. Bringe die folgenden Wörter in die alphabetische Reihenfolge:

a) Löwe, Katze, Hund, Affe, Bär, Zebra, Nilpferd, Meerschweinchen, Chamäleon

b) Filmkamera, Fenster, Frühling, Foto, Filter, Filz, frech, falsch, Fabel

Fifty-fifty-Joker – Finanzdienstleister

für halbpart); **Fif|ty-fif|ty-Jo|ker** (Halbierung der Antwortmöglichkeiten beim Fernsehquiz »Wer wird Millionär?«)
Fi|ga|ro, der; -s, -s (Lustspiel- u. Opernfigur; *auch* scherzh. für Friseur)
Fight [fait], der; -s, -s ‹engl.› (Kampf); **figh|ten** (verbissen kämpfen); **Figh|ter**, der; -s, - (Kämpfer); **Figh|te|rin**
Figl, der; -s, - (*österr. kurz für* Firngleiter)
Fi|gur, die; -, -en ‹lat.›
Fi|gu|ra; wie Figura zeigt (wie klar vor Augen liegt)
fi|gu|ral (mit Figuren versehen)
Fi|gu|ral|mu|sik (in der Kirchenmusik des Mittelalters)
Fi|gu|ra|ti|on, die; -, -en, Fi|gu|rie|rung (*Musik* Ausschmückung einer Figur od. Melodie)
fi|gu|ra|tiv (bildlich [darstellend])
fi|gur|be|to|nend; fi|gur|be|to|nt
Fi|gür|chen
fi|gu|rie|ren (in Erscheinung treten; *Musik* eine Figur od. Melodie ausschmücken); **fi|gu|riert** (gemustert; *Musik* ausgeschmückt); figuriertes Gewebe; **Fi|gu|rie|rung** *vgl.* Figuration
...fi|gu|rig (z. B. kleinfigurig)
Fi|gu|ri|ne, die; -, -n ‹franz.› (Figürchen; Nebenfigur in Landschaftsgemälden; Kostümzeichnung)

Abstammung; Gliederung des Staatshaushaltsplanes)
Fi|li|bus|ter *vgl.* Flibustier
fi|lie|ren ‹franz.› (Netzwerk knüpfen; *auch für* filetieren); **fi|liert** (netzartig)
fi|li|g|ran (sehr feingliedrig)
Fi|li|g|ran, das; -s, -e ‹ital.› (Goldschmiedearbeit aus feinem Drahtgeflecht)
Fi|li|g|ran|ar|beit; Fi|li|g|ran|glas; Fi|li|g|ran|schmuck
Fi|li|pi|na, die; -, -s ‹span.› (*weibl. Form zu* Filipino; *vgl.* Philippinerin); **Fi|li|pi|no**, der; -s, -s (Bewohner der Philippinen; *vgl.* Philippiner)
Fi|li|us, der; -, ...usse ‹lat.› (*scherzh. für* Sohn)
Fil|lér [...le, *auch* ...le:r], der; -[s], - (bis 1999 Untereinheit des Forint)
Film, der; -[e]s, -e ‹engl.›
Film|ama|teur; Film|ama|teu|rin; Film|ar|chiv; Film|ate|li|er; Film|au|tor; Film|au|to|rin
Film|ball; Film|bran|che; Film|di|va
Fil|me|ma|cher; Fil|me|ma|che|rin
fil|men
Film|fan; Film|fes|ti|val; Film|fest|spie|le; Film|ge|sell|schaft; Film|in|dus|t|rie
fil|misch
Film|ka|me|ra; Film|kom|po|nist; Film|kom|po|nis|tin; Film|ko|pie; Film|mu|sik

Fil|ter|pa|pier, Fil|t|rier|pa|pier; Fil|ter|staub; Fil|ter|tü|te®
Fil|te|rung
Fil|ter|zi|ga|ret|te
Fil|t|rat, das; -[e]s, -e (durch Filtration geklärte Flüssigkeit); **Fil|t|ra|ti|on**, die; -, -en (Filterung); **fil|t|rie|ren; Fil|t|rier|pa|pier** *vgl.* Filterpapier
Filz, der; -es, -e (*ugs. auch für* Geizhals; *österr. auch für* unausgeschmolzenes Fett); **Filz|de|cke**
fil|zen (*ugs. auch für* nach [verbotenen] Gegenständen durchsuchen; schlafen); du filzt
Filz|hut, der; **fil|zig; Filz|laus**
Fil|zo|kra|tie, die; -, ...ien ‹dt.; griech.› (ineinander verflochtene Machtverhältnisse)
Filz|pan|tof|fel
Filz|schrei|ber; Filz|stift
[1]**Fim|mel** (Hanf); *vgl.* Femel
[2]**Fim|mel**, der; -s, - (*ugs. für* übertriebene Vorliebe für etwas)
FINA, **Fi|na**, die; - = Fédération Internationale de Natation Amateur ‹franz.› (Internationaler Amateur-Schwimmverband)
fi|nal ‹lat.› (den Schluss bildend; zweckbezeichnend)
[1]**Fi|nal**, der; -s, -s ‹franz.› (*schweiz. für* Finale *[Sport]*)
[2]**Fi|nal** ['fainl], das; -s, -s ‹engl.› (*engl. für* Finale *[Sport]*)
Fi|nal|ab|schluss (*Wirtsch.* Endabschluss)

F
Fina

2. Kläre mithilfe des Wörterbuchauszugs auf S. 74 die richtige Schreibung. Streiche die falsch geschriebenen Wörter durch:

- Figur/Fiegur/Figuhr
- filligran/filigrahn/filigran
- Filtierpapier/Filtrierpapir/Filtrierpapier

3. Wie trennt man richtig? Streiche die falsche Version durch.

- Film/at/elier *oder* Film/ate/li/er
- fi/gur/a/tiv *oder* fi/gu/ra/tiv

4. Ein roter Strich bei einem Wort im Wörterbuch bedeutet, dass nach der Rechtschreibreform von 2006 auch an dieser Stelle statt des schwarzen Striches getrennt werden darf. Schreibe beide Trennmöglichkeiten für „filtrieren" auf.

- ______________________
- ______________________

Einige Wörterbücher bieten auch Regelkästen an, um Hilfen für schwierige Rechtschreibfälle zu geben.

klarsehen – klar sehen: Eine Verbindung von *klar* mit einem Verb wird zusammengeschrieben, wenn die Gesamtbedeutung nicht aus den Bedeutungen ihrer Einzelbestandteile ersichtlich ist, sondern eine neue Bedeutung vorliegt (Idiomatisierung): *In dieser Angelegenheit werden wir spätestens morgen klarsehen* (= Klarheit haben). § 34 (2.2) Ebenso: *klarkommen* (= keine Probleme mit etwas/jmdm. haben), *klarlegen* (= deutlich machen, erklären), *klarstellen* (= Missverständnisse beseitigen).

In konkreter Bedeutung wird hingegen getrennt geschrieben: *etwas/jmdn. klar* (= deutlich) *sehen können.* § 34 (2.3) Ebenso: *deutlich reden, leise sprechen, gut hören.*

5. Entscheide die richtige Schreibweise. Streiche das falsch geschriebene Wort durch.

- Der Politiker wollte die Angelegenheit vor der Kamera klar stellen/klarstellen.
- Der Nebel will sich heute nicht verziehen, es will nicht klar werden/klarwerden.
- Ich muss mir darüber klar werden/klarwerden
- Ich muss mit den Hausaufgaben klar kommen/klarkommen.

Groß- und Kleinschreibung

Großschreibung – Regeln im Überblick

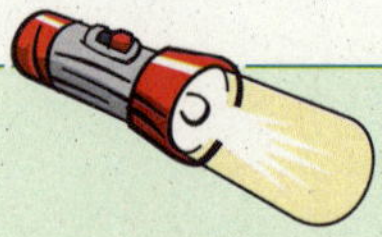

1	Nomen und Eigennamen schreibt man groß. Alle anderen Wortarten, die man sonst kleinschreibt, werden dann großgeschrieben, wenn sie im Satzzusammenhang wie ein Nomen verwendet werden. Häufig steht ein Begleiter davor, der das Wort deutlich als Nomen kennzeichnet. Manchmal fehlt der Begleiter auch, man kann ihn dann jedoch einsetzen.	– **B**uch, **B**uchstabe, **L**ampe – Das **Z**eichnen macht ihr Spaß. – Als **K**unstkenner liebt er das **S**chöne. – Euer ewiges **W**arum und **W**ieso geht auf die Nerven. – Im **F**olgenden führe ich aus ... – Des **W**eiteren muss gesprochen werden über ...
2	Herkunfts- und Ortsbeschreibungen auf -er werden großgeschrieben. Herkunfts- und Ortsbezeichnungen auf -isch werden nur dann großgeschrieben, wenn es sich um einen festen Bestandteil eines Eigennamens handelt.	– die **W**uppertaler Schwebebahn – der **D**resdener Stollen – der **A**tlantische Ozean – der **B**ayerische Wald
3	Zeitangaben in der Form eines Nomens schreibt man immer groß.	– heute **N**achmittag – des **M**orgens – am **S**onntagmorgen
4	Das Wort **Mal** schreibt man groß, wenn es Teil einer Wortgruppe ist und als Nomen gebraucht wird.	– dieses eine **M**al – ein letztes **M**al – zum hundertsten **M**al
5	Das höfliche Anredepronomen **Sie** und das entsprechende Possessivpronomen **Ihr** werden in allen Formen großgeschrieben.	Antwortschreiben der Firma Kraft: „Wir teilen **I**hnen mit, dass **S**ie **I**hr Praktikum bei uns durchführen können.“

Kleinschreibung – Regeln im Überblick

6	Außer Nomen werden alle Wortarten kleingeschrieben.	**w**erfen, **d**unkel, **h**eute, **d**ort, **n**icht, **w**eil, **u**nd
7	Adjektive, die sich auf ein vorhergehendes Nomen beziehen, werden kleingeschrieben.	Er zeigte mir seine Bilder; besonders die **m**odernen gefielen mir.
8	Die unbestimmten Zahlwörter **ein bisschen** und **ein paar** (= einige) werden immer kleingeschrieben. Das gilt ebenso für den Ausdruck **die beiden**, **beide**.	Darf es beim Käse ein **b**isschen mehr sein? Nach ein **p**aar Stunden erreichten wir den Gipfel. Ich sehe die **b**eiden in der Stadt immer zusammen.
9	Die nebenstehenden Zahlwörter und Mengenangaben werden in der Regel kleingeschrieben.[1]	**v**iel, das **v**iele, **w**enig, das **w**enige, das **m**eiste, der **e**ine, die **an**dere, nichts **a**nderes
10	Orts- und Herkunftsbezeichnungen auf -isch werden kleingeschrieben, wenn sie nicht fester Bestandteil eines Namens sind.	**c**hinesisches Essen **i**talienischer Wein
11	Zeitangaben in der Form eines Adverbs schreibt man klein.	**g**estern, **h**eute, **m**orgen, **s**onntagnachmittags
12	Wörter mit dem Wortbaustein **-mal** werden kleingeschrieben, wenn es Adverbien sind.	**e**inmal, **f**ünfmal, **h**undertmal, **n**iemals, **o**ftmals
13	Die persönlichen Anredepronomen **du** und **ihr** und die Possessivpronomen **dein** und **euer** werden in der Regel kleingeschrieben. In Briefen ist auch die Großschreibung möglich.	Hast **d**u schon **d**eine Hausaufgaben gemacht? Lieber Manfred, heute schreibe ich **D/d**ir, wie **D/d**u **D/d**einen Aufschlag im Tennis verbessern kannst.

[1] Sie können auch großgeschrieben werden, wenn der Schreiber/die Schreiberin den substantivischen Charakter betonen möchte: Der Eine sagt dies, der Andere sagt das.

Groß oder klein? – Regeln im Überblick

14	Die Wörter **recht/Recht** und **unrecht/Unrecht** können in Verbindung mit Verben wie **behalten, bekommen, geben, haben, tun** klein- oder großgeschrieben werden. Wird das Wort **Recht** deutlich als **Nomen** verwendet, wird es großgeschrieben.	Man kann nicht immer **R/r**echt bekommen. sein **R**echt bekommen **R**echt sprechen im **R**echt sein
15	Feste Verbindungen aus einer Präposition und einem deklinierten (gebeugten) Adjektiv ohne vorangestellten Artikel kann man groß- oder kleinschreiben.	von **N**euem/von **n**euem von **W**eitem/von **w**eitem bis auf **W**eiteres/bis auf **w**eiteres seit **L**ängerem/seit **l**ängerem

1. Übernimm den folgenden Text in der richtigen Schreibweise in dein Heft. Entscheide zuvor, ob die fett gedruckten Wörter groß- oder kleingeschrieben werden. Suche dazu die entsprechende Regel und trage die Nummer der Regel in die Klammern ein. Streiche dann den falschen Buchstaben durch. In sieben Fällen sind Groß- und Kleinschreibung möglich.

Dietrich Herrmann
Der „Affen-Müller“

Verehrte Damen und Herren,
der Todestag des großen Biologen und Lehrers unserer Schule jährt sich **H/h**eute ( ) zum hundertfünfundzwanzigsten **M/m**al ( ). Wie **S/s**ie ( ) bereits wissen, verfocht der **L/l**ippstädter ( ) Lehrer ohne jedes **W/w**enn und **A/a**ber ( ) die Lehre des großen **E/e**nglischen ( ) Forschers Charles Darwin, wonach sich alle Lebewesen nach dem Prinzip des **Ü/ü**berlebens ( ) der **F/f**ittesten ( ) entwickeln.
Stellen **S/s**ie ( ) sich nur vor, welchen Skandal Müller am **F/f**reitagmorgen ( ) des 23. April 1877 auslöste, als er in einer Oberstufenklasse seines Gymnasiums den Menschen in seiner Entwicklung vom Affen ableitete. Ich werde **I/i**hnen ( ) im **F/f**olgenden die Empörung in der Stadt schildern und des **W/w**eiteren ( ) darstellen, wie insbesondere die **L/l**ippstädtische ( ) Presse den Fall aufnahm. Selbstverständlich war die Lehre Darwins von der Entwicklung der Arten schon seit **L/l**ängerem ( ) bekannt, aber das **E/e**ntscheidende ( ) lag darin, dass sich **V/v**iele nicht trauten, dazu offen Stellung zu nehmen.
Die **M/m**eisten ( ) glaubten weiter an die Schöpfungslehre des Alten Testaments, **A/a**ndere ( ) sprachen allenfalls im vertrauten Kreise darüber, während in den Wissenschaften die Lehre Darwins im **A/a**llgemeinen ( ) akzeptiert wurde.
Zuerst griffen die katholische und evangelische Kirche Müller an; **B/b**eide ( ) beanspruchten, mit der Auslegung der Bibel im **R/r**echt ( ) zu sein. Man sprach in Lippstadt in diesem Jahr über nichts **A/a**nderes ( ) mehr, und schließlich musste das Kultusministerium in dem **L/l**ippstädter ( ) Streit **R/r**echt ( ) sprechen. Doch dann setzten sich die Auffassungen des mutigen Lehrers bis auf **W/w**eiteres ( ) durch; vor allem fortschrittliche Wissenschaftler im ganzen Reich setzten sich dafür ein, dass Hermann Müller sein **R/r**echt ( ) bekam und weiter am Ostendorf-Gymnasium unterrichten durfte. In den folgenden Jahren blieb Müller bis zu seinem Tode dem **F/f**orschen ( ) nach den Gesetzen der Entwicklung der Lebewesen treu. Der Streit brach in Lippstadt nicht wieder von **N/n**euem ( ) los. Seinen Namen „Affen-Müller“, den hat Hermann Müller in Lippstadt noch **H/h**eute ( ).

2. In dem folgenden Text geht es um Matthias Steiner, einem Sieger im Gewichtheben bei der Olympiade in Peking im Jahr 2008. Übertrage den Text in der richtigen Schreibweise in dein Heft.

Der Kampf der Kolosse

Nur EINMAL musste das GERAHMTE Foto seiner Frau das Wohnzimmer verlassen; DONNERSTAGNACHMITTAGS, beim HEBEN der schwersten Gewichte in der Arena von Peking war es dabei. Vor 6000 Zuschauern hielt er es viele MALE hoch; alle sahen mit STAUNEN das Bild seiner Frau, die bei einem Autounfall ums LEBEN gekommen war. Ihr DABEISEIN bei der ENTGEGENNAHME der Goldmedaille war für Steiner ein Herzenswunsch. Die PE-

KINGER Zuschauer hielten nach der ANSPANNUNG des Kampfes von NEUEM den Atem an; dann entbrannte ein KLATSCHEN, JOHLEN und FAHNENSCHWINGEN. Beim ABSPIELEN der Hymne hatten VIELE Tränen in den Augen. Sie waren ergriffen von der Dramatik des Kampfes im SCHWERGEWICHTHEBEN, als Matthias Steiner im letzten VERSUCH des Wettbewerbs die siegreiche ENTSCHEIDUNG gelang. Im FOLGENDEN sah man nur noch einen tanzenden Riesen im FREUDENTAUMEL. Er hatte UNGLAUBLICHES vollbracht: Im REIßEN und STOßEN übertraf er seinen bisherigen Rekord um zehn Kilo. „Der SIEGER im SUPERSCHWERGEWICHT ist der stärkste Mann der Welt“, sagte sein Trainer. Steiner wies mit dem Zeigefinger auf den Adler auf seiner Brust und fügte hinzu: „Nur wir BEIDE konnten für Deutschland gewinnen.“ – Wieder ein Hinweis auf seine Frau, mit der er nur ein PAAR Monate zusammenleben durfte.

Lange Vokale – kurze Vokale

Lang ausgesprochene Vokale

Lang ausgesprochene Vokale können auf unterschiedliche Weise geschrieben werden:

- mit einfachem Vokal ohne Dehnungszeichen (z.B. der Rabe),
- mit dem Buchstaben h als Dehnungszeichen (z.B. wohnen),
- mit doppeltem Vokal (z.B. der Zoo).

Eine Besonderheit stellt der lang ausgesprochene i-Laut dar. Er wird
- am häufigsten mit ie geschrieben (z.B. Liebe),
- in einigen Wörtern aus anderen Sprachen mit einfachem i (z.B. Apfelsine),
- in seltenen Fällen mit ih (ihr) und ieh (z.B. er stiehlt).

Da es im Deutschen keine einheitlichen Regeln für die unterschiedliche Schreibweise gibt, muss man sich Wörter mit lang gesprochenen Vokalen besonders einprägen und sie immer wieder üben.

Das Gehirn – ein Meisterwerk

Das Gehirn des Menschen ist das höchstentwickelte Organ, das die Natur je hervorgebracht hat. Wegen seiner außergewöhnlich vielseitigen Fähigkeiten – im Guten wie im Bösen – ist es sicher auch das faszinierendste Gebilde im menschlichen Körper. Es kann dazu dienen, Kunstwerke zu schaffen oder Kriege anzuzetteln, geniale Berechnungen anzustellen oder Völker zu morden. Ohne sein Gehirn hätte der Mensch weder die ganze Welt besiedeln können, noch würde er versuchen, den Weltraum zu erobern. Als Sitz von Seele und Geist ist es jedoch auch für Hirnforscher immer noch ein Rätsel. Das Gehirn ist ein Teil des Nervensystems. Wir brauchen es, um unsere Umgebung wahrzunehmen. Sonst könnten wir nicht sehen oder hören, riechen, schmecken oder fühlen. Ohne Nervensystem würde weder unsere Atmung funktionieren noch die Verdauung. Wir könnten unsere Muskeln nicht benutzen, sprächen weder noch bewegten wir uns aktiv fort. Denn all das muss koordiniert werden. Wir wären willenlos und passiv wie ein Schwamm auf dem Grund des Meeres – ein primitives Tier, das am Boden festsitzt und sich nicht fortbewegen kann.

1. Die unterstrichenen Wörter enthalten jeweils einen betonten, lang ausgesprochenen Vokal. Ordne sie entsprechend ihrer unterschiedlichen Schreibweise in die Tabelle ein. Du musst den Spalten allerdings noch entsprechende Überschriften geben.

• Übungsschwerpunkt: Wörter mit lang ausgesprochenem Vokal ohne Dehnungszeichen

1. Setze in den folgenden Wörtern den richtigen Vokal ein.

Plan___t, n___mlich, Masch___ne, Kam___n, W___l, T___d, Kr___n, K___m___t

2. Vor allem in Fremdwörtern und Wörtern, die einer anderen Sprache entlehnt sind, schreibt man den lang ausgesprochenen i-Laut mit einfachem i. Löse das folgende Kreuzworträtsel.

Waagerecht:
2 Essraum in einer Fabrik
3 Hilft beim Arbeitsprozess
4 Südfrucht
6 altes, zerfallendes Gebäude

Senkrecht:
1 Fensterbehang
3 Brotaufstrich
5 gefährdet Skifahrer in den Bergen

3. Bei den Wörtern wieder und wider muss man die Bedeutung unterscheiden: **wie**der (im Sinne von „noch einmal“) = **wie**derholen, **wie**dergeben, **wi**der (im Sinne von „gegen“) = **wi**dersprechen, **wi**derspiegeln. Setze in den folgenden Sätzen die richtigen Buchstaben ein und achte dabei besonders auf den Sinn.

- Der Direktor des Internats duldet keinen W____derspruch.
- Das w____derholte Zuspätkommen wird von der neuen Lehrerin nicht toleriert und entsprechend bestraft.
- Die w____dersprüchlichen Zeugenaussagen führten schließlich zum Freispruch des Angeklagten.
- Trotz der w____derkehrenden Schmerzen startete der Hürdenläufer im Finale.
- Das Sonnenlicht spiegelte sich im Wasser w____der und sorgte so für beeindruckende Lichtspiele.
- Auf das W____dersehen beim Klassentreffen freuten sich alle sehr.

4. Bilde jeweils einen Satz mit folgenden Wörtern:

- wiedersehen – wiederholen – wiederfinden – wieder
- widerlich – widerrufen – widerspiegeln – Widersacher – widersetzen

Ein Text zum Üben

1. Im folgenden Text sind einige Wörter ausgespart; sie stehen in vertauschter Reihenfolge unter dem Text. Trage sie ein.

Unser Geruchssinn

Unser Geruchssinn ist nicht so ______________ entwickelt wie der mancher ______________. ______________ für ihre ______________ sind zum ______________ Hunde oder Schweine. Hunde erschnüffeln Menschen unter ______________ oder eingestürzten Häusern. Im ______________ der Polizei finden die Hunde auch ______________ oder Sprengstoffe. Schweine ______________ ihren Herrn zu den bei Feinschmeckern so ______________ Trüffelpilzen, die unsichtbar unter der Erde wachsen und die wir nicht ______________ können.

Wortspeicher: riechen, gut, Lawinen, Drogen, Dienste, führen, Tiere, Spürnasen, berühmt, Beispiel, begehrten

Kurz ausgesprochene Vokale

Nach kurzen, betonten Vokalen (Selbstlauten) und Umlauten (ä, ö, ü) schreibt man häufig entweder zwei gleiche oder zwei verschiedene Konsonanten (Mitlaute).

- Wenn du nach einem kurz gesprochenen Vokal nur einen Konsonanten hörst, wird dieser meist verdoppelt.
  Beispiel: Falle, können
- Die Laute k und z werden im Deutschen nicht verdoppelt. Nach einem kurzen Vokal schreibt man fast immer ck und tz.
  Beispiel: Backe, Katze
- Nach l, m, n, r, das merke ja, steht nie tz und nie ck, man schreibt´s auch nicht nach ei, eu, au, das merke gleichfalls dir genau.
  Beispiel: Arzt, scherzen, Bank, merken
- Wenn man nach einem kurzen, betonten Vokal zwei oder mehr verschiedene Konsonanten hört, wird häufig keiner verdoppelt.
  Beispiel: singen, Rampe

Stress

Stress gilt als typisches Phänomen unserer Zeit: Ein Gefühl von Hetze, Zeit- und Arbeitsdruck, das bei extremer Überlastung zum Zusammenbruch führen kann. Als „stressig“ empfinden wir ganz unterschiedliche Situationen, zum Beispiel Prüfungen, Lärm, die Hektik einer Großstadt. Aus biologischer Sicht bedeutet Stress eine Alarmierung des Körpers: Verschiedene Reize der Umwelt, die auf uns einwirken und eine möglichst optimale Anpassung verlangen. Darauf reagiert unser Organismus üblicherweise in drei Phasen. Im ersten Moment – Schreck oder Schock – sinken Blutdruck, Temperatur und Muskelspannung. Das kann mit einem Gefühl von Schwäche verbunden sein (manchmal kriegt man „weiche Knie“) und zur Ohnmacht führen.

Die zweite Phase versetzt uns – sofern wir nicht ohnmächtig sind – in die Lage, mit der Bedrohung fertig zu werden. Entweder durch Flucht oder Angriff beziehungsweise Verteidigung. In solchen Momenten können wir besonders schnell laufen und fühlen uns stark genug, jemanden abzuwehren. Diesen Zustand höchster Reaktionsfähigkeit kann jedoch kein Mensch und kein Tier auf Dauer ertragen. Auf zu großen Stress über längere Zeit folgt Erschöpfung, die unsere Abwehrkräfte schwächen kann.

1. Die unterstrichenen Wörter enthalten alle einen betonten, kurz ausgesprochenen Vokal. Ordne sie in die Tabelle ein. Du musst den Spalten allerdings noch entsprechende Überschriften geben.

• Übungsschwerpunkt: Die Laute k und z nach kurz gesprochenem, betontem Vokal

2. Zeichne wie in dem Beispiel zu den folgenden Wörtern den Wortumriss und trage die Buchstaben ein:

K	a	t	z	e

Hitze, Sack, kratzen, backen, spucken, Tatze, ritzen, verdutzt, Ritze, Spitze

3. Suche zu den folgenden Verben möglichst viele Wörter aus der gleichen Wortfamilie. Schreibe die Wörter, die du gefunden hast, in dein Heft.

schlucken, setzen, backen, nutzen, schützen, schmecken
Beispiel: schlucken – Schluck, Schlückchen, Schluckauf

4. Die folgenden Texte könnt ihr euch gegenseitig diktieren und sie auch gegenseitig kontrollieren.

Schmerzempfinden

Beim Blutabnehmen wenden Ärzte oder Krankenschwestern häufig einen Trick an: Bevor sie einem die Nadel in die Haut stechen, schlagen sie mit der flachen Hand auf die angepeilte Stelle. Während man noch erstaunt den Klaps fühlt, hat man den Einstich gar nicht bemerkt. Es ging so schnell, dass die Sinne kurz „verwirrt" waren. Wie so ein alltägliches Beispiel zeigt, kann Schmerzempfinden durchaus schwanken.

Phantomschmerz

Menschen, denen durch eine Operation ein Arm oder ein Bein entfernt werden musste, können hinterher immer noch Schmerzen an den nicht mehr vorhandenen Gliedmaßen empfinden. Bei diesem sogenannten Phantomschmerz handelt es sich nicht um Einbildung. Ihm liegt eine Störung des schmerzleitenden Systems im Rückenmark zugrunde.

Endorphine

Die vom Gehirn erzeugten Schmerzstiller heißen Endorphine. Eine weitere Wirkung, die ihnen zugeschrieben wird, sind Glücksgefühle. Auch bei Tieren ist das Gehirn in der Lage, solche schmerzstillenden Substanzen herzustellen. Das gilt zumindest für die Säugetiere.

Stress bei Tieren

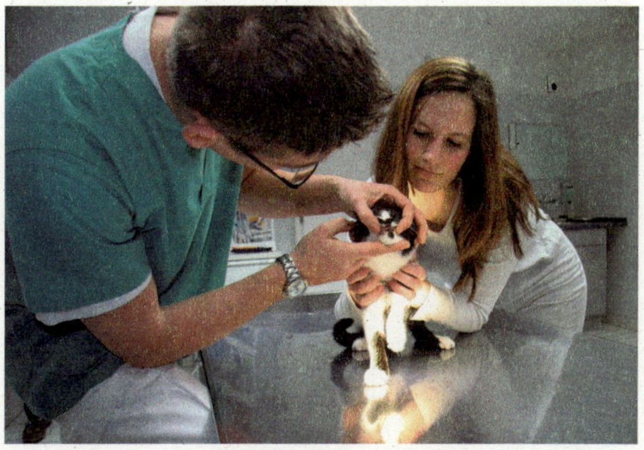

Welche Situationen wir als stressig empfinden, schwankt von Mensch zu Mensch. Erfahrungen spielen dabei eine große Rolle. Das gilt auch für Tiere. Wenn du ein Haustier hast, mit dem du schon einmal zum Tierarzt musstest, hast du vielleicht beobachtet, wie ängstlich es war. Zumindest der erste Arztbesuch ist für eine Katze sehr „stressig": die fremden Tiere im Wartezimmer, beißender Geruch von Desinfektionsmitteln im Behandlungsraum. Wenn der Arzt die Katze mit unerbittlichem Nackengriff aus ihrem Körbchen zerrt, hat sie vor Schreck geweitete Augen. Manche Katzen verlieren in dem Moment sogar die Haare – eine Stressreaktion, die einem Schweißausbruch beim Menschen entspricht.

Fremdwörter richtig nutzen und richtig schreiben

Fremdsprachliche Fachbegriffe richtig nutzen und richtig schreiben

Du hast in den letzten Schuljahren viele fremdsprachliche Fachbegriffe zur Beschreibung und Deutung von literarischen Texten, aber auch Sachtexten gelernt. Es ist wichtig, sie sowohl richtig anzuwenden als auch sie richtig zu schreiben. Die folgende Übung hilft dir dabei.

Hier siehst du eine Auswahl wichtiger fremdsprachlicher Fachbegriffe im Fach Deutsch und jeweils ein oder zwei Beispiele. Es fehlen allerdings die Bedeutungserklärungen.

Fachbegriff	**Beispiel**
Alliteration (die)	Milch macht müde Männer munter.
Anapher (die)	Das Wasser rauscht. Das Wasser schwoll.
Antithese (die)	Alle wissen, was geschehen ist, aber keiner hat etwas gesagt.
Chiasmus (der)	„Und doch, welch ein Glück geliebt zu werden Und lieben, Götter, welch ein Glück!“
Ellipse (die)	Je eher, desto besser.
Euphemismus (der)	entschlafen, Entsorgungspark
Hyperbel (die)	todmüde
Interjektion (die)	Ach, es ist so dunkel!
Inversion (die)	Groß sind die Werke des Herrn.
Ironie (die)	Das hast du ja mal wieder gut gemacht!
Klimax (die)	Er kam, er sah, er siegte.
Metapher (die)	Mein Gedicht ist mein Messer.
Parallelismus	Deutschland, wir weben dein Leichentuch Wir weben hinein den dreifachen Fluch.
Personifikation (die)	Die Sonne lacht.
Symbol (das)	Die Farbe Weiß für Unschuld; Taube für Frieden

1. Löse das folgende Kreuzworträtsel. Der zu suchende Begriff ist die erklärende Beschreibung eines dieser Fachbegriffe.

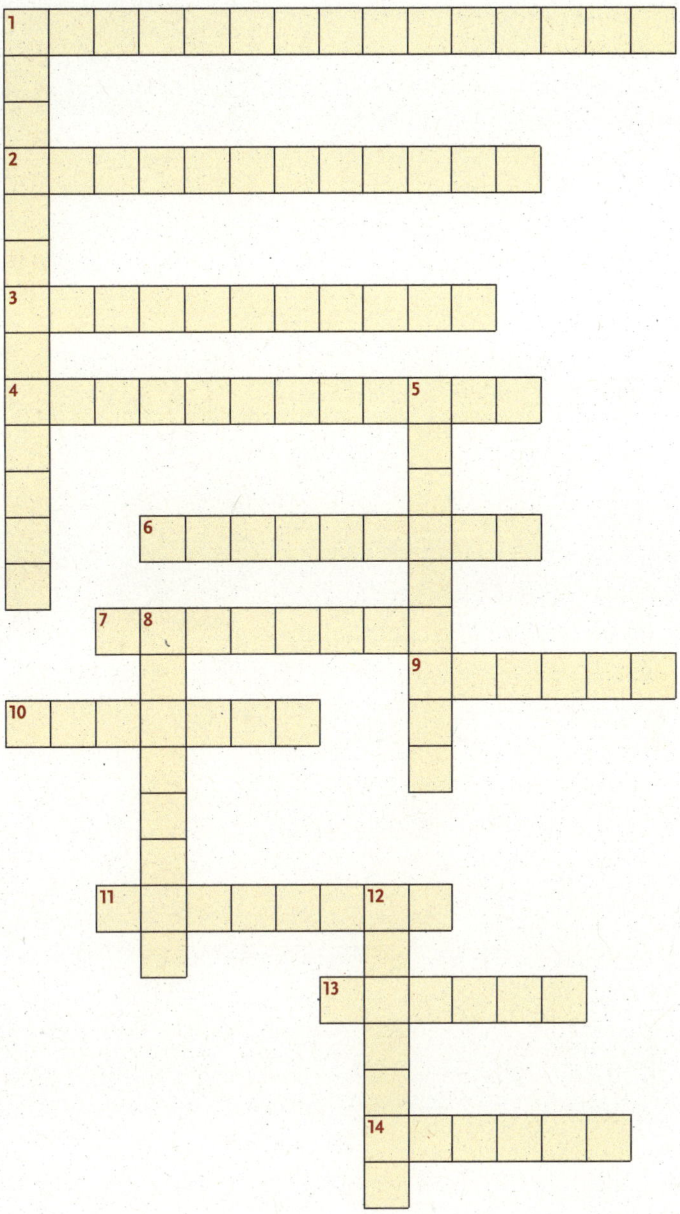

Waagerecht:

1 Gegenständen, Tieren oder Pflanzen werden menschliche Verhaltensweisen zugeordnet.

2 Mehrere Wörter bzw. betonte Silben beginnen mit dem gleichen Laut.

3 Verhüllung eines negativen Sachverhalts durch ein beschönigendes Wort

4 Ausruf

6 Gegensätzliche Begriffe oder Aussagen werden einander gegenübergestellt.

7 Jeweils zwei Wörter oder Satzglieder werden einander spiegelbildlich zugeordnet (Überkreuzstellung, nach dem griechischen Buchstaben X).

9 Der Sprecher meint das Gegenteil dessen, was er sagt.

10 Mehrere Sätze, Satzteile oder Verse beginnen mit dem gleichen Wort.

11 Ein verkürzter Vergleich (ohne das Vergleichswort „wie“)

13 Eine Reihe von Ausdrücken ist steigernd angeordnet.

14 Ein konkreter Gegenstand wird als Träger eines allgemeinen Sinnzusammenhangs gesetzt. Die Bedeutung kann man in der Regel nicht aus dem Gegenstand ableiten, man muss sie gelernt haben.

Senkrecht:

1 In aufeinanderfolgenden Sätzen werden die Satzglieder in gleicher Weise angeordnet.

5 Wörter bzw. Satzglieder stehen innerhalb eines Satzes an ungewöhnlicher Stelle.

8 Übertreibung

12 Satzglieder werden ausgelassen, sodass der Satz grammatisch nicht vollständig ist.

In vielen Sachtexten, die du in den unterschiedlichen Fächern liest, kommen ebenfalls Begriffe aus anderen Sprachen vor, deren Bedeutung du, wenn du sie nicht kennst, entweder aus dem Textzusammenhang erschließen oder aber in einem Wörterbuch nachschlagen musst. Auch hier solltest du dir die Schreibweise der fremdsprachigen Begriffe einprägen. Zum Nachschlagen in einem Wörterbuch findest du Übungen auf den Seiten 74 f.

Fremdwörter aus dem Kontext erschließen

ai[1] in Aktion (1) für Menschenrechte

ai hat im Laufe der Jahre eine Reihe von Aktionsformen entwickelt, um Menschenrechtsverletzungen entgegenzuwirken. Die Mitglieder der Organisation setzen sich mit viel Fantasie[2] und Ausdauer für die von ihnen betreuten Opfer politischer Verfolgung ein, schreiben Briefe an Regierungsvertreter, Richter, Gefängnisbeamte, an alle, die Verstöße gegen die Menschenrechte unterbinden können.
Um die Öffentlichkeit gegen Menschenrechtsverletzungen zu mobilisieren (2), beteiligen sie sich an weltweiten Kampagnen (3) zu einzelnen Themen oder Ländern und erzeugen so den notwendigen Druck auf Regierungen, Verstößen Einhalt zu gebieten. In Situationen, die eine sofortige Intervention (4) zugunsten akut (5) gefährdeter Menschen erfordern, bringen die Mitglieder und Freunde von ai innerhalb von 48 Stunden weltweit Tausende Appelle (6) in Form von Briefen, Telefaxen oder Telegrammen an die zuständigen Behörden des jeweiligen Landes auf den Weg.
Gruppen von ai versuchen, mit öffentlichen Veranstaltungen, Ausstellungen, Konzerten, Mahnwachen und anderen einfallsreichen Aktionen in ihren Städten Aufmerksamkeit für das Thema Menschenrechte zu erlangen. [...]
Einen immer größeren Raum nimmt auch die vorbeugende Arbeit gegen Menschenrechtsverletzungen ein. ai unterstützt beispielsweise auf internationaler Ebene wie den Vereinten Nationen die Verabschiedung von Pakten (7) und Abkommen für einen wirksamen Menschenrechtsschutz. Ihre Mitglieder engagieren (8) sich weltweit im Bereich der Menschenrechtserziehung, um das Bewusstsein für die unveräußerlichen Rechte des Einzelnen zu stärken.

---

[1] ai, amnesty international: Menschenrechtsorganisation
[2] auch: Phantasie

2. Beantworte zunächst folgende Fragen zum Verständnis des Textes:
Welche Aussagen über den Text sind richtig? Kreuze an.

- ☐ Der Text stellt dar, in welchen Ländern die Menschenrechte verletzt werden.
- ☐ Der Text berichtet von den Aktionsformen, mit denen ai auf die Verletzung von Menschenrechten aufmerksam macht.
- ☐ Der Text kritisiert die Länderregierungen, die Menschenrechtsverletzungen begehen oder zulassen.

3. Bei den unterstrichenen Wörtern handelt es sich um Wörter aus einer anderen Sprache. Für jedes Wort findest du im Folgenden drei Formulierungen, die die Bedeutung umschreiben. Kreuze an, welche am besten in den Satzzusammenhang passt.

1
- ☐ Bewegung
- ☐ Handlungseinsatz
- ☐ Maßnahme

2
- ☐ in Bewegung setzen
- ☐ kriegsbereit machen
- ☐ beweglich machen

3
- ☐ Feldzug
- ☐ Unternehmungen
- ☐ Werbeaktionen

4
- ☐ Unterlassung
- ☐ Bedauern
- ☐ Einschreiten

5
- ☐ dringend
- ☐ im Moment besonders
- ☐ unvermittelt

6
- ☐ Verbote
- ☐ Proteste
- ☐ Bittschriften

7
- ☐ Verträge
- ☐ Schriften
- ☐ Absichtserklärungen

8
- ☐ verlaufen sich
- ☐ verpflichten sich
- ☐ bemühen sich besonders

4. Trage die in dem Text unterstrichenen Wörter in den passenden Wortumriss ein. So kannst du dir ihre Schreibweise besonders gut merken.

1) 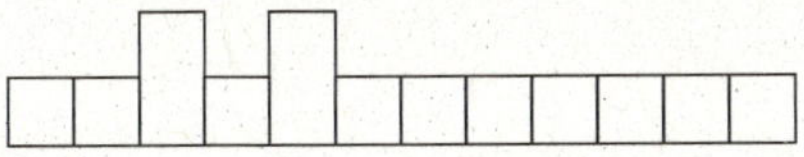

2) 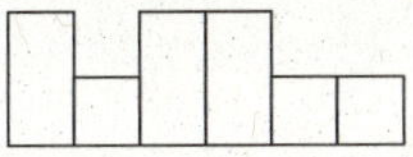

3) 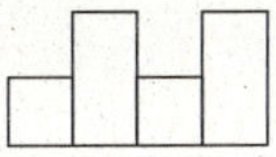

4) 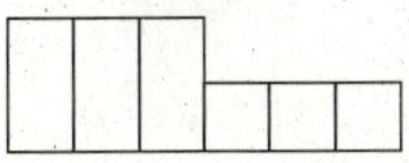

5) 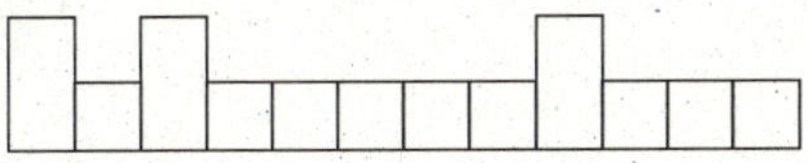

6) 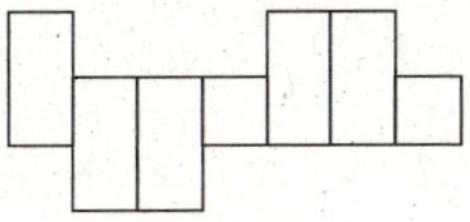

7) 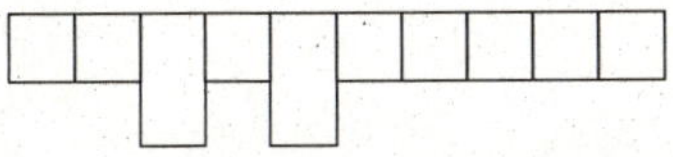

8) 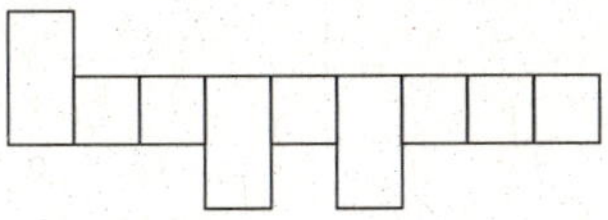

Zusammen oder getrennt?

Verbindungen aus einem Nomen und einem Verb

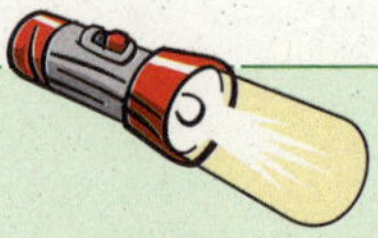

1. Verbindungen aus einem Nomen und einem Verb werden in der Regel getrennt geschrieben.

   Beispiel: Wer **Mofa fahren** will, benötigt eine Betriebserlaubnis.

2. Wenn eine Verbindung aus einem Nomen und einem Verb wie ein Adjektiv gebraucht wird und z.B. als Attribut ein Nomen näher bestimmt, kannst du getrennt oder zusammenschreiben. Aus dem Verb wird in diesem Fall ein Partizip.

   Beispiel: Die Polizei achtet besonders auf **Mofa fahrende/mofafahrende** Jugendliche.

3. Wird der Ausdruck insgesamt als Nomen gebraucht, musst du groß- und zusammenschreiben.

   Beispiel: **Das Mofafahren** wird von vielen Jugendlichen als problemlos angesehen.

4. In einigen Fällen bilden ein ursprüngliches Nomen und ein Verb eine Zusammensetzung, weil das Nomen nicht mehr als eigenständiges Wort angesehen wird.

   Beispiel: **leidtun** – Es **tut** ihr **leid**.
   heimkommen, eislaufen, teilnehmen

1. Schreibe die Sätze in der richtigen Form in dein Heft. Manchmal hast du zwei Möglichkeiten.

- Wer ENERGIESPARENDE Glühbirnen verwendet, kann die Stromkosten erheblich senken.
- Das ENERGIESPAREN setzt sich immer mehr durch.
- Lars und Anne treffen sich nach der Schule zum SPAGHETTIESSEN.
- SPAGHETTIESSENDE Menschen halten sich am besten in der Badewanne auf.
- Wenn wir am Sonntagabend SPAGHETTIESSEN wollen, müssen wir den Einkauf organisieren.
- Einigen Teesorten wird die Wirkung zugeschrieben, das BLUTZUREINIGEN.
- BLUTREINIGENDE Tees kann man in der Apotheke kaufen.
- Das Gleiche gilt für BLUTSTILLENDE Watte.
- Zum BLUTSTILLEN kann man auch Kräuterextrakte verwenden.
- Der Kranke befindet sich in einem BESORGNISERREGENDEN Zustand.
- Wenn es dir wirklich LEIDTUT, solltest du mit deiner Freundin sprechen.
- Sobald er HEIMGEKEHRT war, rief er an.

- Pauline NIMMT an einem Sportwettkampf TEIL.
- Mädchen, die FUSSBALLSPIELEN, sind heute eine Selbstverständlichkeit.
- Vor 20 Jahren waren FUSSBALLSPIELENDE Mädchen eher selten.
- Christin und Vanessa verabreden sich zum FUSSBALLSPIELEN.

Verbindungen mit dem Hilfsverb *sein*

Verbindungen mit dem Hilfsverb **sein** werden immer getrennt geschrieben.

Beispiel: **zurück sein, hier gewesen, zusammen sein (aber: unser Zusammensein ...)**

1. Schreibe die Sätze in der richtigen Form in dein Heft.

- Es ist alles schon DAGEWESEN.
- Er wollte für immer mit ihr ZUSAMMENSEIN.
- Wenn du wieder HERAUSBIST, feiern wir ein Fest.
- Vor Mitternacht wollte sie ZURÜCKSEIN, aber es gelang ihr nicht.
- Wenn du FORTBIST, bin ich sehr traurig und wünsche mir, du wärest nie WEGGEWESEN.
- Der Motor dürfte HINÜBERSEIN.

Verbindungen aus zwei Verben

1. Verbindungen aus zwei Verben werden in der Regel getrennt geschrieben.
   Beispiel: Lass uns **schwimmen gehen**.
   Maike hat ihren Badeanzug **liegen gelassen**.
   Ich möchte noch eine halbe Stunde **spazieren gehen**.
2. Verbindungen mit den Verben **lassen** und **bleiben** können dann zusammengeschrieben werden, wenn sich eine neue, übertragene Bedeutung ergibt.
   Auch bei der Verbindung **kennenlernen/kennen lernen** ist die Schreibweise freigestellt.

   Beispiel: Lars habe ich im Urlaub **kennen gelernt/kennengelernt**.
   Du kannst mich doch nicht so einfach **stehen lassen/stehenlassen** (im Sinne von ignorieren).
3. Verbindungen aus zwei Verben werden zusammen- und großgeschrieben, wenn der Ausdruck insgesamt als Nomen verwendet wird.

   Beispiel: **Das Schwimmengehen** ist eine beliebte Freizeitbeschäftigung.

1. Übertrage auch die folgenden Sätze in der richtigen Form in dein Heft.

- In der Schule muss zunehmend individuell gefördert werden, um dem SITZENBLEIBEN zu begegnen.
- Wenn du für eine Stunde im Auto SITZENBLEIBEN willst, kannst du das tun.
- Wenn jemand am Ende eines Schuljahres SITZENBLEIBT, kann er unter bestimmten Voraussetzungen eine Nachprüfung machen.
- Weil Paul krank war, ist er einige Tage im Bett LIEGENGEBLIEBEN.
- Was ist eigentlich der Grund dafür, dass die Arbeit wochenlang LIEGENGEBLIEBEN ist?
- Das LIEGENBLEIBEN der Arbeit hat die Produktivität des Unternehmens beeinflusst.
- Ihr solltet euch erst einmal richtig KENNENLERNEN, bevor ihr einen gemeinsamen Urlaub plant.
- Zum KENNENLERNEN dürfte ein Nachmittag nicht ausreichen.

Verbindungen aus einem vorangestellten Adjektiv und einem Verb

1. Verbindungen aus einem vorangestellten Adjektiv und einem Verb werden in der Regel getrennt geschrieben. Sowohl das Adjektiv als auch das Verb behalten ihre eigenständige Bedeutung.

   Beispiel: Bonbons, die **sauer schmecken**, erzeugen ein unwillkürliches Minenspiel.

2. Zusammenschreiben musst du dann, wenn Adjektiv und Verb eine neue, übertragene Bedeutung ergeben.

   Beispiel: Haben Sie **schwarzgearbeitet**?
   Aber: Sie hat ihr Auto **schwarz** (mit schwarzer Farbe) **lackieren** lassen.

3. Verbindungen aus einem Verb und einem vorangestellten Adjektiv können sowohl getrennt als auch zusammengeschrieben werden, wenn das Adjektiv ein Ergebnis des im Verb ausgedrückten Vorgangs bezeichnet.

   Beispiel: Sie hat beim Staubsaugen ihre Teekanne **kaputt gemacht/kaputtgemacht**.
   Er versuchte, den Aschenbecher mit einem Hammer **kaputt zu schlagen/kaputtzuschlagen**.
   (Aber: **kaputtgehen**: Hier liegt eine neue, übertragene Bedeutung vor!)

4. Ist das Adjektiv erweitert oder gesteigert, muss in jedem Fall getrennt geschrieben werden.

   Beispiel: Der Hund hat den Pantoffel **ganz kaputt gebissen**. (Getrenntschreibung, weil das Adjektiv erweitert ist!)

1. Welche der zuvor genannten Regeln musst du bei den folgenden Sätzen anwenden? Schreibe die Sätze in der richtigen Form in dein Heft und trage die passende Nummer (1, 2, 3 oder 4) in die jeweilige Klammer.

- Pauline hat das Referat FREIVORGETRAGEN. ( )
- Er konnte ihn nicht von dem Vorwurf FREISPRECHEN. ( )
- Sie hätte sich KAPUTTLACHEN können. ( )
- Maike wollte ihr Mofa heute BLANKPUTZEN. ( )
- Es sollte BLANKERGEPUTZT werden als das Mofa von Lukas. ( )
- Mit einem scharfen Messer hatte sie zunächst versucht, den Putzlappen KLEINZUSCHNEIDEN. ( )
- Obst, welches FAULIGRIECHT, sollte auf keinen Fall verzehrt werden. ( )
- Die Regierung hatte nicht die Absicht, die Geiseln FREIZUKAUFEN. ( )
- Die erste Strophe des Gedichts hast du sehr FREIINTERPRETIERT. ( )
- Steffi will beim 100-m-Lauf besonders SCHNELLLAUFEN. ( )
- Sie wollten sich LAUTLOSANSCHLEICHEN, wurden jedoch im letzten Moment entdeckt.
- Musst du eigentlich jedes Missgeschick SCHÖNFÄRBEN? ( )
- Für den Ball will sich Steffen SCHÖNANZIEHEN. ( )

Verbindungen mit einem Adjektiv als zweitem Bestandteil

1. Gleichrangige Adjektive, die verbunden werden, werden zusammengeschrieben.

   Beispiel: **weißblau, feuchtwarm, nasskalt**

2. Verstärkt der erste Bestandteil die Bedeutung des Adjektivs oder schwächt er sie ab, wird ebenfalls zusammengeschrieben.

   Beispiel: **supertoll, quietschgelb, urkomisch, halboffiziell**

1. Erweitere die folgenden einfachen Adjektive durch gleichrangige Adjektive oder durch bedeutungsverstärkende bzw. -abschwächende Bestandteile.

- alt: ____________________

  ____
- rot: ____________________

  ____

- günstig: ______________________________

  ____

- modern: ______________________________

  ____

- dreist: ______________________________

  ____

- kalt: ______________________________

  ____

- bequem: ______________________________

  ____

2. Im Folgenden findest du Auszüge aus einer nicht ganz ernst gemeinten Sportreportage. Trage den Text in der richtigen Form in dein Heft.

- Müller knallt den Ball mit einem AUFSEHENERREGENDEN Fallrückzieher SUPERGESCHICKT ins HIMMELBLAUE Tornetz. Für den Verein ist er inzwischen zu einer GEWINNBRINGENDEN Investition geworden. Schließlich ist dies sein 21. Treffer für den FC.

- Nun will Müller sich FREILAUFEN, wird aber vom Verteidiger der gegnerischen Mannschaft URPLÖTZLICH gebremst, worüber er sich offensichtlich SCHWARZÄRGERT, sodass er ins FEUCHTNASSE Gras beißt und vom Schiedsrichter im KNALLGELBEN Dress ermahnt wird aufzustehen. Er möchte jedoch viel lieber LIEGENBLEIBEN und vom Sieg träumen.

- Die Zuschauer hält es nicht mehr auf ihren Sitzen. Sie haben den Mittelstürmer bisher von einer ganz anderen Seite KENNENGELERNT. Sollten sie sich so getäuscht haben? So etwas ist noch nie DAGEWESEN. Einige haben sich offensichtlich bereits dazu entschlossen HEIMZUFAHREN. Vielleicht erscheint es ihnen sinnvoller, sich mit RASENMÄHEN, HOLZHACKEN oder STAUBSAUGEN zu beschäftigen. Aber im Ernst, wer will am Samstagnachmittag RASENMÄHEN oder HOLZHACKEN? Da geschieht es: Müller ist des LIEGENBLEIBENS offensichtlich überdrüssig, rappelt sich etwas benommen auf, greift sich den Ball und wird vom schrillen Pfiff der BLANKGEPUTZTEN Schiedsrichterpfeife zur Ordnung gerufen ...

s-Laute

1	**s geschrieben**	
1.1	Der stimmhafte, gesummte s-Laut wird mit einfachem s geschrieben.	– Gräser, lesen, eisig
1.2	Der stimmlose, gezischt gesprochene s-Laut wird mit einfachem s geschrieben, wenn es verwandte Wörter mit stimmhaftem s-Laut gibt.	– das Gras (Gräser), sie liest (lesen), der Eisberg (eisig)
1.3	In Konsonantenverbindungen wie st, sk, sp wird der s-Laut mit einfachem s geschrieben.	– die Frist, meistens, fast (beinahe), fest, Muskel, knuspern
1.4	Wörter mit den Endungen -nis, -as und -us werden im Singular immer mit einfachem s geschrieben. Im Plural steht jedoch ss.	– Erkenntnis (Erkenntnisse), Ergebnis (Ergebnisse), Erlebnis (Erlebnisse), Zirkus (Zirkusse), Atlas (Atlasse oder Atlanten)
1.5	Die Schreibweise einiger Wörter mit einfachem s kann nicht durch Regeln erklärt werden. Du musst sie dir einprägen.	– was, aus, bis zum, des, bereits, falls, etwas, oftmals, Reis, Mais
2	**ss geschrieben** Nach kurzem, betontem Vokal wird der stimmlose s-Laut meist ss geschrieben.	Tasse, essen, essbar, er fasst an, geflossen
3	**ß geschrieben** Nach langem, betontem Vokal, Umlaut (ä, ö, ü) oder Doppellaut (äu, eu, ei) wird der stimmlose s-Laut ß geschrieben, wenn es keine verwandten Wörter mit stimmhaftem s-Laut gibt (s. 1.2).	Größe, reißen, außen, genießbar, heiß, Floß

1. Trage s, st, sp, ss oder ß in die Lücken der folgenden Texte ein, in denen es um die Herkunft von Wörtern oder Redewendungen geht, und schreibe in die Klammern, welche Regel du anwenden musst.

Was hinter unseren Wörtern steckt

Mit Haut und Haaren

Mittelalterliche Be____rafungsart (   ) durch Rutenschläge über „Haut und Haar", al____o (   ) über den ganzen Körper – nicht blo____ (   ) aufs Gesä____ (   ).

Leber

In den medizinischen Vor___ellungen (   ) der vorwi___enschaftlichen (   ) Zeit galt die Leber als be___onders (   ) empfindliches Organ und daher als Sitz der Empfindungen und Gefühle. Allen Redewendungen mit Leber liegt die___e (   ) Vor___ellung (   ) zugrunde. Wenn jemandem eine Lau___ (   ) über die Leber gelaufen i___ (   ), so verur___acht (   ) schon eine winzige Lau___ (   ) das Gekränktsein. Solche eine Kränkung kommt auch bei der beleidigten Leberwur___ (   ) zum Au___druck (   ); der Zusatz Wur___ (   ) trat er___ (   ) ___äter (   ) in der Volks___rache (   ) hinzu.

Zum Hal___ (   ) herau___hängen (   )

Das Hervorwürgen unverdaulicher oder widerwillig eingenommener Spei___e (   ). Hal___ (   ) über Kopf bedeutet: ___ich (   ) überschlagen, „mit dem Hal___ (   ) zuer______" (   ).

Sich etwa___ (   ) hinter die Ohren schreiben

Sehr anschauliche alte Rechtspraxis, Erfahrungen au___ (   ) dem Kurzzeitgedächtni___ (   ) in das Langzeitgedächtni___ (   ) zu überführen: Es war Rechtsbrauch, bei Abschlu___ (   ) wichtiger, langfri___iger (   ) Verträge wie Grundsteinlegungen, Grenzziehungen u. Ä., die früher oftmal___ (   ) nicht schriftlich beurkundet werden konnten, Kinder hinzuzuziehen, damit sie notfall___ (   ) in der näch___en (   ) Generation als Zeugen aus___agen (   ) konnten. Da Kinder die Bedeutung ___olcher (   ) Vorgänge mei___ (   ) noch nicht recht erfa___ten (   ), schlug man sie in be___er (   ) Ab___icht (   ), gleichwohl jedoch nachhaltig, auf die Ohren, um ihre Erinnerung an die___en (   ) äu___erst (   ) denkwürdigen Vorgang zu ver___ärken (   ).

Fu___ (   )

„Den Fu___ (   ) auf etwa___ (   ) ___etzen" (   ), „den Fu___ (   ) in den Nacken ___etzen" (   ) beziehen ___ich (   ) wie das mittelalterliche Handauflegen auf Rechtsge___en (   ) der Inbesitznahme. Darstellungen, auf denen der Herrscher den Fu___ (   ) auf den Nacken be___iegter (   ) Feinde stellt, gehören schon in der Bibel und in der Antike zum ___andardrepertoire (   ) der Herrscher___ymbolik (   ). Stehenden Fu___es (   ) (lat. *stante pede*), also

„___ofort“ (   ), mu___te (   ) man vor Gericht Ein___ruch (   ) einlegen, wenn man verhindern wollte, dass ein Urteil rechtskräftig wurde.

Herz

„Aus seinem Herzen keine Mördergrube machen“: Jesus vertreibt die Händler und Geldwechsler au___ (   ) dem Tempel mit den Worten: „E___ (   ) steht geschrieben: ‚Mein Hau___ (   ) soll ein Hau___ (   ) des Gebetes genannt werden.‘ Ihr aber macht e___ (   ) zu einer Räuberhöhle.“ (Matt. 21,13) Au___ (   ) der Räuberhöhle wurde im Volksgedächtni___ (   ) die Mördergrube. Sehr viele Redensarten mit Herz wie „das Herz erobern“, „das Herz brechen“, „ein weiches Herz haben“ gehen von der alten Vor___ellung (   ) des Herzens al___ (   ) ___itz (   ) der Empfindungen und Gefühle aus___ (   ). „Auf Herz und Nieren prüfen“: Die___e (   ) gründliche Prüfung – weil ___ie (   ) auch das Innere umfa___t (   ) – kommt schon in der Bibel vor (Psalm 7, 10).

2. Trage die fehlenden Buchstaben in die folgenden Texte ein.

Zwillingswörter

Zwillingswörter, auch „Paarformeln“ oder „Binominale“ genannt, sind eine be___ondere Form von fe___-stehenden Redewendungen, sie dienen haupt___ächlich der Verstärkung und Betonung. Man sagt bei ___ielswei___e: „Frau Müller hat mit Fug und Recht darauf hingewie___en ...“ Durch die Verwendung von „Fug und Recht“ wiederholt man das er___e Wort durch ein bedeutungsähnliches, vermeidet aber die Wortwiederholung. Wir gebrauchen solche fe___gefügten Wendungen mei___ ganz unwillkürlich. Viele die___er Paarformeln sind de___halb intere___ant, weil sie in ganz konkreten Zusammenhängen entstanden, die in Verge___enheit gerieten, bzw. weil sich in ihnen Wörter erhalten haben, die an___onsten im modernen deutschen Wortschatz verloren gegangen sind. Wir verstehen zwar den Sinn der Paarformel, aber wa___ da___ eine oder andere Wort ur___rünglich bedeutete, wi___en wir mei___ nicht mehr.

Mit Heulen und Zähneknirschen

Diese Formel stammt au___ der Bibel (Matthäus 8,12) und bezieht sich auf die Hölle, die Jesus an die___er Stelle wie eine Szene au___ einem Horrorfilm beschreibt: „Die Söhne des Reiches werden ausgesto___en werden in die Finsterni___ drau___en. Dort wird Heulen und Zähneknirschen sein.“

In Hülle und Fülle

Mit der *Hülle* ist die Kleidung gemeint, mit der *Fülle* die Nahrung, nämlich die Füllung des Magens. Die Paarformel ist seit dem 16. Jahrhundert bezeugt: Wer Hülle und Fülle besa___, hatte al___o zunächst wenig____ens das Lebensnotwendige. Als Fülle später im Sinne von „Überflu____" verstanden wurde, ging diese Bedeutung auch auf die Paarformel über: von allem sehr reichlich.

Nach Jahr und Tag

Dies war ein genau fe____gelegter Rechtsbegriff, der einen Zeitraum von einem Jahr, sechs Wochen und drei Tagen umfa____te. Im „Sachsenspiegel" (um 1230), dem bedeutend____en Rechtsbuch des deutschen Mittelalters, war fe____gelegt, da____ die____e Fri____ verstrichen sein mu____, bevor ein Eigentumserwerb (beispielswei____e durch Kauf oder Erbschaft) rechtsgültig wird.

Kopf und Kragen ri____ieren

Als Urteils____rüche noch tödlich enden konnten, bezeichnete das Kopfri____iko die Hinrichtung mit dem Schwert, das Hal____ri____ko die Hinrichtung durch den Strang.

Milch und Honig

Die Paarformel stammt ebenfall____ au____ der Bibel, wo im 2. Buch Mose 3,8 Jahwe (Gott) per____önlich dem Moses verhei____t: „Darum bin ich nun herabgestiegen, um das Volk I____rael au____ der Gewalt der Ägypter zu befreien und es aus die____em Land herau____zuführen in ein schönes und geräumiges Land – in ein Land, in dem Milch und Honig flie____en."

Au____er Rand und Band

Im älteren Sprachgebrauch ver____and man *Rand* mehr im Sinne von Rahmen. So sind auch andere Redewendungen wie „den Rand halten" (hier werden die Lippen als Rahmen des Mundes ge____ehen) oder „zu Rande bringen", „zu Rande kommen" (eine Sache zu Ende bringen) zu ver____ehen. Die Zusammenstellung zu „Rand und Band" stammt möglicherwei____e aus dem Fa____bindergewerbe.

In Sack und Asche

Wer in Sack und Asche geht, der tut Bu____e und schämt sich. Sich Asche aufs Haupt zu ____reuen ist ____eit ____ehr alter Zeit ein Zeichen der Trauer und Scham. Unter Sack ist in er____er Linie „Bü____ergewand" zu ver____ehen. Er____ ____äter wurde von die____em äu____erst einfachen Gewand au____ grobem Stoff die Bedeutung auf Sack im Sinne von „Behälter au____ ____off" übertragen. Die Redewendung „in Sack und Asche gehen" als Au____druck für Bu____übungen gibt es daher wohl schon ____eit uralter Zeit. Die Verwendung die____er Zwillingsformel an mehreren Stellen in der Bibel verwei____t ebenfall____ darauf.

In Sau____ und Brau____

Sowohl das *Sau____en* des Windes wie das *Brau____en* der Wellen ____ind ____ehr laut. Die üppigen Gelage fröhlicher Zecher ____ind e____ ebenfall____.

Auf Spitz und Knopf

Gemeint ___ind Spitze und Knauf (Knopf) eines Degens oder eines Schwertes, al___o die ge___amte Länge einer Klinge. Ein anderer Au___druck demnach für „auf de___ Me___ers Schneide“.

„das“ oder „dass“?

Ob man *das* oder *dass* schreibt, hängt von der grammatischen Funktion des Wortes ab:

- dass – **Konjunktion**
  Die Konjunktion *dass* leitet einen Gliedsatz (Subjekt- oder Objektsatz) ein. Die Konjunktion *so dass* ist die Einleitung eines Konsekutivsatzes.
  Beispiele: Ich glaube, dass der Regen bald aufhört.
  Er läuft so schnell, dass ihn niemand mehr einholen kann.
- das – **bestimmter Artikel**
  Beispiel: Das Haus
- das – (dieses/jenes) **Demonstrativpronomen**
  Beispiel: Das (dieses/jenes) T-Shirt gefällt mir gut.
- das – (welches) **Relativpronomen**
  Beispiel: Das Buch, das (welches) ich gerade lese, ist wirklich spannend.

Mithilfe der **Ersatzprobe** kann man ermitteln, welche Schreibweise zu wählen ist: „Wenn man *dieses, jenes* oder *welches* einsetzen kann, schreibt man *das.*“

1. Setze *das* oder *dass* ein.

Neuer Party-Trend (Pressemeldung)

„Keine Erwachsenen!“ Die Jugendlichen meinen da___ ernst. Selbst wer gerade einmal 19 ist, kommt nicht mehr rein, wenn die jüngste Musik- und Partyszene des britischen Königreichs feiert. Erst waren es ein paar Dutzend, dann ein paar Hundert. Schließlich strömten in da___ Seebad Brighton mehr als 5000 Mädchen und Jungen, um an einer Mammutparty für Unter-18-Jährige teilzunehmen. Nun wird in London gar da___ „weltweit erste Underage-Festival“ vorbereitet.

Die „Superjungen“, wie die Gruppe von 14 bis 18 Jahren nun genannt wird, liegen voll im Trend. Mit ihrem übersprudelnden Optimismus und ungebremster hormoneller Energie sind sie Hoffnungsträger – für Väter und Mütter ebenso wie für die Musikindustrie. „Eltern lassen ihre Jüngsten lieber zu Underage-Partys gehen als zu solchen, wo sie von 25-Jährigen angemacht werden“, sagt Blaise Beville, professioneller Party-Veranstalter und mit 22 ganz schön „overage“. „Sie wissen, da___ Sicherheit bei uns Priorität hat, besonders bei Alkohol und Drogen.“

Bierbrauer und Schnapshersteller haben da___ Nachsehen. An den Bars der Underage-Partys gibt es Tonic nur ohne Gin, Orangensaft ohne Wodka und Cola ohne Rum. Dennoch: Underage ist keine Kindergarten-Disco für eine gefrustete Du-darfst-noch-nicht-Generation. Ihren Spaß nehmen die Underagers verdammt ernst. Ganz ohne flüssige oder rauchförmige Stimmungsmacher tanzen sie oft ekstatisch und steigern sich in die Musik hinein. „Wichtiger als da___, was einer schlucken kann, ist für uns da___, was einer anhat", sagt die 14-jährige Emily bei einer Jungszene-Nacht im Londoner Coronet Theatre. „Da___ Outfit ist für uns eine persönliche Ausdrucksform." Sie hat sich für einen rosa Unterrock als Kleid über blauen Strumpfhosen entschieden und für – wie ihre Mutter vermutlich denken würde – viel zu viel Lidschatten und Wimperntusche. „Auch bei der Musik haben die Superjungen völlig eigene Vorstellungen", sagt Alex McCann vom Partyveranstalter Ultimate in Manchester. Ihre beliebtesten Bands haben Namen, die man bislang vergeblich in den Regalen der Plattenläden sucht. Irgendwann fingen die Jugendlichen an, sich nicht mehr für die Bands der „Großen" zu interessieren, und der Grund leuchtet ein: „Wir durften nie ohne Ältere zu den Konzerten dieser Bands, weil es da Alkohol gab. Da___ ging so weit, da___ wir die Lust daran verloren haben", sagt Sam Killcoyne. Der 15-Jährige ist da___ Organisationstalent der Szene, da___ auch da___ diesjährige Underage-Festival in Londons Victoria Park vorbereitet.

(nach: dpa-Meldung vom 14.07.2007)

2. Unterstreiche in dem Text die Wörter „das" und „dass" je nach Wortart: Artikel blau, Demonstrativpronomen grün, Relativpronomen rot und Konjunktionen schwarz.

3. Verbinde die folgenden Sätze so, dass entweder Relativ- oder Gliedsätze entstehen. Achte dabei auf die korrekte Schreibweise von „das" bzw. „dass".

• Wir fanden das Gästehaus recht schnell.	• Die Preisrichter notierten das Ergebnis.
• Das Schaf war schwarz.	• Er wurde der beste Torschütze des Turniers.
• Es regnete stundenlang.	• Das hatten wir nicht erwartet.
• Sie brach das Training ab.	• Ich konnte es ganz genau sehen.
• Holger schoss viele Tore.	• Sie war noch zu erschöpft für das Training.
• Das Ergebnis war wider Erwarten gut.	• Sie wurde bereits „Wasserratte" genannt.
• Sein Gesicht lief rot an.	• Das Gästehaus lag an einem See.
• Melanie ging jeden Tag schwimmen.	• Der Schäfer trieb es auf die Weide.

Wir fanden das Gästehaus, das an einem See lag, recht schnell.

Zeichensetzung – Das Komma

Kommaregeln im Überblick

in Aufzählungen			bei Anreden und Ausrufen	bei Einschüben und nachgestellten Erläuterungen	bei Infinitivgruppen	in Satzgefügen	
1	2	3	4	5	6	7	8
Das Komma steht zwischen gleichrangigen, unverbundenen Wörtern und Wortgruppen.	Das Komma steht zwischen gleichrangigen, unverbundenen Sätzen (auch Nebensätzen).	Das Komma steht vor entgegensetzenden Konjunktionen.	Anreden, Ausrufe oder Ausdrücke, die eine Stellungnahme (Bedauern, Zustimmung ...) des Schreibers/der Schreiberin verdeutlichen, werden durch Komma abgetrennt.	Einschübe oder nachgestellte Erläuterungen werden durch Komma vom übrigen Satz abgetrennt.	Das Komma trennt in der Regel Infinitivgruppen vom übergeordneten Satz ab. Es muss gesetzt werden, wenn ein Wort im übergeordneten Satz auf die Infinitivgruppe hinweist. Es muss auch gesetzt werden, wenn die Infinitivgruppe mit *um zu, anstatt zu, ohne zu* ... eingeleitet wird.	Das Komma steht zwischen Haupt- und Nebensatz.	Das Komma steht zwischen Nebensätzen, die voneinander abhängig sind.
• An der Tankstelle gibt es: Benzin, Lebensmittel, Getränke. • Er kauft ein Los, öffnet es, zeigt es seinem Freund und geht fort.	• Ich lese, Julia arbeitet, Mike schläft und Jonas versorgt die Blumen. • Ich bleibe, weil es schneit, weil kein Bus mehr fährt und weil es mir bei euch gut gefällt.	• Er kam nicht, aber er rief wenigstens an. • Ich möchte nicht nur einen Tag, sondern eine Woche bleiben.	• Paul, hast du das Referat fertig? • Mist, jetzt ist schon wieder der PC abgestürzt. • Mir fällt nichts ein, leider.	• Lulu, unser Hauskater, ist verschwunden. • Die Prüfung, es war meine erste, ist sehr gut verlaufen. • Ich komme bereits morgen, und zwar mit dem Fahrrad. • Sie mag Gemüse, außer Blumenkohl.	• Ich bestehe darauf, angerufen zu werden. • Die gute Idee, eine Arbeitsgruppe zu bilden, stammt von Jule. • Sie geht zur Nachhilfe, um für die Klassenarbeit fit zu sein.	• Ich mag dich, weil du so freundlich bist. • Paul fragte ihn, was für eine Idee er habe. • Sie weiß noch nicht, ob sie kommen kann.	• Weil mir die Kamera, die du mir verkaufen willst, nicht leistungsstark genug ist, schaue ich mich nach einem anderen Angebot um.

1. Trage in die folgenden Sätze die fehlenden Kommas ein. Schreibe in die Klammern, welche der Regel aus der Übersicht zuvor du anwenden musst.

- Sie war der festen Überzeugung im Recht zu sein. (   )
- Er setzte sich an den Schreibtisch öffnete den Brief las ungläubig das Geschriebene und stieß einen Freudenschrei aus. (   )
- Er hatte das Ergebnis nicht erwartet aber insgeheim doch darauf gehofft. (   )
- Heinrich Böll einer der bekanntesten Autoren der Nachkriegszeit verfasste zahlreiche Romane und Kurzgeschichten. (   )
- Maja möchte später studieren Jannis beginnt nach der Klasse 10 vielleicht eine Ausbildung in einem Unternehmen für Elektronikgeräte und Lukas absolviert nach dem Abitur ein freiwilliges soziales Jahr. (   )
- Nach der Klasse 10 findet der Unterricht in Kursen statt leider. (   )
- Ein Klassenverband den viele auch nach der Klasse 10 schätzen würden ist in der Oberstufe nicht vorgesehen. (   )
- Die Möglichkeit dass in der Oberstufe Leistungskurse die einen größeren Stundenumfang als die Grundkuse haben gewählt werden können kommt vielen Schülern entgegen. (   )
- Rosalie denkt daran nach der Schulzeit für einige Monate ins Ausland zu gehen. (   )
- Das ist zwar wegen der Verbesserung der Sprachkenntnisse und der neuen Erfahrungen sehr reizvoll aber auch sehr teuer. (   )
- Markus mein bester Freund war in diesem Jahr während der Osterferien für zwei Wochen in Schottland. (   )
- Er hat sich dazu entschlossen um seine Englischkenntnisse zu verbessern. (   )
- Das ist ihm auch gelungen weil er die ganze Zeit nur englisch sprechen durfte. (   )
- Seine Gasteltern die sich weil sie einige Jahre in Deutschland gelebt hatten mit ihm auch in seiner Muttersprache hätten verständigen können lehnten dies kategorisch ab. (   )
- Auf diese Weise trugen sie dazu bei dass sich Markus sehr schnell in der fremden Sprache zurechtfand und zunehmend sicherer wurde. (   )
- Der Schüler will so einen Auslandsaufenthalt unbedingt noch einmal durchführen und zwar in den kommenden Osterferien. (   )
- Um ihn finanzieren zu können wird er in den Ferien in einer Buchhandlung arbeiten und dort Regale bestücken. (   )

Das Komma in Aufzählungen

1. Werden einzelne Wörter, Wortgruppen oder Sätze durch eine nebenordnende Konjunktion miteinander verbunden, steht in der Regel kein Komma. Solche nebenordnenden Konjunktionen sind: **und, oder, beziehungsweise, sowie, entweder ... oder, sowohl ... als auch, weder ... noch**.

   Beispiel: Autofahrer **beziehungsweise** alle Verkehrsteilnehmer müssen im Winter besonders vorsichtig sein **und** sich auf schwierige Straßenverhältnisse einstellen.
   Er wollte **weder** den Bus nehmen **noch** mit dem Fahrrad fahren.

2. Vor nebenordnenden Konjunktionen, die einen Gegensatz ausdrücken, steht ein Komma. Solche Konjunktionen sind: **aber, doch, jedoch, sondern, nicht nur ..., sondern auch**.

   Beispiel: Er will auf keinen Fall in die Oberstufe, **sondern** nach der Klasse 10 mit einer Berufsausbildung beginnen.
   Ich komme zwar später, **aber** ihr könnt auf jeden Fall mit mir rechnen.

3. Werden vollständige Hauptsätze durch nebenordnende Konjunktionen miteinander verbunden, kannst du ein Komma setzen, um die Gliederung des Gesamtsatzes zu verdeutlichen oder Missverständnisse zu vermeiden.

   Beispiel: Sie wollte zunächst eine Ausbildung machen(,) **und** dann wollte sie die Fachhochschule besuchen.
   Er wollte **weder** den Bus nehmen(,) **noch** wollte er mit dem Fahrrad fahren.

4. Gleichrangige Gliedsätze/Nebensätze, die von *einem* Hauptsatz grammatisch abhängen, dürfen nicht durch Kommas getrennt werden, wenn sie durch eine nebenordnende Konjunktion wie **und** bzw. **oder** verbunden sind.

   Beispiel: Er besuchte sie fast täglich, weil sie ihm bei den Hausaufgaben half und weil er ein wenig in sie verliebt war.

1. Trage in die folgenden Sätze die fehlenden Kommas ein. In einigen Fällen kannst du dich entscheiden, ein Komma zu setzen. Manchmal darfst du kein Komma setzen. Schau dir die Übersicht zuvor noch einmal genau an.

- Er wusste nicht ob er sich dafür oder ob er sich dagegen entscheiden sollte.
- Es gab sowohl einleuchtende Gründe dafür als auch solche dagegen.
- Er war nicht nur betrübt sondern regelrecht verzweifelt wegen dieser Situation.
- In manchen Situationen muss man einfach entscheiden bzw. darf nicht so lange nachdenken doch das ist leichter gesagt als getan.
- Hatte er sich nun entschieden oder grübelte er noch immer darüber nach was zu tun sei bzw. was nicht zu tun sei?
- Vor einem Wettkampf sollte man weder zu viel essen noch zu viel trinken sich jedoch gut aufwärmen.

- Zuckerhaltige Getränke sowie Alkoholika verbieten sich in jedem Fall von selbst aber mit Mineralwasser kann man den drohenden Flüssigkeitsverlust bei längeren Läufen ausgleichen und man steigert auf diesem Weg die Leistungsfähigkeit.
- Sie nahm an dem Marathonlauf teil weil es einfach ein lang gehegter Traum von ihr war und weil sie ihren Freundinnen ihre Leistungsfähigkeit beweisen wollte.
- Ihr Freund wollte ursprünglich auch mitlaufen jedoch entschied er sich in letzter Minute anders.
- Obwohl die Witterung sehr schlecht war obwohl nicht alle Teilnehmer fair mit ihr umgingen und obwohl sie sich eigentlich nicht wohlfühlte absolvierte sie den Lauf erfolgreich.

Das Komma bei Einschüben und nachgestellten Erläuterungen

1. Einschübe und an das Satzende angehängte Erläuterungen werden durch Komma abgetrennt und dadurch besonders hervorgehoben. Einschübe und Nachträge lassen sich in der Regel aus einem Satz heraushören, weil sie durch Sprechpausen verdeutlicht werden.

Beispiel: Paula, **meine beste Freundin**, hat sich den Arm gebrochen.
Sie hätte, **das war allen klar**, den Wettkampf gewonnen.
Du hast den Termin verpasst, **und zwar zum dritten Mal**.
Er ernährt sich sehr gesund, **vor allem von Vollkornprodukten**.

2. In einigen Fällen ist es dir überlassen, ob du innerhalb eines Satzes bestimmte Teile durch Komma abtrennen und somit hervorheben möchtest. Häufig ist dies bei adverbialen Bestimmungen der Fall. Mit dieser Möglichkeit solltest du jedoch sparsam umgehen, weil der Lesefluss auch zu sehr unterbrochen werden kann. Steht der Ausdruck am Satzanfang, wird kein Komma gesetzt.

Beispiel: Jonathan bleibt(,) **wegen einer starken Erkältung**(,) heute zu Hause.
Wegen einer starken Erkältung bleibt Jonathan heute zu Hause.

1. Trage die fehlenden Kommas in die Sätze ein. Manchmal kannst du dich entscheiden, ein Komma zu setzen.

- „Sofies Welt" ein Jugendroman von Jostein Gaarder bietet eine leicht verständliche Einführung in die Philosophie.
- Sofie ein vierzehnjähriges Mädchen stellt darin sehr anspruchsvolle Fragen u. a. nach dem Sinn des Lebens oder nach der Entstehung der Welt.
- Antworten erhält sie von einem geheimnisvollen Mann einem zunächst anonymen Briefeschreiber.
- Später stellt sich heraus, dass Alberto Knox ein älterer Mann ihr die Briefe schreibt.
- Sofie Amundsen so heißt das Mädchen mit vollständigem Namen erfährt in jedem Brief etwas über eine wichtige Epoche der Philosophie oder über einen bekannten Denker.

- Sofie verfügt über eine besondere Fähigkeit nämlich die sich zu wundern.
- Deshalb lässt sie sich trotz mancher Irritationen auf die Briefe ein.

2. In den folgenden Texten fehlen die Kommas in Aufzählungen und bei Einschüben und nachgestellten Erläuterungen. Die anderen Kommas sind gesetzt. Trage die fehlenden Satzzeichen ein.

Was ist Kunst?

Kunst kommt von Können und zwar im wahrsten Sinne des Wortes: Im Althochdeutschen (750–1000) bedeutete das Wort Chunst/Kunst so viel wie „Wissen Weisheit Kenntnis". Es leitete sich von dem Verb „kunnan" ab, das eine Fähigkeit ausdrückte: Jemand kann lesen schreiben tanzen singen. Schon tausend Jahre zuvor wurden im antiken Rom die „sieben Künste" (*septem artes liberales*) als Studienfächer empfohlen, wenn jemand ein Gelehrter werden wollte. Die Fächer waren: Grammatik Rhetorik Logik Arithmetik Geometrie Musik und Astronomie. Ihnen standen die *„artes mechanicae"* also die handwerklichen Berufe entgegen.
Im Mittelalter entwickelte sich aus den *septem artes liberales* das Studium der Philosophie. Das Wort Kunst wurde im Laufe der Zeit immer mehr mit einer besonderen Geschicklichkeit oder Fertigkeit in Verbindung gebracht: Kochkunst Fechtkunst Handwerkskunst oder Staatskunst. Erst seit dem 18. Jahrhundert wird „Kunst" im heutigen Sinn verwendet: als Bezeichnung für die durch menschlichen Ideenreichtum geschaffenen Werke in Malerei Musik Dichtung Film Theater und Bildhauerei.

Verhüllt verpackt verschwunden: Die Kunstwerke von Christo und Jeanne-Claude

Christo und Jeanne-Claude (beide *13. Juni 1935) sind das bekannteste Künstlerehepaar der Gegenwart. Sie haben sich darauf spezialisiert, Gegenstände und Gebäude einzupacken. Die beiden verkaufen Entwürfe Planungsskizzen sowie Bilder der fertigen Projekte und finanzieren so die Aktionen. Mit ihren Kunstwerken erlauben sie einen ganz neuen Blick auf das Altvertraute. Alle Materialien werden nach dem Abbau wiederverwertet. [...]

Der verhüllte Reichstag (Juni 1995)

Nach 23 Jahren Vorbereitungszeit und einer hitzigen Debatte im ganzen Land konnten Christo und Jeanne-Claude im Juni 1995 endlich den Berliner Reichstag verhüllen und zwar mit 100 000 m^2 Kunststoffgewebe und 156 000 m Seil. Über fünf Millionen Besucher sahen sich das Kunstwerk an.

Das Komma in Satzgefügen

1. Das Komma trennt **Haupt- und Gliedsatz/Nebensatz** voneinander (**einfaches Satzgefüge**). Der Nebensatz kann vor dem Komma stehen, dahinter oder in ihn eingeschoben sein.

   Beispiel: Nachdem er sich noch einmal umgeschaut hatte, verließ er den Platz fluchtartig.
   Das Kunstwerk, das versteigert werden sollte, fand keinen Käufer.
   Sie fragte sich, ob auch ein anderer Weg möglich gewesen wäre.
   Er las das Buch zu Ende, weil es so spannend war, und dann fuhr er in die Stadt.

2. Das Komma steht zwischen Gliedsätzen/Nebensätzen, die **voneinander abhängig** sind (**komplexes Satzgefüge**).

   Beispiel: Weil er sich nicht sicher war, ob er das Fahrrad, das in der Zeitung annonciert war, kaufen sollte, gönnte er sich noch einige Tage Bedenkzeit, bis er sich auf den Handel einließ.

3. **Verkürzte Gliedsätze**, bei denen z. B. die Konjunktion eingespart wird, werden ebenfalls durch Komma vom Hauptsatz abgetrennt.

   Beispiel: Hat der Mond einen Hof, wird das Wetter doof.
   Wenn der Mond einen Hof hat, wird das Wetter doof.

   Ich hoffe, ihr habt euch entschieden.
   Ich hoffe, dass ihr euch entschieden habt.

1. Trage in die folgenden einfachen und komplexen Satzgefüge die fehlenden Kommas ein. Unterstreiche als Hilfe zunächst die Hauptsätze.

- Entwicklung gibt es nur wenn das Denken nicht erstarrt. (Anonymus)
- Leute die ihr Erspartes im Strumpf horten verstehen nichts von den Mechanismen einer kapitalistischen Gesellschaft. (Anonymus)
- Ist es nicht merkwürdig dass man auf älteren Fotos viel jünger aussieht als auf neueren? (Anonymus)
- Menschen die immer nur im Trüben fischen müssen das Wasser dem sie ihren Betätigungsraum verdanken als schmackhaft empfinden. (Anonymus)
- Leider kann man nicht immer selbst bestimmen wie man sich fühlt. (Anonymus)
- Der Mensch ist das Wesen welches die oberste Stufe der sichtbaren Schöpfung einnimmt welcher sich sogar für das Ebenbild Gottes ausgibt worüber sich jedoch Gott nicht sehr geschmeichelt fühlen dürfte. (Johann Nestroy)
- Derjenige der immer nur auf die Uhr schaut wird die Zeit verpassen die er einsparen möchte. (Anonymus)
- Manche sind es nicht wert dass man ihnen widerspricht. (Anonymus)

- Es sind nicht alle frei die ihre Ketten sprengen. (Gotthold Ephraim Lessing)
- Bevor mir jemand gefällt muss er mich durch ein wenig Freundlichkeit erwärmt haben. Ich bin nicht großzügig genug, um an Leuten Gefallen zu finden die gleichsam durch mich hindurchschauen wenn sie mit mir reden. (George Eliot)

2. Im folgenden Text fehlen die Kommas in den einfachen und komplexen Satzgefügen. An einer Stelle musst du auch eine nachgestellte Erläuterung abtrennen. Setze die fehlenden Kommas ein.

Das Klavier der Antike

Die Geschichte des Klaviers begann im 3. Jahrhundert v. Chr. in Alexandria. Dort entwickelte der Ingenieur Ktesibios eine Orgel die mithilfe einer Luftpumpe Töne erzeugen konnte.
Diese Orgel war das erste Tasteninstrument der Welt.
Wenige Jahre vor Christi Geburt perfektionierte Heron aus Alexandria die Erfindung des Ktesibios indem er den Luftstrom durch einen Wasserkessel führte was einen regelmäßigen Ton ermöglichte.
Der römische Erfinder Vitruv ergänzte wenige Jahre später das Instrument durch Tasten mit deren Hilfe Klappen an den Orgelpfeifen geöffnet beziehungsweise geschlossen werden konnten. Verschiedene Töne ließen sich durch unterschiedlich lange Pfeifen erzeugen. Im antiken Rom war diese perfektionierte Wasserorgel so beliebt dass sie bei allen wichtigen Gelegenheiten gespielt wurde etwa bei Gladiatorenkämpfen. Nachdem das Römische Reich untergegangen war entdeckten Musikliebhaber in Bagdad und Byzanz die Wasserorgel im 8. Jahrhundert wieder. Im Jahre 757 schenkte der König von Byzanz dem fränkischen Herrscher Pippin eine Wasserorgel was dieses Instrument auch im heutigen Deutschland bekannt machte.
Seit dem Mittelalter setzten sich Orgeln mehr und mehr auch in europäischen Kirchen durch.

3. Im folgenden Text musst du neben einfachen und komplexen Satzgefügen auch auf eine Aufzählung achten, um die Kommas richtig zu setzen.

Einen Rap dichten

Wichtig bei einem Rapsong ist vor allem das rhythmische Zusammenspiel von Musik und Text. Rapstücke sind gesprochene Texte bei denen sich oft mehrere Rapper abwechseln die gemeinsam sprechen sich gegenseitig ins Wort fallen oder ein regelrechtes Wortgefecht führen. Die Musik ist meist ein 4/4-Takt was im Musikjargon auch „four to the floor“ genannt wird. Die Verse werden nach der von der Musik vorgegebenen Takteinheit geformt. Wer keinen eigenen Raptext dichten möchte kann sich zum Beispiel auch bei anderen Gedichten bedienen.

Das Komma in Infinitivgruppen

Unter einer **Infinitivgruppe** versteht man einen **Infinitiv mit zu**, zu dem **weitere Wörter bzw. Satzglieder** hinzukommen. Eine Infinitivgruppe hängt von einem übergeordneten Satz ab. Sie kann vor oder hinter dem übergeordneten Satz stehen oder darin eingefügt sein.

Beispiel: Lukas macht eine Arbeitspause, **um** Kraft **zu tanken**.
Um Kraft **zu tanken**, macht Lukas eine Arbeitspause.
Lukas macht, **um** Kraft **zu tanken**, eine Arbeitspause.

In folgenden Fällen **muss** eine Infinitivgruppe durch Komma vom übergeordneten Satz **abgetrennt werden**:

1. Die Infinitivgruppe bezieht sich auf ein **Nomen/Substantiv** im übergeordneten Satz.

Beispiel: Lukas hat die **Chance**, an einem Wettbewerb **teilzunehmen**.

2. Die Infinitivgruppe bezieht sich auf ein Wort wie **daran**, **darauf**, **dazu**, **damit**, **es** im übergeordneten Satz.

Beispiel: Er ist **darauf** bedacht, sich gut **vorzubereiten**.
So schafft er **es**, den ersten Preis **zu erringen**.

3. Die Infinitivgruppe wird mit **um (zu), anstatt (zu), statt (zu), ohne (zu), außer (zu), als (zu)** eingeleitet.

Beispiel: Anna verlässt das Zimmer, **ohne** das Licht **auszuschalten**.
Um rechtzeitig am vereinbarten Treffpunkt **anzukommen**, nimmt sie ein Taxi.

In den anderen Fällen **kann** eine Infinitivgruppe durch Komma **abgetrennt werden**.
Beispiel: Sie erwartet nicht (,) den Hauptpreis **zu erhalten**.

Ein einfacher Infinitiv mit zu kann abgetrennt werden, wenn ein Nomen/Substantiv oder ein anderes Wort im übergeordneten Satz darauf hinweist.
Beispiel: Sie hat nicht die **Absicht(,) wiederzukommen**.
Sarah vermeidet **es (,) aufzuschauen**.

1. Überlege genau, ob die Infinitivgruppe in den folgenden Sätzen angekündigt oder eingeleitet wird und du ein Komma setzen musst oder ob es dir freigestellt ist. Trage die fehlenden Kommas ein.

- Ohne mit der Wimper zu zucken ging der Boxer zu Boden.
- Mir ist es lieber in einem ruhigen Dorf zu wohnen als mich dem Lärm der Stadt auszusetzen.
- Daran ein Geschenk mitzubringen hatte er gar nicht gedacht.
- Paula versuchte aus der Rolle rückwärts direkt in den Handstand zu gelangen um ihre Mitschülerinnen zu beeindrucken.
- Zum wiederholten Mal startete er den Versuch das Weißbrot auf der Nase zu balancieren ohne jedoch Erfolg dabei zu haben.

- Es gibt sicherlich bessere Möglichkeiten sein Publikum zu beeindrucken als mit Lebensmitteln Kunststücke vorzuführen.
- Anna machte Paul darauf aufmerksam sich zu beeilen.
- Jule bat mich nach der Schule bei ihr vorbeizukommen um die Mathematikhausaufgaben mit ihr durchzusprechen und dann noch gemeinsam eine DVD zu schauen.
- Anstatt immer nur laut zu protestieren solltest du lieber einen konstruktiven Beitrag leisten um das Problem zu versachlichen und uns weiterzuhelfen.

Texte zum Üben

1. Trage in die folgenden Texte die fehlenden Kommas ein. Die entsprechenden Regeln hast du zuvor bereits angewendet und geübt.

Grandmaster Flash, die Bronx und der Rap

Die Geschichte des Rap begann Mitte der 1960er-Jahre im New Yorker Stadtteil Bronx: Das Viertel wurde verplant und zerbaut monströse Autobahnen führten durch die einst wenigstens halbwegs attraktive Wohngegend. Die Folge: verlassene Fabriken leer stehende Geschäfte unsanierte Wohnhäuser aus dreckgeschwärzten Backsteinen. Keine lebenswerte Gegend. Und doch liebten viele Jugendliche die hier aufwuchsen „ihr" Viertel so wie es war. Sie trotzten den randalierenden Gangs der Armut der Hoffnungslosigkeit dem schlechten Ruf ihrer Bronx und entwickelten Partys in ganz eigenem Stil; Feten die anders waren als die der Reichen in Manhattan.

Zu einer coolen Party in der Bronx brauchte es nur eine alte Fabrikhalle einen funktionierenden Plattenspieler ein paar heiße Scheiben und einen DJ der den Laden durch „Scratchen" (dabei erzeugt man Töne indem Schallplatten bei aufliegender Nadel rhythmisch hin- und herbewegt werden) zum Kochen brachte. Stürmte die Polizei die Party wegen zu lauter Musik ging die Sause andernorts weiter.

Auf diese Weise entstand nach und nach eine ganz eigene Jugendkultur: mit Graffiti-Sprayern B-Boying (ursprüngliche Bezeichnung für Breakdance) und lässigen Klamotten im Schlabberlook.

Grandmaster Flash einer der angesagtesten DJs der Zeit war ein echter Breakbeat-Akrobat. Mit allen Fingern mit dem Ellenbogen und sogar mit der Stirn scratchte er die Platten bis die Tanzfläche brodelte. An besonders guten Tagen war seine Platten-Akrobatik so beeindruckend dass keiner mehr tanzte dass alle in der Bewegung verharrten und seine Kunst bestaunten.

Die Musik der DJs war anfangs instrumental aber Grandmaster Flash engagierte eines Tages ein paar Jungs die im Takt seiner Musik lockere freche und kritische Sprüche aneinanderreihten. Damit war der Rap geboren eine Jugendbewegung nahm ihren Lauf und das Publikum tanzt bis heute danach.

Gerhart Hauptmann (1862–1946): Die Weber – Eine Inhaltsangabe des Dramas

Szenenbild aus der Verfilmung „Die Weber“ (1927, Regie: Frederic Zelnik)

Im Hause des Textilfabrikanten Dreißiger liefern die Weber ihre in Heimarbeit gewebten Stoffe ab. Der Expedient[1] Pfeifer ehemals selbst Weber und jetzt ein brutaler Leuteschinder im Dienste des reichen Unternehmers macht die Ware madig wo er nur kann um den Preis noch weiter zu drücken. Als die Weber um einen Vorschuss betteln werden sie von ihm mit dem Hinweis abgekanzelt dass man auf sie ja nicht angewiesen sei: „Weber hat's genug.“ Ein junger Weber der „rote Bäcker“ versucht aufzumucken und bekommt daraufhin keine Arbeit mehr. Die anderen Weber speist Pfeifer mit Hungerlöhnen ab.
Die Angst vor dem Verlust der Arbeit erstickt jeden weiteren Protest der Weber. Ein kleiner Junge bricht vor Entkräftung zusammen. Dreißiger lässt ihn in sein Privatkontor[2] bringen und beschwichtigt die Leute mit dem Hinweis 200 neue Arbeiter einstellen zu wollen. In Wirklichkeit hat er mit dieser Maßnahme eine Möglichkeit aufmüpfige Weber zu feuern und die Löhne zu drücken.
Im Elendsquartier des alten Webers Ansorge lebt und arbeitet auch die sechsköpfige Familie Baumert. Der Hund ist geschlachtet worden weil seit Jahren kein Fleisch mehr auf dem Tisch stand. Der Reservist[3] Moritz Jäger ist auf Heimaturlaub. Er führt Hetzreden gegen die ausbeuterischen Fabrikanten und liest das berüchtigte Weberlied vom Blutgericht vor das die Not der Weber schildert und die Fabrikanten verflucht. Ausbeuter wie Dreißiger sind die Henker die den Armen ihr Hab und Gut wegnehmen und kein Mitleid mit den Elenden haben.
[...] Am Ende des Liedes sind sich alle in ihrer Verzweiflung einig: Es muss anders werden. In einer Gaststube steigert sich die Unruhe unter den Webern. Das provozierende Weberlied ist mittlerweile von den Behörden verboten worden. Einzelne junge Männer heizen die Stimmung an indem sie das Weberlied singen. Als der Gendarm Kutsche Ruhe gebieten will wird die Lage für ihn bedrohlich. Die jungen Weber gehen auf die Straße und marschieren das verbotene Lied singend zu Dreißiger.
In Dreißigers Wohnung tritt der Hauslehrer Weinhold für mehr soziale Gerechtigkeit ein wird jedoch vom Pastor Kittelhaus zur Ordnung gerufen. Dreißiger verbittet sich jegliches Humanitätsgedusel und droht Weinhold mit Entlassung.
Die aufrührerischen Weber sind im Anmarsch. Moritz Jäger ist als Rädelsführer der Weber festgenommen worden. Als die Polizei ihn gefesselt abführen will bricht der Aufstand los. Die Weber befreien Moritz Jäger und verprügeln die Polizisten. Dreißiger kann sich mit seiner Familie gerade noch durch die Hintertür in Sicherheit bringen bevor die aufgebrachte Menge die Villa stürmt und alles kurz und klein schlägt.
Der Weberaufstand breitet sich auf die Nachbardörfer aus. Militär ist im Anmarsch um die Rebellion niederzuschlagen. Der fromme und alte Weber Hilse ist entsetzt über den Aufruhr und missbilligt die Gewalt denn Gott werde es schon wieder richten. Eigensinnig in seiner Gottergebenheit bleibt er am Fenster an seinem Webstuhl sitzen und arbeitet weiter anstatt sich den anderen anzuschließen. Es kommt zu Straßenkämpfen zwischen den Webern und dem Militär. Steine fliegen und die Soldaten eröffnen das Feuer. Eine verirrte Gewehrkugel trifft den unbeteiligten Hilse tödlich.

---

1 Angestellter, der Waren zum Versand fertig macht
2 Privatbüro
3 Wehrpflichtiger, der nicht aktiv ist

Zitieren

Grundregeln

Wörtliche Übernahmen (Zitate) aus Büchern, Briefen, Schriftstücken u. a. müssen durch Anführungszeichen kenntlich gemacht werden.
Im Rahmen des Deutschunterrichts zitierst du vor allem dann, wenn du Aussagen zur Deutung durch den Text belegst. Hinter das Zitat schreibst du in Klammern immer die Quelle; in der Regel handelt es sich dabei um die Zeilen- oder bei einem Gedicht um die Verszahlen.

Im Folgenden werden die wichtigsten Zitierweisen und weitere Besonderheiten anhand von Kafkas Parabel „Gibs auf" erläutert.

Franz Kafka (1883 – 1924)
Gibs auf

Es war sehr früh am Morgen, die Straßen rein und leer, ich ging zum Bahnhof. Als ich eine Turmuhr mit meiner Uhr verglich, sah ich, dass es schon viel später war, als ich geglaubt hatte, ich musste mich sehr beeilen, der Schrecken über diese Entdeckung ließ mich im Weg unsicher werden, ich kannte mich in dieser Stadt noch nicht sehr gut aus, glücklicherweise war ein Schutzmann in der Nähe, ich lief zu ihm und fragte ihn atemlos nach dem Weg. Er lächelte und sagte: „Von mir willst du den Weg erfahren?" „Ja", sagte ich, „da ich ihn selbst nicht finden kann." „Gibs auf, gibs auf", sagte er und wandte sich mit einem großen Schwunge ab, so wie Leute, die mit ihrem Lachen allein sein wollen. (1922)

Zitierweisen

1. Zitate mit hinweisendem Begleitsatz

Steht vor, innerhalb oder hinter dem Zitat ein hinweisender Begleitsatz, erfolgt die Kennzeichnung wie bei einer wörtlichen Rede. Das gilt vor allem für den Fall, dass ganze Sätze zitiert werden.

Beispiel: Die Parabel beginnt unvermittelt mit folgender Zeitangabe: „Es war sehr früh am Morgen" (Z. 1).

„Es war sehr früh am Morgen" (Z. 1), so beginnt die Parabel von Franz Kafka.
Möglich ist auch:
„Es war sehr früh am Morgen" (Z. 1). So beginnt die Parabel von Franz Kafka.

„Es war", so beginnt die Parabel von Franz Kafka, „sehr früh am Morgen" (Z. 1).

2. Eingebaute Zitate

Eleganter kann es oft sein, wenn Zitate in den eigenen Satzbau eingefügt werden. Der Doppelpunkt entfällt dann.

Beispiel: Die Aussage „ich ging zum Bahnhof“ (Z. 1) verdeutlicht das Bedürfnis des Ich-Erzählers, aufzubrechen und sich vielleicht neu zu orientieren.

Das Adverb „glücklicherweise“ (Z. 4) lässt zunächst auf eine Erleichterung des Ich-Erzählers schließen.

Besonderheiten

1. Manchmal erfordert es der eigene Satzbau, die Endung zitierter Wörter zu verändern. In diesem Fall werden die geänderten Wortendungen in eckige Klammern gesetzt.

   Beispiel: Der „große[n] Schwung[e]“ (Z. 6 f.), mit dem sich der Schutzmann abwendet, verdeutlicht die Radikalität, mit der er den Ich-Erzähler abweist.

2. Wenn Teile eines zitierten Satzes ausgelassen werden, werden die Auslassungen durch drei Punkte und eine eckige Klammer gekennzeichnet.

   Beispiel: In der Aussage „er [...] wandte sich [...] ab“ (Z. 6 f.) kommt die Haltung des Schutzmannes deutlich zum Ausdruck.

3. Eine wörtliche Rede, ein Titel oder ein Zitat innerhalb eines Zitats werden durch halbe Anführungszeichen kenntlich gemacht.

   Beispiel: Die Rednerin begann ihren Vortrag mit der Feststellung: „Franz Kafkas Parabel ‚Gibs auf‘ gehört zu den in der Schule sehr häufig gelesenen Texten.“

   Die erste Reaktion des Schutzmannes lässt bereits auf dessen Haltung schließen. So schreibt Kafka: „Er lächelte und sagte: ‚Von mir willst du den Weg erfahren?‘“ (Z. 5)

4. Wenn unmittelbar auf einen Textteil Bezug genommen wird, aber nicht wörtlich zitiert wird, verwendet man für die Quellenangabe die Abkürzung „vgl.“ (= vergleiche).

   Beispiel: Der Vergleich zwischen der Uhr in der Nähe des Bahnhofs und seiner Uhr lässt den Ich-Erzähler unsicher werden (vgl. Z. 1 f.).
   oder
   ... unsicher werden. (Vgl. Z. 1 f.)

5. Geht ein Zitat über zwei Zeilen, kannst du als Quelle entweder beide Zeilen angeben (Z. 1–2) oder mit der Abkürzung f. (für: folgende Zeile) arbeiten (Z. 1 f.).
   Erstreckt sich das Zitat über mehrere Zeilen, kannst du ebenfalls die Zeilen angeben (Z. 1–3) oder mit der Abkürzung ff. (für: folgende Zeilen) arbeiten (Z. 1 ff.).

1. Im Folgenden findest du ein Gedicht von Nikolaus Lenau und eine Beschreibung und Deutung dieses Gedichts abgedruckt, die von einer Schülerin der Jahrgangsstufe 10 verfasst wurde. Im Text der Schülerin fehlen die Zitate. Sie stehen in vertauschter Reihenfolge darunter. Trage die Zitate mit den Quellenangaben in die Lücken ein.

Nikolaus Lenau (1802–1850)
Welke Rose

In einem Buche blätternd, fand
Ich eine Rose welk, zerdrückt,
Und weiß auch nicht mehr, wessen Hand
Sie einst für mich gepflückt.

Ach, mehr und mehr im Abendhauch
Verweht Erinnerung; bald zerstiebt
Mein Erdenlos, dann weiß ich auch
Nicht mehr, wer mich geliebt.

Nikolaus Lenau: Welke Rose – Eine Beschreibung und Deutung des Gedichts

Das Liebesgedicht „Welke Rose" von Nikolaus Lenau (1802–1850) handelt von der Erinnerung eines Menschen an eine vergangene Liebe, welche durch den zufälligen Fund einer Rose zwischen den Seiten eines Buches geweckt wird.

Das Gedicht besteht aus zwei Strophen mit jeweils vier Versen. Es ist im Kreuzreim mit ausschließlich männlichen Versenden verfasst und das Metrum ist in den ersten drei Versen einer Strophe immer ein vierhebiger und im letzten Vers ein dreihebiger Jambus. Auf diese Besonderheit komme ich im weiteren Verlauf meiner Beschreibung und Deutung zurück. Der Dichter verwendet überwiegend Enjambements, welche den Leserhythmus beschleunigen und den Verlauf der im Gedicht thematisierten Zeit zum Ausdruck bringen.

In der ersten Strophe (vgl. V. 1–4) erzählt das lyrische Ich davon, wie es ____________________ ____________ eine verwelkte Rose gefunden hat. Der Vorgang des Blätterns wird durch die Alliteration ____________________, das regelmäßige Metrum und das Enjambement ____________ ____________ hervorgehoben. Blättert man in einem Buch, kann es sein, dass viele Erinnerungen geweckt werden. Einige Bücher verbergen Geheimnisse, wie in diesem Fall die Rose. Sie kann ein Symbol für eine längst vergangene und vergessene Liebe sein, was man auch daran erkennt, dass der Autor schreibt: ______________________________

____________________ Das lyrische Ich kann sich also nicht mehr gut daran erinnern, wie diese Liebe war. Doch daran, dass es die Rose, die eigentlich wunderschön blüht und ein Zeichen der Liebe ist, als __________ und __________ beschreibt, wird deutlich, dass diese Liebe nur in dem Moment schön war, als sie blühte. Deshalb wird diese in dem Gedicht mit einer __________ verglichen. So deutet auch die Überschrift, welche nicht gerade typisch für ein Liebesgedicht ist, darauf hin, dass jene einst so schöne Liebe genauso verblüht und in Vergessenheit geraten ist wie eine verwelkte Blume. Dieses zeigt auch das veränderte Metrum mit nur drei Hebungen im letzten Vers der ersten Strophe: __________ So wie das Metrum nicht zu einem harmonischen Ende geführt wird, so ist auch die Liebe nicht zu einem erfüllenden Ende gelangt.

Dieses wird vor allem auch in der zweiten Strophe __________ deutlich. Hier spricht das lyrische Ich davon, wie die Erinnerung an das, was war, __________. Es ist, als würden all die schönen Erinnerungen weggeblasen. Sie sind so brüchig und leicht, dass dafür nur ein milder Luftzug nötig ist. Das lyrische Ich ist traurig darüber, dass die Erinnerung verloren geht, was durch die klagend klingende Interjektion __________ verdeutlicht wird. Zudem scheint es bereits sehr alt zu sein und sein vergangenes Leben mit dem Verblühen der Blume zu vergleichen. Mit der Metapher und dem gleichzeitigen Enjambement __________ bringt das lyrische Ich die Aussicht auf den nahenden Tod zum Ausdruck.
Dieses verweist auch auf den Anfang des Gedichts, wo gesagt wird, dass nach langer Zeit eine Erinnerung wach wird, welche jedoch nur kurz anhält und dann verloren geht. Durch die Schlussverse __________ wird ebenfalls etwas wieder aufgegriffen, was in der ersten Strophe steht: die Bedeutung der Liebe. Diese ist für die Person, die sie empfunden hat, nur in dem Moment bedeutungsvoll, wenn sie blüht wie eine Rose. Im Endeffekt bedeutet sie jedoch nichts mehr und ist für den Menschen nur noch eine blasse Erinnnerung, die vergeht __________.

Insgesamt vermittelt das Gedicht eine sehr melancholische Stimmung, die auch durch die dunklen und lang ausgesprochenen Vokale in Wörtern wie __________ und __________ unterstützt wird. Die Liebe wird nicht als etwas Positives, ein den Menschen stimulierendes Gefühl gesehen, sondern mit der Vergänglichkeit und sogar mit dem Tod in Verbindung gebracht.

(Jenny Müller, Klasse 10)

Zitate mit Quellenangaben:

- „[…] fand Ich […]" (V. 1 f.)
- „Welke[n] Rose" (Überschrift)
- „bald zerstiebt Mein Erdenlos" (V. 6 f.)
- „Abendhauch" (V. 5)
- „welk" (V. 2)
- „in einem Buche blätternd" (V. 1)
- (vgl. V. 6)
- „Buche blätternd" (V. 1)

- (vgl. V. 5–8)
- „dann weiß ich auch nicht mehr, wer mich geliebt“ (V. 7f.)
- „Erdenlos“ (V. 7)
- „zerdrückt“ (V. 2)

- „Ach“ (V. 5)
- „Sie einst für mich gepflückt.“ (V. 4)
- „im Abendhauch Verweht“ (V. 5f.)
- „Und weiß auch nicht mehr, wessen Hand sie einst für mich gepflückt.“ (V. 3f.)

2. Im Folgenden findest du einige Auszüge aus einer Analyse zu Franz Kafkas Parabel „Gibs auf“, die jeweils einen Zitierfehler enthalten. Schreibe die Auszüge noch einmal in der richtigen Form auf. Den Text findest du auf S. 109.

- Dass die Straßen „rein und leer sind“ (Z. 1), lässt auf eine gewisse Sterilität des Ortes und Isolation des Ich-Erzählers schließen.

- Der Ich-Erzähler misst „dieser Entdeckung“ (Z. 3), wie er sich ausdrückt, einen großen Wert bei.

- Das Adverb „glücklicherweise“ (vgl. Z. 4) zeigt, dass eine gewisse Entspannung eintritt, es ist nämlich „ein Schutzmann in der Nähe“ (Z. 4).

- Dass der Ich-Erzähler außer Atem (Z. 5) ist, verdeutlicht den psychischen Druck, unter dem er steht.

- In der Aussage „er [...] wandte sich ab“ (Z. 6f.) kommt die Haltung des Schutzmanns deutlich zum Ausdruck.

Teste dein Wissen

Mithilfe dieses Arbeitsheftes hast du gelernt, in den unterschiedlichen Bereichen des Faches Deutsch sicherer zu werden. Im Folgenden kannst du überprüfen, was du alles gelernt hast. Kreuze die richtigen Antworten an. Wenn du dir bei einigen Antworten noch unsicher bist, wiederhole die Übungen auf den Seiten, die jeweils angegeben sind.

Den Aufbau einer Argumentation untersuchen und beurteilen

Bei der Untersuchung eines argumentativen Sachtextes geht es darum (S. 39–43),

- ☐ den Leser zu informieren, auf welche Art und Weise der Verfasser seinen Standpunkt zu stützen versucht.
- ☐ den Leser über den Verfasser zu informieren.
- ☐ den Leser über den Inhalt des Textes zu informieren.

Für einen Leserbrief gilt (S. 43):

- ☐ Der Leserbrief sollte möglichst ausführlich sein und auf alle Argumente eingehen.
- ☐ Der Leserbrief soll den eigenen Standpunkt zu einem strittigen Thema vertreten.
- ☐ Der Leserbrief darf ruhig beleidigend formuliert sein.
- ☐ Der Leserbrief soll in der Einleitung die Aufmerksamkeit des Lesers auf sich ziehen, indem er auf ein strittiges Thema Bezug nimmt.

Eine textgebundene Erörterung schreiben

In der Einleitung zu einer textgebundenen Erörterung wird Folgendes benannt (S. 44):

- ☐ der Verfasser des Textes,
- ☐ die Länge des Textes,
- ☐ der Titel des Textes,
- ☐ der Erscheinungsort und das Erscheinungsjahr,
- ☐ die Anzahl der Absätze,
- ☐ das Thema,
- ☐ die Schrifttype des Textes.

Im Hauptteil einer textgebundenen Erörterung (S. 44)

- ☐ wird nur der Text wiedergegeben.
- ☐ wird nur die Kritik am Text erläutert.
- ☐ wird der Text kurz wiedergegeben und die Argumentation des Textes kritisch betrachtet.

Zum Schluss einer textgebundenen Erörterung (S. 44)

- ☐ kann man einen Ausblick auf Lösungsmöglichkeiten des strittigen Problems geben.
- ☐ kann man seine eigene Position verdeutlichen.

Ein Gedicht beschreiben und deuten

Welche Fachbegriffe gehören zur Analyse eines Gedichts? (S. 12)

- ☐ Vers
- ☐ Strophe
- ☐ Szene
- ☐ Kapitel
- ☐ Reim
- ☐ Erzähler
- ☐ Metrum

Von seiner natürlichen Betonung her ist das Wort „Gedicht“ (S. 15)

- ☐ ein Jambus.
- ☐ ein Trochäus.

Von seiner natürlichen Betonung her ist das Wort „Sonderfall“

- ☐ ein Daktylus.
- ☐ ein Anapäst.

Bei den Versen
„Und am Mittwoch mussten wir darben,/
Und am Donnerstag litten wir Not“
handelt es sich um (S. 17)

☐ eine Alliteration.
☐ eine Klimax.
☐ einen Parallelismus.

Eine Parabel beschreiben und deuten

Eine Parabel ist (S. 18)

☐ eine Form des Dramas.
☐ eine lehrhafte Erzählung.
☐ eine Tiergeschichte.

Für eine Parabel gilt (S. 18):

☐ Der Text enthält in der Regel nur die Bildhälfte.
☐ Der Text enthält die Bildhälfte und erläutert die Übertragung auf einen allgemein menschlichen Sachverhalt.
☐ Der Leser einer Parabel muss die Übertragung der Bildhälfte auf den allgemein menschlichen Sachverhalt selbstständig vollziehen.

Die Parabel „Die Brücke“ von Franz Kafka handelt von (S. 18)

☐ einer Naturkatastrophe, bei der eine Brücke einstürzt.
☐ von der Fehlkonstruktion einer Brücke, die deshalb einstürzt.
☐ dem vergeblichen Versuch eines Menschen, seine Existenz zu rechtfertigen.

Einen argumentativen Sachtext analysieren

Bei der Analyse eines argumentativen Sachtextes geht es darum (S. 34),

☐ die Auffassung des Verfassers zu kritisieren und eine eigene Position dagegenzustellen.
☐ den Leser über den Inhalt des Textes zu informieren.
☐ die Art und Weise zu untersuchen, wie der Verfasser seinen Standpunkt argumentativ und sprachlich unterstützt.

Die Kommunikation in einem Dialog untersuchen (S. 25)

Dem Psychologen Friedemann Schulz von Thun zufolge enthält die Äußerung einer Person folgende vier Botschaften:

1) ______________________________

2) ______________________________

3) ______________________________

4) ______________________________

Die Mutter sagt zu ihrer 17-jährigen Tochter: „Zieh dich warm an, draußen ist es kalt.“
Entscheide bei den folgenden „Botschaften“, ob sie eine Sachinformation (S), eine Selbstoffenbarung (SO), einen Beziehungshinweis (B) oder einen Appell (A) darstellen:

Zieh die warme Jacke an. ( )
Es ist kalt draußen und man erkältet sich leicht. ( )
Ich habe Angst, dass sich meine Tochter erkältet. ( )
Du bist noch nicht selbstständig genug, um zu entscheiden, was du anziehen musst. ( )

Wortarten im Überblick

Bei welchem der fett gedruckten Wörter handelt es sich um ein Adverb? (S. 53)

☐ Das Fahrrad fährt wieder **gut**.
☐ Das habe ich schon **oft** gesagt.
☐ Bei Glatteis muss man sehr **vorsichtig** fahren.
☐ **Gestern** hatte ich einen Unfall.

Entscheide, um was für ein Adverb es sich handelt (S. 54). Nutze dazu folgende Abkürzungen: Lokaladverb: L; Temporaladverb: T; Kausaladverb: K.

folglich ( )
gern ( )
beinahe ( )
draußen ( )
manchmal ( )

Die Sichtweise einer Aussage – Aktiv und Passiv (Genus Verbi)

Entscheide, ob es sich bei den folgenden Sätzen um ein Vorgangspassiv (V) oder ein Zustandspassiv (Z) handelt. (S. 57)

Karl der Große wurde 747 n. Chr. geboren. ( )
Mit der Übernahme der Alleinherrschaft war ein wichtiger Schritt in der Karriere von Karl erreicht. ( )
Im Jahre 800 n. Chr. wurde Karl von Papst Leo III. gekrönt. ( )

Die Aussageweisen des Verbs: die unterschiedlichen Modi und ihre Funktionen

Vervollständige die folgenden Sätze mithilfe der Verben in Klammern. (S. 59)

Was wäre, wenn …

es in diesem Winter viel ______ (schneien).

es ist im nächsten Sommer kein Eis ______ (geben).

wir fünfmal im Jahr in den Urlaub ______ (fahren).

Was wäre gewesen, wenn …

es im letzten Sommer nicht so viel ______ (regnen).

wir noch mehr Eis ______ (essen).

ich ______ (vergessen), den Wasserhahn zuzudrehen.

Forme die folgenden Aussagen in indirekte Rede um. (S. 63)

Der Torwart sagte: „Heute werde ich hoffentlich kein Eigentor schießen.“

______

Der Verteidiger sagte: „Dann schieße ich vielleicht eins.“

______

Satzglieder im Überblick

Trenne im folgenden Satz die Satzglieder ab und bestimme die Satzglieder. Nutze dazu die Abkürzungen von S. 66.

Die Regierung erlässt den Bürgern die Steuererhöhung.

Bis zum letzten Spieltag war Paul unser Torschützenkönig.

Satzgefüge und Satzreihe

Bestimme, ob es sich bei den folgenden Sätzen um eine Satzreihe (SR) oder ein Satzgefüge (SG) handelt. (S. 69)

Erst schoss er ein Eigentor, dann gelang ihm der Ausgleichstreffer und zum Schluss schoss er den Siegtreffer. ( )
Nachdem er das Siegtor geschossen hatte, lief er zu dem Mittelfeldspieler, um sich bei ihm für den guten Pass zu bedanken. ( )

Welche Grafik gehört zu dem folgenden Satz? (S. 69)

Der Trainer bot seinen Rücktritt an, nachdem das entscheidende Spiel, bei dem es um den Abstieg ging, verloren gegangen war.

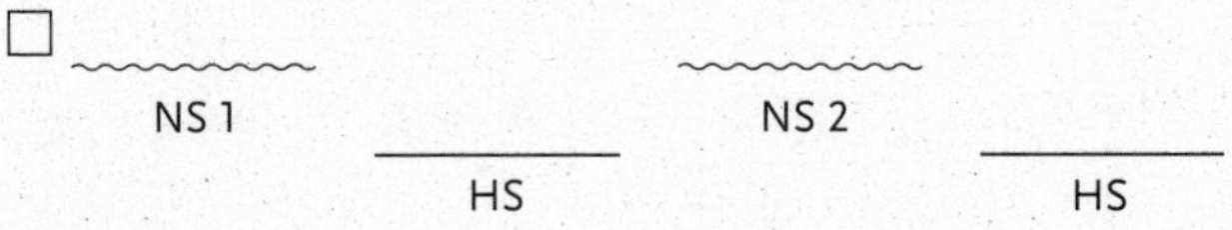

☐ HS
NS 1 NS 2 NS 1

☐ HS
NS 1 NS 2 NS 1

Lange Vokale – kurze Vokale

Setze den fehlenden i-Laut ein. (S. 79)

Masch___ne, L___be, D___be, Ru___ne

Was ist richtig? (S. 81)

☐ Er widersprach mir.
☐ Er wiedersprach mir.
☐ Er wiedersetzte sich.
☐ Er widersetzte sich.
☐ Er wiederholte sich.
☐ Er widerholte sich.

Was ist richtig? (S. 82)

☐ Katze
☐ Kaze
☐ Heze
☐ Hetze
☐ Ärzte
☐ Ärtze
☐ schertzen
☐ scherzen

Fremdwörter richtig nutzen und richtig schreiben

Setze den richtigen Fachbegriff ein. (S. 84)

Gegenständen, Pflanzen oder Tieren werden menschliche Verhaltensweisen zugeordnet:

____

Der Sprecher meint das Gegegenteil dessen, was er sagt:

____

Übertreibung:

____

Groß- und Kleinschreibung

Was ist richtig? (S. 76)

Orts- und Herkunftsnamen auf -er werden ...
☐ großgeschrieben.
☐ kleingeschrieben.

☐ der atlantische Ozean
☐ der Atlantische Ozean

Zusammen oder getrennt?

Was ist richtig? (S. 88 ff.)

☐ Wer fahrradfährt, sollte die Verkehrsregeln gut kennen.
☐ Wer fahrrad fährt, sollte die Verkehrsregeln gut kennen.
☐ Wer Fahrrad fährt, sollte die Verkehrsregeln gut kennen.

☐ Ich bin noch nie dagewesen.
☐ Ich bin noch nie da gewesen.

☐ Schaltet die Ampel rot, muss man stehen bleiben.
☐ Schaltet die Ampel rot, muss man stehenbleiben.

☐ Viele berühmte Persönlichkeiten sind in der Schule einmal sitzen geblieben.
☐ Viele berühmte Persönlichkeiten sind in der Schule einmal sitzengeblieben.

s-Laute

Bilde den Plural zu (S. 93)

Erkenntnis: ______________________

Begräbnis: ______________________

Zeugnis: ______________________

„das“ oder „dass“?

Setze „das“ oder „dass“ ein. (S. 97)

Paul sagt, morgen werde es regnen. Ich glaube ____ nicht.

Ich glaube nicht, ____ es morgen regnet.

Ich glaube nicht, ____ ____ Wetter morgen schlecht wird.

Er hatte viel geübt das Training ausfallen lassen und auf den Fernsehkrimi verzichtet.

Die Aufgabe die der Lehrer gestellt hatte war nicht leicht gewesen.

Er hatte nicht geglaubt dass er eine Arbeit die so schwer war ohne Fehler schreiben würde.

Klaus sein bester Freund hatte allerdings auch nur einen Fehler gemacht.

Zeichensetzung – Das Komma

Trage in die folgenden Sätze die fehlenden Kommas ein. (S. 99)

Es war für ihn eine Überraschung die beste Arbeit geschrieben zu haben.

Zitieren

Setze die Anführungszeichen. (S. 109 f.)
Der Begriff Schutzmann hat in Kafkas Parabel Gibs auf eine besondere Bedeutung.

Textquellenverzeichnis

S. 4 + Lös.: Gerhard Schöne: Das Glück. Aus: www.gerhardschoene.de/text/glueck.html [Stand: 09.05.2009]
S. 6: Kurt Marti: Happy End. Aus: Ders.: Dorfgeschichten, Luchterhand Literaturverlag, Hamburg/Bern 1960
S. 13, 16 + Lös.: Georg Weerth: Das Hungerlied. Aus: Karl Otto Conrady (Hg.): Das Buch der Gedichte. Deutsche Lyrik von den Anfängen bis zur Gegenwart. Eine Sammlung für die Schule, Cornelsen Verlag, Berlin 2006, S. 321
S. 18: Franz Kafka: Die Brücke. Aus: Ders.: Sämtliche Erzählungen, hg. von Paul Raabe, Fischer Taschenbuch, Frankfurt/M. 1978
S. 26: Max Frisch: Andorra. (Auszug). Suhrkamp Verlag, Frankfurt/M. 1961
S. 72 + Lös.: Botho Strauß: Drüben. Aus: Ders.: Niemand anderes, München/Wien, S. 15–21
S. 74: Wörterbuchauszug. Aus: Duden. Die deutsche Rechtschreibung, 24. Aufl., Bibliographisches Institut & F. A. Brockhaus AG, Mannheim 2006, S. 405
S. 75: Wörterbuchauszug. Aus: Wahrig. Deutsches Wörterbuch, Bertelsmann Lexikon Verlag 2008, S. 594
S. 78 + Lös.: Dietrich Herrmann: Der „Affen-Müller". (Originalbeitrag)
S. 86: ai in Aktion für Menschenrechte. Aus: http://www.ruhr-uni-bochum.de/amnesty/Infos_zu_ai/ai_allgemein/ai_allgemein.html [Stand: 17.04.2009]
S. 93–97 + Lös.: „Mit Haut und Haaren" – „Auf Spitz und Knopf". Aus: Wolfgang Seidel: Woher kommt das schwarze Schaf? Was hinter unseren Wörtern steckt, Deutscher Taschenbuch Verlag, München 2007, S. 223ff., S. 51ff. (leicht geändert)
S. 103 + Lös.: Was ist Kunst? Aus: Stephanie Busch/Ulrich Noller: Das Haus-Buch. Hier wohnt das Wissen der Welt, Berlin Verlag GmbH Bloomsbury, Berlin 2007, S. 210
S. 103 + Lös.: Verhüllt, verpackt, verschwunden: Die Kunstwerke von Christo und Jeanne-Claude. Aus: Stephanie Busch/Ulrich Noller: Das Haus-Buch. Hier wohnt das Wissen der Welt, Berlin Verlag GmbH Bloomsbury, Berlin 2007, S. 213
S. 105 + Lös.: Das Klavier der Antike. Aus: Stephanie Busch/Ulrich Noller: Das Haus-Buch. Hier wohnt das Wissen der Welt, Berlin Verlag GmbH Bloomsbury, Berlin 2007, S. 194f.
S. 105 + Lös.: Einen Rap dichten. Aus: Stephanie Busch/Ulrich Noller: Das Haus-Buch. Hier wohnt das Wissen der Welt, Berlin Verlag GmbH Bloomsbury, Berlin 2007, S. 190 (leicht geändert)
S. 107 + Lös.: Grandmaster Flash, die Bronx und der Rap. Aus: Stephanie Busch/Ulrich Noller: Das Haus-Buch. Hier wohnt das Wissen der Welt, Berlin Verlag GmbH Bloomsbury, Berlin 2007, S. 189 (leicht geändert)
S. 108 + Lös.: Gerhart Hauptmann (1862–1946). Die Weber – Eine Inhaltsangabe des Dramas. Aus: Klaus Jürgen Seidel: dtv junior Schauspielführer, Deutscher Taschenbuch Verlag, München 1996, S. 266f.
S. 109: Franz Kafka: Gibs auf. Aus: Ders.: Sämtliche Erzählungen, hg. von Paul Raabe, Fischer Taschenbuch, Frankfurt/M. 1978, S. 320f.
S. 111: Nikolaus Lenau: Welke Rose. Aus: Ders.: Gedichte, Insel Verlag, Frankfurt/M. 1998

Bildquellenverzeichnis

|action press, Hamburg: CSPA 67. |akg-images GmbH, Berlin: 17; Lessing, Erich 58. |Arco Images GmbH, Iserlohn: NPL 55. |Berghahn, Matthias, Bielefeld: 7, 11, 12, 12, 14, 14, 15, 16, 17, 17, 17, 18, 20, 24, 25, 25, 29, 30, 33, 34, 36, 36, 36, 37, 37, 38, 39, 40, 41, 43, 43, 44, 48, 48, 50, 51, 53, 53, 53, 54, 54, 56, 57, 59, 60, 60, 61, 62, 63, 63, 65, 65, 66, 66, 68, 69, 70, 71, 72, 72, 74, 76, 77, 77, 78, 78, 79, 81, 82, 83, 83, 84, 85, 88, 88, 88, 89, 89, 89, 90, 90, 91, 91, 92, 92, 93, 94, 97, 99, 101, 102, 104, 106, 109, 109, 110. |Bertelsmann Lexikon Verlag GmbH, Gütersloh: Aus: Wahrig. Deutsches Wörterbuch, Bertelsmann Lexikon Verlag 2008, S.594 75. |Cinetext Bild & Textarchiv GmbH, Wetzlar: Sammlung Richter 108. |Der Spiegel, Hamburg: SPIEGEL 33/2008 45. |Ernst Klett Verlag GmbH, Stuttgart: 35. |Langenscheidt GmbH & Co. KG, München: Hä?? Jugendsprache unplugged 2009 35. |Lookphotos, München: TerraVista 56. W|photoplexus, Dortmund: Koelsche, Daniel 31. |Picture-Alliance GmbH, Frankfurt/M.: akg-images 111; akg-images/Stauss, Niklaus 26; AP Photo/KLB Productions/Daoud, Mo 107; dpa 86; dpa/Försterling, Norbert 62; dpa/Jensen, Rainer 52; dpa/Kumm, Wolfgang 103; Sven Simon 64, 70; Xinhua/Yang Lei (J) 78; ZB/Bonß, Ronald 4. |Raffalski, Rainer, Waltrop: 105. |Roettgers, Joachim E., Stuttgart: Graffiti 72. |stock.adobe.com, Dublin: Elena 55. |ullstein bild, Berlin: Archiv Gerstenberg 13; United Archives / Roba 28. |vario images, Bonn: 83. |Verlag Herder GmbH, Freiburg: Cover des Titels: Ernst Fritz-Schubert, Schulfach Glück. Wie ein neues Fach die Schule verändert © Verlag Herder GmbH, Freiburg im Breisgau, 2. Auflage 2008 8. |VG WORT, München: 74. |Westend 61 GmbH, München: Nico Hermann 6. |© dtv Verlagsgesellschaft mbH & Co. KG, München: 93.